青少年校园足球蓝皮书

上海市校园足球发展报告

(2018—2020)

刘 兵 王江宇 卢高峰 编著

上海大学出版社

图书在版编目(CIP)数据

上海市校园足球发展报告:2018—2020/刘兵,王江宇,卢高峰编著. —上海:上海大学出版社,2022.1
ISBN 978-7-5671-4116-2

Ⅰ.①上… Ⅱ.①刘… ②王… ③卢… Ⅲ.①青少年-足球运动-发展-研究报告-上海-2018—2020
Ⅳ.①G843.2

中国版本图书馆 CIP 数据核字(2021)第 275445 号

责任编辑　黄晓彦
封面设计　缪炎栩
技术编辑　金　鑫
　　　　　钱宇坤

上海市校园足球发展报告(2018—2020)

刘　兵　王江宇　卢高峰　编著
上海大学出版社出版发行
(上海市上大路99号　邮政编码200444)
(http://www.shupress.cn　发行热线 021-66135112)
出版人:戴骏豪

*

上海颛辉印刷厂有限公司印刷　各地新华书店经销
开本 710mm×1000mm　1/16　插页 4　印张 17.5　字数 296 000
2022 年 1 月第 1 版　2022 年 1 月第 1 次印刷
ISBN 978-7-5671-4116-2/G·3425　定价:98.00 元

版权所有　侵权必究
如发现本书有印装质量问题请与印刷厂质量科联系
联系电话:0511-87871135

序

接到上海市校园足球发展中心的邀请,为《上海市校园足球发展报告(2018—2020)》作序,我欣然接受。不仅因为该发展报告是国内关于校园足球的第一部蓝皮书,还因为上海市是全国校园足球工作开展的先进单位,对上海市校园足球的经验总结和研究成果,一定值得全国各省市学习和推广。

西班牙社会学家布拉姆伯格(Bromberger)曾经说过,足球作为一种仪式,被特别设计来表达群体认同感、庆祝和加强归属感。然而,它不是一种信仰体系或教义体系,相反,足球展示了我们社会的霸权价值,人们分享或想要分享的身份:竞争力以及机会等在个人和集体生活中的作用。并指出,一个民族强大的战斗力,最能通过足球这项运动展现出来。在西班牙,让青少年学生从足球中领会勇往直前、百折不挠、精诚团结和智慧果敢,是西班牙社会价值观的教育使命。因此,校园足球作为学校教育的组成部分和立德树人的重要手段,是各国优秀价值观的集中体现。

自2014年以来,校园足球的改革发展凸显了青少年学生健康素质明显增强,在青少年学生中极大地弘扬了爱国主义和集体主义精神,锤炼了青少年顽强拼搏的意志品质,提高了青少年学生的足球竞技水平,校园足球取得的成就有目共睹。2020年9月,习近平总书记在主持召开教育文化卫生体育领域专家代表座谈会上,谈到中国特色"三大球"发展路径时,特别强调"青少年校园足球现在开始推广和普及起来,还要久久为功"。习总书记的话,既是对校园足球发展的一种肯定,更是对校园足球高质量发展的一种期盼。

何谓"久久为功"? 就是要持之以恒、锲而不舍地发展校园足球,要通过校园足球的不断实践、不断总结,让校园足球基础夯实,行稳致远。上海市校园足球发展中心撰写的这本《上海市校园足球发展报告(2018—2020)》,全书有近30万字,书中内容既是对上海市校园足球开展情况的一次系统性总结,也是新时代高质量发展校园足球所作的一种科研探索,既反映了上海市校园足球发展的历史脉络，又对上海市校园足球发展的未来提出了新思考、新举措和新使命，特别值得全国各省市借鉴学习，交流经验，共同探索，形成合力。

这本发展报告回顾了上海市校园足球的发展历程，从在全国率先成立校园足球联盟，到构建"四横四纵"立体化竞赛体系；从建设全国校园足球改革试验区，到获评首批全国优秀改革试验区；从构建"六位一体"的校园足球发展体系，到"一条龙"人才培养体系布局初步形成，实现了百倍的足球人口增长，一批又一批优秀的足球后备人才脱颖而出，上海市青少年校园足球工作走出了一条具有鲜明特色的发展道路，并始终在全国的校园足球工作中发挥着龙头和引领作用，也得到了各界的高度认可。

《关于深化体教融合促进青少年健康发展的意见》和《关于全面加强和改进新时代学校体育工作的意见》的颁布，对校园足球"八大体系"建设提出了更高要求，校园足球从1.0时代迈向2.0时代，对全国各省市校园足球发展来说，既要从体制机制上把校园足球打造成为体教融合和推动学校体育改革发展的示范工程，又要从足球发展规律上科学布局、精心谋划，能够切实通过"教会、勤练、常赛"，来帮助学生在足球运动中享受乐趣，增强体质，健全人格，锤炼意志。

希望上海市校园足球发展能够百尺竿头，更进一步，期待上海市校园足球发展再创辉煌！

是为序！

教育部体卫艺科司　王登峰
2021年1月

目 录

理 论 篇

一、校园足球发展的价值意义 ··· 3
  1. 实现体育强国目标之要 ··· 3
  2. 回应"健康中国"建设之需 ··· 5
  3. 承载立德树人教育之责 ··· 6
  4. 彰显学校体育改革之意 ··· 7

二、上海市校园足球的发展历程 ··· 9
  1. 率先起步阶段(2012—2014) ··· 9
  2. 快速发展阶段(2014—2016) ······································· 10
  3. 提质增效阶段(2017年至今) ······································· 13

三、上海市校园足球的运作机制 ··· 16
  1. 宏观布局层面:普及为要,夯实中国足球腾飞的人才基础 ······· 16
  2. 组织结构层面:强化协同推进,完善多部门合作格局 ··········· 17
  3. 人才流通层面:完善教学训练竞赛体系,打通各学段升学通道 ··· 18
  4. 资源保障层面:调动多元参与,加强保障体系建设 ············· 19
  5. 评价激励层面:突出激励导向,发挥荣誉体系"风向标"作用 ··· 21

四、上海市校园足球的经验总结 ··· 22
  1. 抓基础,校园足球高质量发展的先行区 ··························· 22
  2. 抓示范,学校体育改革的示范区 ··································· 26
  3. 抓宣传,校园足球文化建设的融合区 ····························· 30
  4. 抓交流,校园足球开放发展的桥头堡 ····························· 32

实 践 篇

- 一、上海市校园足球的顶层设计与政策扶持 ……………………… 37
  - 1. 上海市校园足球的管理架构和运行平台 …………………… 37
  - 2. 上海市校园足球的政策措施 ………………………………… 41
- 二、上海市校园足球的普及推广 …………………………………… 45
  - 1. 上海市校园足球发展概况 …………………………………… 45
  - 2. 上海市校园足球舆论宣传 …………………………………… 50
  - 3. 上海市校园足球特色学校建设 ……………………………… 55
  - 4. 上海市校园足球经验分享 …………………………………… 70
  - 5. 上海市校园足球存在的问题 ………………………………… 74
  - 6. 上海市校园足球对策建议 …………………………………… 76
- 三、上海市校园足球的教学训练 …………………………………… 79
  - 1. 上海市校园足球精英训练营 ………………………………… 79
  - 2. 上海市校园足球"满天星"训练营 ………………………… 93
- 四、上海市校园足球"四横四纵"立体化竞赛体系 ……………… 97
  - 1. 上海市校园足球竞赛体系演变 ……………………………… 97
  - 2. 上海市校园足球赛事发展现状 ……………………………… 98
  - 3. 上海市校园足球竞赛组织与推广的成果经验 ……………… 125
  - 4. 上海市校园足球竞赛发展中存在的问题 …………………… 127
  - 5. 上海市校园足球竞赛发展的优化策略 ……………………… 129
  - 6. 上海市校园足球竞赛专业人才队伍建设 …………………… 131

教 练 员 篇

- 一、前言 ……………………………………………………………… 139
- 二、校园足球教练员知识学习的重要性 …………………………… 140
- 三、校园足球教练员知识学习相关文献及其综述 ………………… 142
- 四、研究对象与方法 ………………………………………………… 145
  - 1. 研究对象 ……………………………………………………… 145
  - 2. 研究方法 ……………………………………………………… 145
- 五、研究结果与分析 ………………………………………………… 147

1. 上海市校园足球教练员调研对象的人口统计分析 ……………… 147
   2. 校园足球教练员知识学习的具体条目调查 …………………… 150
   3. 研究分析 …………………………………………………………… 173

六、结论与建议 …………………………………………………………………… 177
   1. 结论 ………………………………………………………………… 177
   2. 建议 ………………………………………………………………… 177

参考文献 …………………………………………………………………………… 178

展望篇

一、上海市校园足球发展趋势 …………………………………………………… 183
二、上海市校园足球特色学校经验总结及展望 ………………………………… 188
   1. 因"校"制宜，以最优解完善配套设施 ……………………………… 188
   2. 整合资源，建设专业化足球师资队伍 ……………………………… 189
   3. 夯实基础，创新校本特色足球课程 ………………………………… 189
   4. 严格管理，健全课余训练、竞赛体系 ……………………………… 189
   5. 以多元活动为抓手，加强校园足球文化建设 ……………………… 190
   6. 家校社合力，推进校园足球一体化 ………………………………… 190

附录　上海市校园足球特色学校案例 …………………………………………… 193
   1. 上海市杨浦区五角场小学 …………………………………………… 195
   2. 上海大学附属小学 …………………………………………………… 203
   3. 上海交通大学附属实验小学 ………………………………………… 210
   4. 上海市闵行区吴泾实验小学 ………………………………………… 217
   5. 上海戏剧学院闵行附属学校 ………………………………………… 226
   6. 上海市徐汇区日晖新村小学 ………………………………………… 233
   7. 上海市徐汇区向阳小学 ……………………………………………… 243
   8. 上海市黄浦区蓬莱路第二小学 ……………………………………… 251
   9. 上海市大同中学 ……………………………………………………… 258
   10. 同济大学第一附属中学 ……………………………………………… 264

后记 ………………………………………………………………………………… 269

理 论 篇

近年来,党中央、国务院高度重视青少年校园足球改革发展。为贯彻落实建设体育强国与振兴中国足球战略,积极响应"健康中国"建设之需,加强青少年校园足球工作势在必行,它对于改善学生生理机能,促进学生心理健康,践行立德树人使命都起着不可替代的作用。

作为全国第二批校园足球改革试验区之一,上海在青少年校园足球发展上的先行先试为自身赢得了宝贵的"起跑加速度"。本章回溯自2012年来上海市校园足球的发展历程及重要节点,通过对相关工作运作机制的梳理与阐述,总结和分享上海市校园足球发展的实践举措和成功经验。

一、校园足球发展的价值意义

1. 实现体育强国目标之要

2019年9月,新中国成立70周年之际,国务院办公厅颁发了《体育强国建设纲要》,详细设定了体育强国建设的三大目标、五大任务、六大政策保障和九大工程项目,要求到2050年全面建成社会主义现代化的体育强国。足球作为全球最受欢迎、普及程度最广的运动项目,在体育人口数量增长、场地设施规划建设、体育消费规模扩张等方面对实现体育强国均是重要的因变量。因此,习近平总书记在多个场合都提到了把以足球为代表的"三大球"搞上去,我们就是体育强国。《中国足球改革发展总体方案》(以下简称《方案》)把足球运动的改革与发展纳入我国社会经济深化改革的总体方案中,由此开启了建设体育强国与振兴中国足球战略协同共生的新进程。无论是体育强国建设背景下的振兴中国足球战略,还是习近平体育思想体系下的体育强国建设,无不暗含着我国足球发展与体育强国建设之间本质的相通性、目标的统一性。从概念的逻辑关系角度看,振兴中国足球是体育强国建设的重要内容,是全面建设体育强国的必然选择[1],也是建成体育强国的重要标志;体育强国建设则为中国足球发展带来了前所未有的发展机遇和得天独厚的外部环境,有助于扫除阻碍足球发展的各类障碍。可以说,振兴中国足球,与实现中国体育强国梦,乃至实现中华民族伟大复兴的中国梦息息相关[2]。

发展青少年校园足球是振兴中国足球的必然之路。随着"红山口会议"的召开,足球运动正式拉开了中国体育步入职业化发展轨道的序幕,被无数体育人

---

[1] 刘波,郭振,苗争鸣.振兴足球与建设体育强国的关系[J].体育学刊,2016,23(4).
[2] 《体育教学》编辑部.校园足球实现中华民族伟大复兴的中国梦与中国体育强国梦[J].体育教学,2015(3):4-5.

寄予厚望。然而,由于对足球发展规律认识不到位,职业联赛水平低,足球管理层软弱无力等问题的存在(万昌智,2005),中国足球非但没有像人们所预期的那样迎来历史性飞跃,还暴露出赌球、黑哨、球场暴力等一些系列问题。与此同时,中国足球国家队在世界竞技舞台上的表现每况愈下,在逐渐退出亚洲强队之列后,更是先后输给泰国、越南等国家,从而让足球成为国人实现体育强国梦的最大痛点。痛定思痛之后,"足球要从娃娃抓起"在体育界形成了共识,而这一理念也在世界足球强国的发展历程中得以印证。

在英国,青少年足球发展始终是足球发展的重心,从2000年建立起,英国足球基金会投入青少年足球超过8400万英镑,资助足球项目超过1391项[1]。此外,英足总从国家层面上推出了具有统领性和规划性的青训纲领——《质量章程》(*Charter for Quality*),通过建立足球学院等青训体系为培养英国本土球员创造有利条件[2]。

德国足协高度重视青少年足球的人才培养,精心设计并实施了以"天才球员培养计划"为核心,以教练员培养和业余竞赛体系选拔为支撑的青训体系,为营造社会足球基础、培育足球文化、给国家队输送后备人才提供了坚实保障。据相关研究统计,2016年德国拥有24958家足球俱乐部,不同年龄段球队159645支,其中14岁以下青少年球队有75746支,15—18岁青少年足球队有15801支[3],而完备的培养体系和庞大的青少年足球梯队建设恰恰成为德国足球发展的重要举措。

历经百余年积淀的校园足球给日本足球的迅速崛起提供了先决要素,在中小学校内的课程设置上,主要依托于"部活(BUKATSU)"(体育运动俱乐部)的形式实现足球的普及和推广。在校外活动上,日本足协建立的"训练中心制度"和"足球学院"与当地中小学校进行体教结合,为学生提供系统性足球专项训练。同时,由社会团体组建的社会足球俱乐部通过"走训制"对各年龄段小球员进行技战术训练,以提高青少年的足球运动能力。可以说,校园足球是拓展足球发展规模,提高水平出人才的重要手段(赵升,2009)。

---

[1] 陈洪,梁斌.英国青少年校园足球发展的演进及启示[J].体育文化导刊,2013(9):111-114.
[2] Wilkinson. H. The Football Association 'Charter for Quality' [J]. British Journal of Physical Education,1998,29(4):31,34.
[3] 侯志涛,姚乐辉,黄竹杭.德国青少年足球培养的经验与借鉴[J].北京体育大学学报,2018,41(9):104-111,145.

2. 回应"健康中国"建设之需

"健康中国"建设离不开青少年体育的支撑与协同。"健康中国"是基于中国社会现实和人民对健康的全面需求而提出的,从健康治理上回应了中国深化改革的基础所在,这一基础不仅指向社会的全面健康,也指向民族和国家的未来,即青少年(万炳军,2017)。2016 年,国务院颁布的《"健康中国 2030"规划纲要》(以下简称《纲要》)要求,实施青少年体育活动促进计划,培育青少年体育爱好,基本实现青少年熟练掌握 1 项以上体育运动技能,确保学生校内每天体育活动时间不少于 1 小时。《纲要》同时提出,到 2030 年,学校体育场地设施与器材配置达标率要达到 100%,青少年学生每周参与体育活动达到中等强度 3 次以上,国家学生体质健康标准达标优秀率 25% 以上等明确指标。青少年是国家和民族的未来,更是"健康中国"未来建设的承担者和中坚力量,将青少年体育促进工作纳入《纲要》核心内容,体现出"健康中国"建设既是着眼于当下中国社会公众的健康治理,亦关涉未来中国健康治理的可持续性问题。

校园足球的本质功能是增强青少年体质和健康素质。习近平总书记在 2017 年 6 月 14 日会见国际足联主席伊凡蒂诺时对中国足球的发展提出了"三大愿景",其中,提高国民健康素质正是首要期望(王登峰,2016)。改革开放以来,我国青少年的身高、身体成分、胸围等身体形态指标都呈现上升趋势,而力量、耐力、灵敏等素质指标却呈现持续下降的态势,近视率、肥胖率居高不下,青少年营养状况也呈现明显的"双峰"现象(张业安,2018)。最新的《全国学生体质健康调研报告》显示:青少年体质健康状况并未得到明显改善,高血压、脂肪肝等疾病还显现低龄化趋势(张丽君等,2020)。可以说,学生体质下降是我国体育强国建设学校体育工作领域久治不愈的痛点,长期以来,传统的学校体育工作方针、学校体育课程体系已然无法彻底扭转我国在校学生体质下降颓势。在此背景下,加强青少年校园足球工作意见的提出,为学校体育工作注入了新的活力。以足球为运动形式的育人本质与价值内涵使得校园足球运动在改善学生生理机能,增强学生体质,促进学生心理健康,发挥全面育人功能方面有着不可替代的作用,这与"健康中国"建设的内涵要求高度契合。

3. 承载立德树人教育之责

党的十八大首次把"立德树人"明确为我国教育的根本任务。习近平总书记在全国教育大会的重要讲话中,再次强调要把立德树人融入思想道德教育、文化知识教育、社会实践教育各环节之中。由此可见,立德树人的本质内涵是要培养德才兼备、德智体美劳全面发展的人,其中立德是方法、树人是目的,两者共同构成了一个完整的教育理论体系,以回答"培养什么人、怎样培养人、为谁培养人"的教育本质问题。学校体育作为我国教育体系的重要组成部分,与德育、智育、心理健康等内容相互渗透和作用,成为社会主义核心价值观体系中的必要构成(王慧,2020)。正如毛泽东同志所言:"体育一道,配德育与智育,而德智皆寄于体,无体是无德智也。"[①]2007年,中共中央、国务院印发的《关于加强青少年体育增强青少年体质的意见》已明确指出:体育锻炼和体育运动,是加强爱国主义和集体主义教育、磨炼坚强意志、培养良好品德的重要途径。2016年国务院办公厅在《关于强化学校体育促进学生身心健康全面发展的意见》中强调,要切实发挥体育在培育和践行社会主义核心价值观、推进素质教育中的综合作用。可以说,学校体育在落实"立德树人"根本任务上具有不可替代的作用(马德浩,2020)。

青少年校园足球作为学校体育的重要组成部分,承载着践行立德树人教育理念的使命与责任。2014年,时任国务院副总理刘延东在全国青少年校园足球工作电视电话会议上强调,校园足球要坚持育人为本。2015年,《教育部等6部门关于加快发展青少年校园足球的实施意见》指出:"把发展青少年校园足球作为落实立德树人根本任务、培育和践行社会主义核心价值观的重要举措,作为推进素质教育、引领学校体育改革创新的重要突破口,充分发挥足球育人功能,遵循人才培养和足球发展规律,理顺管理体制,完善激励机制,优化发展环境,大力普及足球运动,培育健康足球文化,弘扬阳光向上的体育精神,促进青少年身心健康、体魄强健、全面发展,为提升人口素质、推动足球事业发展、振奋民族精神提供有力支撑。"由此可见,青少年校园足球在落实育人为本教育理念时,应以育人为"圆心",充分利用校园足球这个平台,落实立德树人的根本任务和实现

---

① 毛泽东.体育之研究[J].新青年,1917,3(2)。

青少年学生的全面发展(喻坚,2016)。同时,从事物发展的内在规律看,校园足球发展到一定程度,必然会超越足球技战术本身的局限,而引申出文化、教育的功能。李鸿江(2015)认为,培养完善的人格、团结协作的意识、理性克制的品性、吃苦耐劳的精神等,无不是内化于足球运动本身的固有属性。通过发展校园足球,可以激发青少年学生运动兴趣,并在习得足球运动技能的过程中将社会主义核心价值观植入心灵,形成思想和实践的自觉,并由此实现立德树人教育理念的知行合一。

4. 彰显学校体育改革之意

校园足球是推进学校体育改革的重点引路工程。增强学生体质、促进学生身心健康发展是学校体育改革的基本价值取向,是深化学校体育改革的核心任务(潘凌云,2019)。在新中国成立初期,毛泽东同志就提出了"健康第一,学习第二"的学校教育理念和"发展体育运动,增强人民体质"的号召。1979年的"扬州会议"明确提出:"学校开展体育卫生工作的根本目的在于增强学生体质。"2001年,教育部颁布的《关于基础教育改革与发展的决定》中明确规定要贯彻"健康第一"的思想,切实提高学生体质和健康水平。2007年,《中共中央国务院关于加强青少年体育增强青少年体质的意见》把增强学生体质作为学校教育的基本目标之一,时任教育部长周济代表教育部向全国的广大青少年学生提出:"每天锻炼一小时,健康工作50年,幸福生活一辈子"的口号真正体现在制度层面。2013年,党的十八届三中全会提出要"强化体育课和课外锻炼,促进青少年身心健康、体魄强健"。

在一系列制度文件的引领下,"全国亿万学生阳光体育运动""大课间操""冬季长跑"等学校体育活动应运而生,以促进青少年学生体质和身心健康发展。然而,受应试教育压力、学生运动参与习惯缺乏、体育改革政策执行难(潘凌云等,2015)、体育教师参与改革动力不足(何劲鹏等,2014)等因素影响,青少年学生体质健康状态仍有待提升。虽然,最近一次的全国学生体质健康调查结果显示:2014年的学生体质健康状况与2010年相比,总体状况得到改善,特别是学生肺活量水平全面上升,中小学生身体素质呈现稳中向好的态势,但仍存在学生视力不良检出率继续上升且呈现出低龄化趋势,学生肥胖检测率持续上升,大学生身体素质继续呈下降趋势等主要问题。此外,从横向比较上看,日本学生的超重肥胖率在大部分年龄段均低于中国学生;日本学生在心肺耐力、肌肉力量、速度、柔韧性和灵敏协调性等几乎所有"动能"指标上均优于中国学生(季浏等,2019)。

对此,王登峰司长(2018)指出:我国学校体育长期存在两大问题,一是教不会学生运动技能。大部分学生从小学一年级到大学二年级,体育课都是必修课,但是,大多数学生连一项运动技能都没有掌握。二是学生竞赛缺乏。绝大多数的学生,在整个学习阶段,甚至连班内的体育比赛都没有参加过。发展校园足球,就是要针对以上问题打造一个先行先试的样板,一方面要教会学生踢足球,掌握运动技能;另一方面要让学生广泛参与校园足球竞赛活动,在竞赛中提高体质健康水平,这也恰恰与习近平总书记在全国教育大会上提出的"教会""勤练""常赛"的学校体育革命性变革号召高度契合。

以全国38万所中小学中遴选出的25000所校园足球特色学校为例,累计带动2500万青少年学生经常参加足球训练和班级、校级间比赛,为大规模普及足球运动,完善教学、训练、竞赛和保障体系,培育优秀足球后备人才提供了重要支撑。2019年学生体质健康监测结果显示,近25000所校园足球特色学校学生的体质健康水平明显优于非特色学校学生(刘纯献,2020)。如今,在校园足球成功推广普及的示范作用激励下,教育部已开始参照校园足球的模式推进冰雪运动特色学校、北京2022冬奥会和冬残奥会奥林匹克教育示范学校、校园篮球特色学校、武术特色学校的建设,以及网球、游泳等项目的体育教学改革。

二、上海市校园足球的发展历程

1. 率先起步阶段(2012—2014)

为了深入贯彻《中共中央国务院关于加强青少年体育增强青少年体质的意见》(中发[2007]7号)精神,切实落实《中共上海市委、上海市人民政府关于切实提高青少年学生身心健康水平实施学生健康促进工程的通知》(沪委发[2011]15号)提出的"构建科学合理的课余训练体系,促进体教结合工作进一步深入发展"工作要求,有效促进上海市青少年体育事业健康、协调、可持续发展,2012年1月5日,上海市副市长赵雯、上海教育厅与体育局主要领导以及各区县教育与体育局长、上海部分高校体育部门、中小学校长,在同济大学召开会议,宣布成立并启动"校园足球一条龙建设联盟"(后更名为"校园足球建设联盟",以下简称"联盟")。从时间节点上看,上海市率先推行的以足球项目为试点,带动青少年体育健康运动开展的举措,明显早于2014年教育部将足球纳入校园体育必修课的时间。

两年多的先行先试,让上海市校园足球发展具备了宝贵的"起跑加速度"。起初,为构建出一套科学合理的校园足球教育管理体系,联盟初步选择了15所具有教育部高水平运动队资格的高校以及部分体育院校作为龙头,联合全市共239所大、中、小学以及所在区县教育局作为成员单位,集结了经友好协商自愿结盟的、非营利性的、致力于青少年足球"一条龙课余足球训练体系"的组织单位,联盟秘书处设立在同济大学。

在运作模式上,联盟采取会员制,吸纳团体单位为会员,会员单位享受联盟的所有权利,并履行应尽义务。联盟设立理事会为联盟的最高机构,通过全体大会选举产生名誉理事长、理事长、执行理事长、副理事长、执行副理事长、秘书长、副秘书长、常务理事,下设秘书处、竞赛管理部、事业推广部、档案管理部、财务部、网络信息部等,负责联盟的日常运作。相应的,各区也成立区校园足球联盟办公室,负责本区的校园足球领导工作,并结合自身区县的高校优势资源开展合作共建。到2014年,联盟科学规划上海市大、中、小学足球"一条龙"培养工程的学校布局,构建起大学、高中、初中、小学"四级"足球项目布点体系,成员单位超过千所。以高校为引领,以点带面,在开展校园足球教学、足球训练管理、竞赛体系建设、运动员招生和培养、教练员和裁判员培训、优秀专业教练员进校园等方面实现大、中、小学的有效衔接,从而确保上海市校园足球运动发展具有系统性和连续性。

在竞赛体系建设上,联盟以校内班级和年级竞赛的广泛深入开展为基础,科学编排赛制,逐步建立了"水平接近,对抗激烈"的竞赛机制,形成"班班参与、校校组织、区域推动、层层选拔"的校园足球竞赛格局,构建以草根联赛(新民晚报杯等)、联盟联赛(校园足球联盟学校)、联盟杯赛(各区县精英训练营)、精英赛(国际和全国性邀请赛)为主体,小学、初中、高中、大学全覆盖的"四横四纵"立体化赛事体系。

"校园足球一条龙建设联盟"早在成立之初,就清晰地设定了未来10年的发展目标:力争到2022年,上海市各级各类学校参加足球运动的学生人数达到学生总人数的30%以上;参加各级校园足球竞赛的大学、高中、初中和小学的数量分别达到20所、40所、80所和160所;注册参加各级竞赛的学生运动员人数分别达到1500人、3000人、6000人和10000人;培养与打造1到2支高水平大学足球运动队,力争跻身中国高水平足球职业联赛;让校园足球成为上海市职业足球运动员的重要输送渠道。如今回头来看,它无疑为上海青少年校园足球的发展奠定下扎实的基础,并为其长远发展给出了明确的方向指引。

2. 快速发展阶段(2014—2016)

2014年11月26日,时任国务院副总理刘延东在全国青少年校园足球工作电视电话会议上强调,要认真学习贯彻习近平总书记、李克强总理关于抓好青少年足球、加强学校体育工作的重要指示精神,坚持体教结合,锐意改革创新,推进校园足球普及,促进青少年强身健体、全面发展,夯实国家足球事业人才基础。教育部部长袁贵仁表示,教育部将主导校园足球,并推出一系列措施推动校园足球进入升级版。至此,足球纳入学校体育课程教学体系,成为体育课必修内容的发展举措正式实施。尽管此前上海市教委已经率先启动了相关工作,但国家从顶层设计角度提出的具体目标,真正给上海市青少年校园足球的快速发展注入了"强心剂"。

在组织架构上,为落实国务院会议精神,充分发挥高校的引领作用,上海市教委统筹全局,成立了上海市大学生足球联盟(以下简称"大学生联盟"),原有校园足球联盟精简相关职能后,重点着力于校园足球的推广普及、对外交流等工作,大学生联盟则主管教学、训练和竞赛等事务。大学生联盟设有理事会和秘书处,理事会作为联盟最高管理机构,秘书处负责联盟各项业务工作管理和执行。作为上海市校园足球管理的重要机构,大学生联盟秘书处设在上海大学,上海大学体育学院院长任联盟秘书长,秘书处设有督导部、裁判部、竞赛部、活动宣传部、保障部共计5个部门。

此外,2016年4月11日,为贯彻落实《国家中长期教育改革和发展规划纲要(2010—2020年)》《中国足球改革发展总体方案》《教育部等6部门关于加快发展青少年校园足球的实施意见》及全国青少年校园足球工作电视电话会议精神,并根据上海深化教育综合改革总体要求,加快上海市青少年校园足球活动(以下简称"校园足球")发展步伐,上海市成立由市教委主任担任组长,市教委、市体育局分管负责人担任副组长,市发展改革委、市财政局、市文广影视局、市新闻出版局和团市委相关负责人参加的"上海市青少年校园足球工作领导小组",负责制定校园足球的中长期发展规划,整体推进校园足球发展。同时,各区县教育局和各高校也成立了各区县和学校校园足球工作领导小组,负责指导、部署和协调本区、本校校园足球工作,各区县行政分管体育的负责人担当领导小组组长。在领导小组的领导下,继续完善市区两级校园足球联盟运作机制,承担校园足球的具体组织、领导工作。同时,在市教委体卫艺科处下设成立上海市青少年校园足球专家委员会,加强对校园足球的指导。可以说,组织架构的增设进一步完善了上海市青少年校园足球相关工作的分工与协作,为提供业务管理的针对性和专业性提供了保障。

在训练模式上,2015年12月22日,为全面贯彻国务院办公厅发布的《中国足球改革发展总方案》所提出的"三步走"战略,上海着力理顺足球管理机制,制定足球中长期发展规划,创新中国特色足球管理项目,实现青少年足球人口大幅增加,改革推进校园足球发展的相关精神。同时,根据《教育部等6部门关于加快发展青少年校园足球的实施意见》的相关要求,在加快推进青少年校园足球普及力度的基础上,为发掘和培养优秀足球后备人才,由上海市教委牵头,充分整合全市教育、体育和社会资源,组建了上海市青少年校园足球精英训练营。根据要求,上海各区成立青少年校园足球精英训练营办公室,专人专管以保障精英训练营日常工作的有序开展;设置区县精英训练营生活学习督导员,建立营员学习档案,了解其学习动态,负责沟通营员训练和学习的协调工作,保障营员的全面发展,努力培养既能读好书又能踢好球的优秀足球苗子。

在竞赛体系上,2016年大学生联盟率先对大学生联赛和杯赛进行改制,通过"分级分类、纵横交错"丰富和发展了足球竞赛活动的竞技性和观赏性,建设并优化出一个相对稳定的竞赛体系。

当年,上海市大学生足球联盟共举行了三项赛事:2016年上海市大学生足球联盟杯赛、2016年上海市学生运动会(大学生足球联盟联赛)、2016—2017年中国大学生五人制足球(上海赛区)联赛。其中杯赛设置了:大学男子超级组、大学男子阳光组、大学女子甲组、大学女子乙组4个组别(2015年3个组别)。联赛设置了:大学男子超级组、大学男子校园组、大学男子高职组、大学女子甲A组和大学女子甲B组5个组别(2015年3个组别)。暑期学生足球赛设置了男子高中组、男子大学组2个组别;全国五人制足球(上海赛区)联赛设置了大学男子超级组(2017年2—3月进行)、大学男子校园组2个组别。分组以15年的比赛成绩为依据,并创新性地设立了升降级制度,有1—2个升降级名额。其中,高级别组的倒数第一名次年降级,低级别组的冠军则直接升级,高级别组的倒数第二名与低级别组的第二名通过附加赛确定另一个升降级的名额。

在教育模式上,上海市教委着眼培养学生的终身体育兴趣和习惯,大胆改变传统体育课教学模式,实施了"小学体育兴趣化、初中体育多样化、高中体育专项化和大学公共体育个性化"的学校体育课程改革。全市112所高中、22所小学和23所初中先行实施改革试点,徐汇、闵行、宝山三个区开展全区整体试点,高中专项化改革陆续覆盖全市所有高中。足球作为体育课程改革的重点项目,实现了"校园足球特色学校每周一节足球课,其他学校每周一次足球活动"的目标,让每一个喜爱足球的青少年都有机会体验足球、学习足球、发展足球。

在足球师资方面,坚持多渠道、多元化配备师资。鼓励有足球特长的其他学科教师兼上足球课,引导足球教练员、裁判员和经过培训的优秀足球退役运动员以及有足球专长的志愿人员担任兼职教师。依托有关高校组织校园足球指导员、教练员、裁判员及课改试点学校体育教师专项培训。开展教师和学生裁判员培训工作,实施注册裁判员制度,构建校园体育赛事裁判体系,帮助教师和学生通过培训取得相应资质。

3. 提质增效阶段(2017年至今)

2017年,教育部发布《关于同意设立全国青少年校园足球改革试验区的函》,上海市成为第二批全国校园足球改革试验区之一。要求改革试验区推动校园足球改革发展,着力提高教学质量,积极探索、积累校园足球改革发展经验,实现增强学生体质,提高足球技能水平,塑造健全人格的教育功能和提升国民素质的社会责任。这不仅为上海市青少年校园足球发展创造了新的契机,也明确指出高质量发展将成为今后一个时期的主要任务。

回顾2017年至今的发展历程,把青少年校园足球工作融入上海市深化教育综合改革全局,抓好顶层设计,强化组织领导,创新体制机制,注重内涵发展,不断提质增效,全面推进校园足球改革发展成为了主旋律。

第一,顶层设计进一步完善,体制机制活力凸显。在上海市青少年校园足球领导小组的统一部署下,上海市校园足球联盟、上海市大学生足球联盟、上海市青少年校园足球精英训练营办公室、上海市校园足球发展中心、上海市青少年校园足球教练员培训基地、上海市学校体育精英训练基地及市学生足球训练基地不断健全完善组织运行机制,结合体育课程改革试点工作进展,在课余训练、竞赛活动、师资培训等方面密切配合,合力推进校园足球工作整体发展。截至2019年,全市拥有356所中小学全国青少年校园足球特色学校,崇明、杨浦、普陀、闵行四区为全国青少年校园足球试点区,杨浦、徐汇、普陀三区为全国"满天星"校园足球训练营试点区。

第二,深化足球课程改革,夯实教学基础建设。在这一阶段,上海市实施了"小学兴趣化、初中多样化、高中专项化和大学个性化"学校体育课程改革。高中专项化改革实现了全覆盖。作为体育课程改革的重点内容,大中小学一体化的校园足球课程体系基本实现了"校园足球特色校每周1节足球课,其他学校每周1次足球活动"的目标。以《全国青少年校园足球教学指南(试行)》和《学生足球运动技能等级评定标准(试行)》《全国青少年校园足球示范课教案》为指导,搭建科学规范、衔接有序的教学体系,按照"教会、勤练、常赛"的要求,以培养学生足球兴趣爱好,普及足球知识和技能,促进青少年体魄强健和全面发展为目标,深入推进校园足球教学改革,并在全市学生中广泛开展"青少年学生足球运动技能等级测试",参加校园足球等赛事情况纳入综合素质评价体系。

第三,注重杠杆作用发挥,不断强化训练与竞赛体系建设。为了让每一个有足球兴趣和发展潜质的学生,都能有系统接受足球训练的机会,本市全面推进校园足球课余训练体系建设。

以上海市校园足球精英训练营为例,参加精英训练营的队伍逐年增加:2017—2018学年16个区组建119支队伍,2018—2019学年组建137支队伍,2019—2020学年组建142支队伍,截至目前,注册营员已达7000余人,参赛营员3000余人。

可以说,上海市已基本形成"联盟校+特色校+精英训练营+传统项目学校+校办二线队+市级学生训练基地""六位一体"的课余训练立体推进格局,构建了大中小学有序衔接的课余训练工作体系,并建立了优秀足球苗子的选拔机制,与全国校园足球"满天星"精英训练营实现有序衔接,积极参加全国校园足球夏令营和冬令营等高水平赛事活动。同时,上海市以校内班级和年级竞赛的广泛深入开展为基础,科学编排赛制,延续"水平接近,对抗激烈"的竞赛机制,形成"班班参与、校校组织、区域推动、层层选拔"的校园足球竞赛格局,不断完善以草根联赛、联盟联赛、联盟杯赛、国际邀请赛为主体,小学、初中、高中、大学全覆盖的"四横四纵"立体化赛事体系。以2018—2019学年为例,全市举办的市级竞赛超过2000场次,大中小学参加市级比赛队伍数量属于全国领先。

第四,多措并举,全方位提升校园足球保障机制建设。一方面,大力开展体育科研项目研究,推动上海市校园足球发展中心的智库作用。在学校体育科研课题中增设了校园足球专项,围绕足球运动对青少年全面发展的影响、不同年龄段青少年足球训练重点、幼儿足球运动的开发模式、青少年足球的国别研究,如何加强体教融合共推青少年足球发展,如何加强校园足球教师队伍建设,如何完善特色校、精英训练营、教师、教练员和学生运动员激励机制,如何开展区域性校园足球进行研究。另一方面,立足师资队伍、场地条件、激励机制、安全保障等关键因素,健全形成校园足球发展综合保障机制。一是坚持多渠道、多元化配备师资;二是因校制宜探索建立多元投入机制;三是完善激励机制;四是在全国率先实施"学校体育运动伤害专项保障基金"。

第五,实施全方位宣传引导,突出文化引领作用。近年来,通过"阳光校园"

微信平台、市青少年校园足球精英训练营网站、学生体育网,及时推送校园足球赛事活动最新动态信息;在全市校园足球运动员中开展了"中国(上海)国际青少年校园足球邀请赛"形象大使评选活动,推选出四名品学兼优、健康向上的优秀营员,并以青足赛为主题,开展了摄影评选活动;通过赛事转播、专题节目及每日新闻等形式,传播校园足球育人正能量;成立的学生记者团活跃在上海的各级校园足球活动中,为青少年学生近距离感受足球文化创造条件。

三、上海市校园足球的运作机制

1. 宏观布局层面:普及为要,夯实中国足球腾飞的人才基础

加快发展校园足球是贯彻党的教育方针、促进青少年身心健康发展的重要举措,是夯实足球人才根基、提高足球发展水平和成就中国足球梦想的基础工程。我国青少年校园足球工作经历了由"体育部门—教育部门"主导的两个阶段。2015年,教育部正式开始牵头负责全国青少年校园足球工作,目标维度更加体现"以人为本、健康第一"的愿景和校园足球的普及程度,关注的重点从强调青少年学生足球技能重要性的"足球后备人才培养"演化为"夯实中国足球持续健康发展的人才基础"。

上海市校园足球工作始终紧紧围绕培养德智体美全面发展的社会主义现代化建设者和接班人的目标,立足促进青少年身心健康发展,坚持育人为本、尊重规律、创新引领的发展理念,将青少年校园足球工作融入上海市深化教育综合改革全局,注重普及与提高质量并重。

按照《中国足球改革发展总体方案》要求,未来上海将继续做好校园足球联盟学校、全国校园足球特色学校的创建规划,努力新增1个全国校园足球试点县(区),力争在2020年全国校园足球特色学校增加至400所,上海市校园足球联盟学校增加至600所,建设市级学校足球社团100个,鼓励各区和学校组建女子足球队,市区两级足球传统项目学校达到100所等,在已构建的"特色学校+高校高水平足球运动队+试点区+改革试验区+'满天星'训练营""五位一体"立体推进格局中打牢普及根基,蹄疾步稳推进校园足球改革发展。

在此基础上,党的十九大对进一步做好学校体育工作,更好地满足青少年学生全面健康发展需求提出了更高的要求,如何解决校园足球场地空间受限、专业人员相对不足等瓶颈问题,继续发挥校园足球的示范引领作用是上海市体育工作者面对的重要课题。改革试验区的建设与发展,将成为重点突破校园足球薄弱环节,精准发力关键短板的新契机。为此,上海市全面落实教育部与上海市政府签署的全国校园足球改革试验区备忘录精神,系统推进全国校园足球改革试验区建设,探索创新校园足球发展路径,旨在充分发挥试验县(区)的示范引领作用,为兄弟省市培育可复制、可推广的有益经验。

随着青少年校园足球育人成效的不断显现,青少年校园足球日益赢得家长和全社会的支持,调研显示,校园足球已呈现向低龄幼儿发展的态势。从国际经验来看,世界主要足球强国的足球启蒙教育和普及从儿童4—5岁时开始,因此要切实落实习近平总书记开展足球运动"从娃娃抓起"的要求,进一步下移普及的重心,着力将发展体系延伸普及至学前教育阶段,坚持以游戏为主,以培养孩子足球兴趣为重点,科学制定足球特色幼儿园发展规划,进一步提高校园足球普及水平,让孩子们在足球运动中享受快乐。2019年3月,教育部启动了足球特色幼儿园遴选创建工作,在其公布的3570所"2019年全国足球特色幼儿园名单"中,上海有107所幼儿园名列其中。

2. 组织结构层面:强化协同推进,完善多部门合作格局

在上海市青少年校园足球领导小组的统一部署下,校园足球一条龙建设联盟(后更名为"校园足球建设联盟")、上海市大学生足球联盟、上海市青少年校园足球精英训练营办公室、上海市校园足球发展中心、上海市青少年校园足球教练员培训基地、上海市学校体育精英训练基地及市学生足球训练基地各部门协同联动、多措并举,在完善体制机制、深化课程改革、立体推进课余训练、丰富完善竞赛体系和引领示范校园体育改革发展等方面进行了积极探索和实践,层层推进落实各项重点任务,合力推进校园足球工作整体发展。

校园足球一条龙建设联盟,科学构建起大学、高中、初中、小学"四级"足球项目布点体系"1-2-4-8",成员单位超过千所,以点带面,推动上海市青少年校园足球发展的系统性和连续性,在开展校园足球教学、足球训练管理、竞赛体系建设、运动员招生和培养、教练员和裁判员培训、优秀专业教练员进校园等方面实现各层级学校间的有效衔接。

上海市大学生足球联盟,对原有校园足球联盟的职能进行精简,在上海市体育局和校园足球联盟指导下相对独立地开展工作,重点着力于上海市大学生足

球相关赛事的策划与管理、上海市大学生足球人口发展与足球运动文化建设、上海市大学生足球运动市场化运行机制探索和上海市大学生高水平足球运动员培养等方面工作。

上海市教委牵头,充分整合全市教育、体育和社会资源,组建了市、区两级校园足球精英训练营,努力培养既能读好书又能踢好球的优秀足球苗子。实现与全国校园足球"满天星"精英训练营实现有序衔接,积极参加全国校园足球夏令营和冬令营等高水平赛事。

为进一步科学推广校园足球,先后成立了上海市校园足球发展中心、上海市学校体育评估中心、4个市级青少年校园足球教练员培训基地、市级学校体育精英训练营基地及市级学生足球训练基地。上海市校园足球发展中心旨在整合分散资源,通过系统规划、整体运作、科学管理统筹上海市校园足球整体化发展;上海市学校体育评估中心则以科学评估为目标,旨在通过科学、严谨、有效的调研对上海市青少年校园足球进行现有发展状况的调查以及未来趋势判断;三个基地的成立则通过扩大市级校园足球的发展平台推动校园足球培训体系建设。

多年来上海市不断加强校园工作领导小组与其他部门的协同配合,在场地规划、师资培训、社会支持等方面形成合力,特别是教育和体育部门的工作对接和资源共享,在发挥各自优势和特长的基础上,加快推进校园足球与青训体系"一体化设计、一体化推进,自成体系,相互支撑"的合作格局。努力搭建社会相关组织、机构和部门有序参与、通力合作、协同持续发展,不断推进校园足球健康发展的格局。

3. 人才流通层面:完善教学训练竞赛体系,打通各学段升学通道

重视普及不等于否定竞技提高,教育部体卫艺司司长王登峰指出:"发展校园足球要实现三大目标,即推进体育教育改革,捋顺学校系统内竞技人才成长通道,使体育真正成为学校教育中不可忽视的一部分。"实现足球人才的规模化成长,不仅要依靠继续发挥好举国体制优势,更要努力在国民教育体系中通过体育课、课余训练和校园体育竞赛开辟一条培养优秀足球人才的新路径、新通道。

目前,上海市已基本形成"联盟校+特色校+精英训练营+传统项目校+校办二线队+市级学生训练基地""六位一体"的课余训练立体推进格局,与全国校园足球"满天星"训练营实现有序衔接,通过积极参加全国校园足球各类高

水平赛事,旨在发现、推荐和培养输送优秀青少年足球人才。包括:

畅通升学通道。在不同学段升学的关键节点,有足球运动特长的学生面临着走学业化还是职业化发展道路问题,无论走哪条路,都需要进行顶层设计,为优秀足球人才的后续发展铺平道路,保障他们在教育体制内流通顺畅。提升人才质量内涵是解决人才出路的根本途径。一方面,要打通校园足球运动员小升初、初升高和高中考大学的通道,实现"踢得好"的学生"上好学",解除学生和家长的后顾之忧;另一方面对各类足球赛事中表现优异的足球运动员强化训练,聘请高水平教练加以指导,让他们参加国内外各类足球比赛以提高实战技能,在交流互鉴中吸纳众长以提高足球水平。

促进跨域融合。在完善教育体系足球人才通道的同时,突破"校园—职业"的合作屏障,是保持校园足球赛事"造血能力"的重要途径。职业足球俱乐部与足球特色学校合作对双方发展有着极大的促进作用,职业足球俱乐部的技术和资金可以帮助各级校足办做好校园足球的教学、训练、竞赛工作;对于职业足球俱乐部的青训而言,能扩大后备人才选拔范围,弥补文化教育不足的问题。

目前,校园与职业足球尚处于初步合作阶段,如在2019年,上海绿地申花俱乐部通过与上海市教育局签约的形式,共建青少年校园足球"满天星"训练营,但未来面向纵深领域的合作,还需要校园足球运动员及竞赛活动的有机衔接融合。

探索成立校园足球俱乐部。在目前双轨制的青少年足球竞赛活动中,首要考虑的是保护学校足球队利益,之后才能在与体育部门的竞赛联动中产生良好的化学反应,这是充分发挥学校依托作用的重要体现,做到基础教育能"托底",人才输出能"托举",使他们有选择之余,无后顾之忧。基于此,双方的融合不能仅停留在"满天星"这类集训活动中,还要力促教育部门与体育部门产生深入联动,使校园联赛与青超比赛有效衔接。因此,应积极探索成立校园足球俱乐部,为深化与职业俱乐部及相关优质资源的合作提供强有力的依托。

4. 资源保障层面:调动多元参与,加强保障体系建设

财政和物质的投入决定了新校园足球发展的规模和效应。大力推进校园足球以来,校园足球发展的条件明显改善,但是长期以来学校体育工作属于"小三门",在师资队伍、场地条件、创新研究、安全保障等方面力量薄弱问题十分突出,这些是制约校园足球下一步发展的关键因素。习近平总书记在全国教育大会上的重要讲话,彻底终结了音体美"小三门"的历史,给予体育、美育和其他三育同等重要的地位。上海市校园足球工作深入学习贯彻落实全国教育大会精神,强调体育的育人价值,强化问题意识,突出问题导向,在全面梳理校园足球工作的发展历程、主要成效和有益经验的基础上,把准资源保障的薄弱环节和关键短板,剑指问题,破解矛盾。

  一是加强师资队伍建设。坚持多元化、多渠道配备师资,鼓励有足球特长的学科教师兼上足球课,实施《学校体育美育兼职教师管理办法》,强化体教融合和资源共享,拓宽渠道引导体育系统优秀的足球教练员、裁判员、退役运动员、社会体育指导员和有体育特长的社会人员等进入校园。全国校园足球特色学校至少配2名、上海市校园足球联盟学校至少配1名以上校园足球专项教师或教练员;同时推进上海市校园足球教师及教练员培训基地建设,与上海市足球协会实现信息共享,共建联合培养机制,逐步提高校园足球特色学校和高校高水平球队的教练员执教水平。

  二是探索建立多元投入机制。加强校园体育场地的开发和综合利用,推进建设"笼式足球场"、全天候智能操场等;探索学校与社会公共足球场地共享机制,公共体育场地设施和高校体育场地设施向青少年公益开放,为学生参加足球活动提供更多的便利条件;推进建立区级青少年校外体育活动中心,统筹解决校园足球场地设施不足问题。

  三是强化智库支撑。大力开展体育科研项目基础性、前沿性和探索性创新研究,充分发挥智库作用。设立校园足球专项课题,积极吸纳社会各界力量支持,深入研究和把握规律,围绕基于中国青少年身体素质的足球技战术提升、体育运动对青少年全面发展的影响、青少年优秀足球人才的成长轨迹、体教融合等选题持续开展研究,并努力推动研究成果的转化应用。例如,委托上海体育学院开展青少年体育素养评价及体育运动等级技能标准等研究工作,为校园足球发展提供强有力的智力支持。

  四是加大专项资金支持力度。2015—2019年,上海市累计投入的青少年校园足球工作专项资金,发挥了极大的"撬动"和"乘数"效应。下一步将积极加大青少年校园足球专项资金扶持力度,以有力支持和保障未来布局青少年校园足球"满天星"训练营,为义务教育阶段学校输送足球师资和提供部分场地建设资金等需要。在全国率先实施"学校体育运动伤害专项保障基金",对青少年学生参加体育训练出现意外伤害给予保障。截至2018年底,已有近2700所学校自愿参加,覆盖学生170余万人次,有效促进了校园足球运动的长远发展。

5. 评价激励层面:突出激励导向,发挥荣誉体系"风向标"作用

建立并完善评价激励机制,把青少年校园足球工作成效纳入各级青少年校园足球特色学校校长绩效考核内容。构建完整的校园足球荣誉体系,不断落实学生运动技能等级认定工作,根据学生参与校园足球教学、训练、竞赛的时间和实际足球技能水平,完善校园足球学生运动技能等级标准,打通各个学段升学通道。

进入校园足球省级最佳阵容的初中学生可在全省(市、区)选高中入学;进入校园足球省级最佳阵容的高中生可在省属高校招生中享受国家一级运动员待遇。根据学生运动员等级认定和校园足球工作开展情况,对输送国家、省(区、市)最佳阵容学生、推进校园足球工作业绩突出的县(区、市)长、教育局局长、体育教师、足球教练员分别授予相应的荣誉称号。

根据相关企业支持青少年校园足球发展的贡献情况,给予相应的税收减免政策。每年举办"校园足球年度庆典",大力宣传和表彰校园足球相关人员,受到表彰的人员,特别是一线体育教师、足球教练员,在职称评聘、待遇等方面应有相应的倾斜,以进一步调动基层开展校园足球的积极性。

实施校园足球最佳阵容留学海外提升计划。每年选拔校园足球初中、高中最佳阵容学生赴世界主要足球强国进行为期1—2年的足球专项海外留学,专门提高足球竞技水平。留学回国后,除了可以进入职业队和国家队外,还可以直接进入优质高中或大学继续学习。

四、上海市校园足球的经验总结

1. 抓基础,校园足球高质量发展的先行区

(1) 组织基础

2009年国家体育总局和教育部联合成立"全国青少年校园足球活动领导小组",并颁布《关于开展全国青少年校园足球活动实施方案》,校园足球正式登上历史舞台。上海市一直是改革创新的探路者和引领者,在2012年成立全国首个省级校园足球联盟,开启了上海市校园足球发展的序幕;随后又成立上海市大学生足球联盟、各区县校园足球联盟,联盟通过建立成员代表大会制度和理事会制度统筹规划发展方向,由秘书处指导和管理校园足球活动,各区县分联盟直接管理区域内成员高中、初中、小学的校园足球各项工作并提供保障,大学生联盟通过协议指导和支持区县分联盟的工作[①]。联盟的成立有效地解决了上海市校园足球顶层设计的空白,结合联盟社会化组织的优势和特点,拥有更多的自主权和管理权,便于上海市校园足球的统一管理和规划。除此之外,为促进上海市校园足球高质量、多元化发展,成立市区两级青少年校园足球精英训练营,依托高校优质资源成立市校园足球发展中心、市学校体育评估中心、4个市级校园足球教练员培训基地、市级学校体育精英训练基地以及市级学生足球训练基地等组织机构。

2016年,根据全国青少年校园足球的总体规划和任务要求,为推动形成区域校园足球有序发展格局,上海市教委会同市体育局、市发展改革委、市财政局、市文广局、市新闻出版局、团市委等成立上海市青少年校园足球工作领导小组,

---

① 张晓贤.上海市校园足球联盟发展研究[J].山东体育学院学报,2015,31(1).

在全市范围内统筹领导推进校园足球的改革和发展①。上海市校园足球来到增量提质阶段,在市青少年校园足球工作领导小组的统一组织和部署下,及时研究部署上海市校园足球重大改革和重点发展任务,出台了一系列政策举措,各试点区、联盟、训练营、基地、中心等机构按照上海市推进全国青少年校园足球改革试验区建设的实施方案,通过强化建章立制,规范组织实施,运行管理机制不断完善,形成了推进校园足球工作整体发展上下一心、左右并进的合力,合理化的工作体系为体教深度融合、师资队伍建设、场地场馆建设、竞赛选拔机制、升学成才通道建设等工作的开展以及各方资源的整合调动提供了组织保障②。

经过多年努力,上海市构建出"教育部门主管、体育部门业务指导、高校充当引领、区县配合推进、学校自愿加盟"的校园足球组织机制,构建了大学、高中、初中、小学"1-2-4-8"的对接、帮扶模式,即1所高校对应2所高中,每2所高中对应4所初中,每4所初中对应8所小学,以高校为引领,以点带面,促使大中小学紧密衔接③。确立了教育部门主导的校园足球活动体系,充分利用教育部门在校园中的优势,发挥教育部门在校园活动中的职责和功能。同时,以体育部门为指导,为校园足球活动的开展提供强有力的活力,这种"一主多辅,联合办公"的组织体系,突破了条条框框的羁绊,为上海市校园足球的可持续健康发展奠定了良好基础。

(2) 制度基础

上海市结合实际,于2017年发布《上海市教育委员会等7部门关于加快发展青少年校园足球的实施意见》,为上海市校园足球提供一个统领全局、牵引各方的重要抓手。在此《意见》的基础上,上海市又陆续发布多项配套政策,例如《关于成立上海市青少年校园足球教练员培训基地的通知》《上海市教育委员会关于设立上海市学生体育项目训练基地的通知》《关于贯彻落实〈中国足球改革发展总体方案〉的实施意见》等。

上海市构建起以"1+N"为一体的上海市校园足球政策制度体系,"1"就是《上海市教育委员会等7部门关于加快发展青少年校园足球的实施意见》,这是上海市校园足球发展的"总抓手"。围绕这个"1",上海市又发布"N"个配套政

---

① 郜云雁.全国青少年校园足球发展报告[J].校园足球,2017(10).
② 上海市教育委员会.重普及 抓提高 大力推进校园足球发展——上海市青少年校园足球工作情况介绍[J].校园足球,2019(10).
③ 郜云雁.全国青少年校园足球发展报告[J].校园足球,2017(10).

策文件,涉及竞赛体系、训练体系、师资力量、评价考核、安全保障、宣传推广等多个方面。明确了上海市开展校园足球工作的基本原则和主要任务,统一各方思想认识,加强各级部门和学校对于开展校园足球工作的责任感和紧迫感,为上海市校园足球发展搭建框架,最终推动上海市校园足球走向治理现代化、法制化、规范化道路。

(3) 物质基础

校园足球师资力量短缺一直被视为校园足球普及推广提高的痛点,上海市为解决痛点问题,整合各方资源,多渠道、多元化配备师资力量,开展"外教入校"工作,聘请知名高水平外籍教练员进校带训,担任精英训练营队伍技术总监或主教练,招标组建精英训练营教练员团队。努力推进"体育兼职教师"的聘任工作,鼓励有足球特长的学科教师兼上足球课,鼓励足球教练、足球专业本科生、研究生和有足球特长的志愿者到学校兼职,充实校园足球指导员、教练员和裁判员队伍。积极开展培训工作,启动"校园足球教练员培训班"项目,聘请国际知名教练为全市青少年校园足球教练授课,提升师资队伍整体水平。

依托上海师范大学、上海体育学院成立上海市校园足球指导员培训中心,面向全市1500多所中小学开展全覆盖的校园足球活动指导员培训,培养一批具备一定足球理论知识、足球技术能力、足球活动组织和指导能力,能够上好校园足球活动课的校园足球活动指导员,实现每所中小学校至少一名校园足球活动指导员;与足协合作开展教练员、裁判员等级培训,派遣大批人员参加全国校足办主办的"赴英留学"、师资国家级专项培训、D级教练员培训、裁判员裁判长培训。

最终建成"三层七类"培训体系。"三层"是指:国际俱乐部青少年训练经验分享课程、中国足协教练员培训课程和"联盟"自设培训课程。"七类"是指"联盟"针对区县教育局、体育局局长、区县分管体育干部、成员学校校长、教练员、指导员、裁判,比赛监督共七个级别的培训体系[①]。上海市校园足球通过统筹协调、政策引导、多方合作,有效解决了本市校园足球师资数量短缺和教学能力不足的现状。

校园足球场地建设作为校园足球发展的关键,为解决本市校园足球场地面积相对不足的现状,上海市以教育综合改革为契机,通过新建、扩建、改善和共享

---

① 张晓贤.上海市校园足球联盟发展研究[J].山东体育学院学报,2015,31(1).

等措施解决场地不足问题①。一是通过财政拨款,把校园足球场地建设纳入学校标准化建设和改善办学条件建设,2015—2018年周期内场地建设大中小学已完成329片,2019—2025年周期内场地建设大中小学计划完成510片,从政策上予以保障,确保学校体育场地建设顺利推进;二是因校制宜,以学校体育场地为基础,优化完善配套设施,开展学校体育场地的综合开发利用,试点建设"笼式足球场"、全天候智能操场、可移动操场,创设"足球+"未来教室等(2020年上海市青少年校园足球工作总结:汇报讨论稿),多维度挖掘学校体育场地,拓展学生足球活动场地;三是探索学校与社会公共足球场地共享机制,依托公共体育场馆,每周对青少年学生公益开放时间不少于30小时,推进建立区级青少年校外体育活动中心,为学生提供更多的足球场地。

经费保障是校园足球活动开展的基础,为解决相关经费不足的情况,上海市建设成政府支持、市场参与、多方筹措支持校园足球发展的经费投入机制。2017年发布《上海市教育委员会等7部门关于加快发展青少年校园足球的实施意见》,《意见》明确要求,将校园足球工作经费纳入市、区县两级财政教育经费予以保障。市教委设立专项经费,经费由市教育局划转到区县教育局,再由区县教育局直接划转到学校,其中区县教育局再给予不少于1:1的配套经费,体育局安排相应的体育彩票公益金用于支持校园足球②。市场参与是校园足球发展动力系统的有效补充,上海市校园足球先后与耐克、聚运动等公司进行合作,联合其他投资在上海市校园足球联盟各项赛事中为校园场地、体育设施、球队服装、赛事组织、在线互动等方面提供资金保障。

足球是各类体育运动中最易受伤的项目之一,为解决家长怕受伤、学校怕担责的难题,在2016年初,上海首创专门针对校园体育运动意外伤害设计的校园基金——校园体育伤害事故处理专项基金。该基金是在市教委前期充分调研和专家论证基础上提出设想,由中国人寿公司研究设立的公益性基金,建立了学生运动意外伤害事故第三方处理机制。一旦发生学校体育运动伤害事故,先由区县教育部门及学校认定,随即由保险公司依照赔付范围进行埋赔,疑难案件由专门的审定小组进行处理③。基金的保障以意外运动伤害事故的发生为依据,不涉及对学校及学生的责任认定,而在于弥补受害人的损失,为学生系好"安全

---

① 郜云雁.全国青少年校园足球发展报告[J].校园足球,2017(10).
② 凌馨.上海七部门共推校园足球[N].中国教育报,2017-02-18.
③ 陆梓华,焦苇.上海试推全国首个"学校体育运动伤害专项保障基金"[N].新民晚报,2016-01-18.

带",有效地提升了校园足球安全保障水平。建立学校体育设施的安全检查制度,严格执行安全防范规章制度并制订应急预案,完善的安全保险制度是保障学生运动安全的最后一道防线,有效解决了家长、学校等各方面的后顾之忧,保障和促进了校园足球运动的长远发展。

2. 抓示范,学校体育改革的示范区

(1) 教学融合

上海市自2012年起开始实施"小学兴趣化、初中多样化、高中专项化、大学个性化"体育课程改革工作,核心目标是培养学生的终身体育习惯。校园足球作为体育课程改革的重点内容,结合上海市学校体育课程改革的形势变化和任务要求,编制《上海市青少年足球教学训练大纲》。

以《全国青少年校园足球教学指南(试行)》和《学生足球运动技能等级评定标准(试行)》《全国青少年校园足球示范课教案》为指导,各区教育局开拓思路、推陈出新,发挥名师工作室的引领作用,成立足球工作室凝聚全区教师智慧,研究中小学生足球课程教材,并结合各区实际情况因地制宜使用教材与教案,深入推进校园足球教学改革(2020年上海市青少年校园足球工作总结:汇报讨论稿)。开发了《蒙蒙讲足球》等系列普及读物,与耐克合作引进了国外先进足球课程资源①,从教学指南、示范课教案、教学视频、课程资源网站"四个方面"着手,实现教学有标准,资源在线共享,切实做到"教会"②,初步建成了大中小学一体化的校园足球课程体系:小学、初中大力普及校园足球活动,扩大足球人口,通过足球活动培养学生的体育锻炼习惯;高中作为人才输送的重要通道,主要任务是做好优秀足球人才的选拔和推优工作;高校利用公共体育课平台开设足球课程,课程采用小班化形式,自编自用校本教材。

除此之外,上海体育学院、上海师范大学和华东师范大学三所"体育类"院校还设有针对体育专业的足球专项课程,在原有公共体育足球课的基础上形成了从普及到提高的足球课程体系③。

---

① 郜云雁.全国青少年校园足球发展报告[J].校园足球,2017(10).
② 全球青少年校园足球工作领导小组办公室.全国青少年校园足球发展报告(2018)[M].北京:北京体育大学出版社,2019:2.
③ 张晓贤.上海市校园足球联盟发展研究[J].山东体育学院学报,2015,31(1).

上海市校园足球以高校为引领,积极探索高校招收足球特长生的途径,通过"高水平运动员""运动训练作专业单招""普通高考"等保障优秀足球人才顺利进入高校深造,为校园足球"一条龙"建设提供保障。

例如,大同中学积极实践从初中到大学的"一条龙"人才输送模式被外界称为"大同模式","大同模式"也正是"联盟""一条龙"人才培养模式的缩影[①]。完整的课程体系,丰富的教学资源,基本实现了"校园足球特色校每周 1 节足球课,其他学校每周 1 次足球活动"的目标。足球教育即人生教育,上海市在开展校园足球教学时,一直秉持立德树人的根本任务,通过校园足球活动,培养全面发展、素养合格的公民正是素质教育与校园足球活动的完美结合。

（2）课余训练

为了满足学生全面发展的需要,提升学生足球水平,推动校园足球活动广泛开展,在发现有天赋、潜质的青少年时,能及时对其进行科学化训练,最终将其培养成为全面发展、特长突出的新型足球人才[②]。上海市系统推进校园足球课余训练体系建设,构建形成"联盟校 + 特色校 + 精英训练营 + 传统项目学校 + 校办二线队 + 市级学生训练基地""六位一体"的课余训练立体推进格局。校园足球开展课余训练的形式多样化,校园足球特色校、联盟校、传统校的校代表队训练,体教融合的区代表队训练、区体校或足校各年龄段代表队训练,青训机构入校园的兴趣俱乐部训练,职业俱乐部与学校共建的梯队训练,各类培训机构招募的周末俱乐部训练(2020 年上海市青少年校园足球工作总结:汇报讨论稿)。

例如,联盟校足球队的课余训练主要是日常训练,各校根据自身情况差异,自主决定课余训练时间和方式,基本上形成了较为完善的课余训练制度;部分中小学分别与体校、职业俱乐部、青少年俱乐部建立了联办、网点校协作关系,学校负责文化课教学,协作单位负责选派教练员专门进行课余训练。精益求精,对于展现出天赋的学生,上海市在 16 个区县分别组建了 U9、U11、U12、U13、U15、高中组 6 个校园足球精英训练营(分男、女组别)[③],通过校园内班班比赛和区县内校校比赛的形式,选拔足球苗子进入

---

① 张晓贤. 上海市校园足球联盟发展研究[J]. 山东体育学院学报,2015,31(1).
② 董众鸣,柳志刚. 上海市校园足球活动开展现状、存在的问题及建议[J]. 上海体育学院学报,2015(4).
③ 袁征. 立足校园足球改革试验区　沪厚积薄发亮出改革成色[N]. 新闻晨报,2019 – 05 – 29.

区县精英训练营,实行聚散结合的训练方式,平时在各个学校分散训练,带动所在学校体育氛围,利用周末等时间进行集中、科学训练以提高,定期代表各区参加比赛(2020年上海市青少年校园足球工作总结:汇报讨论稿)。

"让读书的人去运动,让运动的人去读书"一直是校园足球的发展理念。为了让孩子在未来有更多的选择,也为了培养全面发展的足球精英人才,精英训练营有着严格的文化学习制度:除了比赛,11岁以下营员每周训练不得超过6小时,15岁以下营员每周训练不得超过8小时,17岁以下营员每周训练不得超过10小时。每周六下午为固定集中训练和比赛日,每周日下午为文化学习日,区县训练营办公室专门设立文化生活督导员,负责追踪营员学习状况和思想动态,为他们制定个性化教育方案[①],这种"教育+体育"的模式,得到社会普遍认可,为培养"读书好,品德佳,技术强"全面发展的足球人才做了良好示范。

上海市建立常设性的市级学生项目训练基地,并构建市级学生体育团队的选拔、管理、训练新机制,形成市、区、校三级学校课余训练体系,为有体育特长和发展潜质的学生提供高水平的训练服务和畅通的成才路径;市精英训练营通过比赛选拔、夏令营最佳阵容评选等方式成立各组别的市级校园足球精英队,利用冬令营、夏令营、比赛间歇期在市级学生足球训练基地,聘请高水平国内外教练员进行强化集训,并代表上海参加全国校园足球系列活动(2020年上海市青少年校园足球工作总结:汇报讨论稿)。创新性地构建了立体化的课余训练体系、衔接有序的课余训练格局,切实做到"勤练",最终科学有效地提升学生足球水平,提高足球竞技能力,培优秀足球人才。

(3)竞赛体系

上海市校园足球以竞赛为抓手,建设常态化的竞赛体系,在健全学生人格、锤炼学生意志、提高足球技能、培养足球竞技后备人才等方面都有重要意义。上海市努力贯彻教育部相关要求,结合实际情况,构建了普及与提高相结合的"四横四纵"竞赛体系。其中,"四横"指按学段划分的小学、初中、高中、大学四个组别,为了使竞赛更加科学化,四个组别里面按照年龄段进行了细分,比如小学划分成了U9、U11两个组别。"四纵"为:以普通学生自由组队的暑期草根联赛、以学校为参赛单位的联盟联赛、以区县青少年俱乐部和高水平运动队为参赛单位

---

① 龚洪芸.上海校园足球确立"四横四纵"立体化竞赛体系[N].解放日报,2016-08-01.

的联盟杯赛以及高级别的全国或国际邀请赛①。自2015年起,教育部与上海市政府共同举办的中国(上海)国际青少年校园足球邀请赛,已成为校园足球的一项品牌性赛事,也是教育部批准的唯一冠以"中国"为赛事名称的校园足球国际赛事(2020年上海市青少年校园足球工作总结:汇报讨论稿)。五年间,共有来自22个国家和地区的76支青少年校园足球队伍参赛,足球场内外参与赛事服务和观战的人次达数万②。

除此之外,各区各学校也集思广益,开展多种多样的竞赛活动,在小学低年级阶段开展足球趣味活动,小学三年级至高中阶段开展班级年级联赛,学校之间开展校级邀请赛、对抗赛等,高校里面开展足球联赛、院级比赛及校级交流比赛等;市级层面,2017年"千校万班"足球小达人技能竞赛成为上海市阳光体育赛事系列活动,根据年龄段将小学、初中、高中的学生划分为五个组别,先于校内班级比赛,再到区县内比赛,最后到市里进行决赛。在市教委和市体育局的大力推动下,"千校万班"足球竞赛活动得到社会广泛关注(人民网:2017上海市"千校万班"三人球小达人技能竞赛开幕)。

根据上海市的学制特点、学生的年龄段、学生足球运动水平差异合理编排赛制,实施分级和升降级设置,"有效比赛场次"显著增加,从而实现"水平接近,对抗激烈"的赛事格局,学生足球技能得到有效锻炼。上海市派出的校园足球代表队在全国青少年校园足球夏令营、全国学生运动会、全国青年运动会等大型赛事活动上均取得优异成绩,部分队员参加校园足球国家队集训,入选校园足球国家队,担任校园足球国家队队长;在职业足球赛场上,派出校园足球队伍整建制代表俱乐部参加全国"青超"联赛,部分队员签约职业足球俱乐部,进入职业俱乐部梯队,入选各级中国国少队,呈现校园足球和青训体系一体两翼、共同推进的格局,涌现出了一大批优秀的足球后备力量,为我国足球输送新鲜血液,充分展示了科学合理的校园足球赛事体系对学生足球竞技水平的提升功能。

上海市已经建成覆盖范围广、持续时间长、参与形式多样、科学化、立体化的竞赛体系,始终遵循"面向人人"的理念,每年吸引大量学生参加,切实做到"常赛"的要求,形成"班班参与、校校组织、区域推动、层层选拔"的校园足球竞赛格

---

① 郜云雁.全国青少年校园足球发展报告[J].校园足球,2017(10).
② 龚浩芸.五年共吸引22个国家和地区76支球队参赛,上海青足赛成校园足球"大品牌"[N].东方网,2019-11-30.

局,培育良好的足球氛围,激发学生的足球兴趣,提升学生足球技术水平,提高学生体质健康水平,"育人"功能进一步体现,对上海市校园足球发展乃至全国青少年校园足球发展起到了积极的推动、示范和引领作用。

3. 抓宣传,校园足球文化建设的融合区

(1) 学生为主

校园文化氛围反映了师生的精神样貌和真实生活状态。校园足球文化建设既是在校园环境下的足球文化营造和传播,又是依照足球文化传统对校园足球的改造与反映[①]。校园足球文化有助于提升学生精神素养、道德水准,促进学校内涵发展,增强师生的文化自信。上海市校园足球要想拥有自己的品牌标识,必须将校园足球文化建设当成核心任务,校园足球文化建设是校园足球发展的关键环节,没有校园足球文化,校园足球也不存在。校园足球文化创造、传播的受众主体是学生,上海市开拓创新,让学生成为校园足球文化建设的主力军。创作、传播校园足球文化,成立学生记者团,在上海市各级校园足球活动中都能看见他们的身影。学生记者团主要跟随本校球队采访,及时发布球队动态新闻,现场采访和摄影,配合媒体的宣传,赛前为球队进行合影留念,赛后撰写新闻,及时满足各大媒体和新媒体的需要,这些工作为学生近距离感受足球文化创造条件。

当然不是所有学生都能在球场上拼搏,为提升观赛体验,增加对足球比赛的认知,各支球队组建了学生啦啦队,"联盟"进行业务指导,在比赛中为球队加油打气,创造良好的比赛氛围;有的学生为球队创作队歌,设计宣传海报、比赛标语,利用自己的特长为校园足球文化建设添砖加瓦。足球社团是校园足球文化建设的重要载体,学生自主管理、自由参与和开展各项校园足球活动,具有参与面广、组织灵活、活动形式多样等特点,各学校足球社团间通过比赛和各种活动来加强交流,增进友谊。"联盟"专门成立学校推广部,在学校内大力发展学生足球社团,并且对评选上星级的足球社团予以资金补助(中国教育报:上海七部门共推校园足球),保证学生足球社团的可持续发展,为校园足球文化建设增添新的力量。

---

① 曹大伟,曹连众.我国校园足球文化建设的本然要求、实然困境和应然举措[J].沈阳体育学院学报,2020,39(1).

（2）媒体宣传

上海市充分利用各种媒体平台进行校园足球的宣传和推广,通过"阳光校园"微信平台、市青少年校园足球精英训练营网站、学生体育网、校园足球微信公众号等,及时推送校园足球赛事活动最新动态信息;依托新民晨报、东方体育日报、五星体育频道等专业媒体以及微博、微信等网络自媒体,对校园足球的竞赛、训练和活动进行报道。与15家媒体建立了长期合作关系,其中,新民晨报多次整版报道校园足球的经验成果,网络媒体对校园足球的报道超过百篇;与五星体育频道签订战略合作协议,每天黄金时间播报校园足球等学校体育新闻,每年转播校园足球比赛10场①,开设"校园足球"专题节目,采访一线的教练员、队员、裁判员、工作人员等,通过他们对校园足球的认知,传播校园足球精神文化。

（3）多方协作

校园足球文化建设离不开家长、学校和政府的支持。为了丰富校园足球氛围,学校每年举办校园足球吉祥物、会歌征集工作;举办校园足球主题演讲活动,充分展现学生的才能;开展冬夏训练营、足球日、足球嘉年华等校园足球活动,让家长亲身感受足球的魅力。

> 2019年,上海市成功发布校园足球宣传片和宣传册,并成功举办为期一个月的首届上海市校园足球文化节,期间在全市的特色学校进行足球系列文化展板展示,举办校园足球文化节主题征文和摄影比赛,全市进行优秀作品评选和足球文化知识竞赛②,并且以"中国（上海）国际青少年校园足球邀请赛"为契机,在全市校园足球运动员中开展了形象大使评选活动,推选出四名品学兼优、健康向上的优秀营员（2020年上海市青少年校园足球工作总结:汇报讨论稿）,发挥典型样本带动作用,传播校园足球行为文化。

上海市通过宣传手册、游戏活动、网络媒体等将校园足球和校园文化建设相结合,通过这些不同平台的宣传推广,传播校园足球正能量,让校园足球融入校园生活中,对校园足球文化进行深入挖掘和凝练,构建和培育一种全新的校园足球文化记忆标识,营造积极健康的校园足球文化氛围,增加校园足球人口,培养

---

① 郜元雁.全国青少年校园足球发展报告[J].校园足球,2017(10).
② 金雷.校园足球有了自己的文化节,足球小子快跟浦玮姐姐学起来[N].新民晚报,2019-12-01.

学生活泼开朗、积极进取的精神和良好品行,通过建设校园足球文化实现"育人"目标,最终推动上海市校园足球纵深发展。

4. 抓交流,校园足球开放发展的桥头堡

足球运动拥有着独特的大众化特点,与上海市海纳百川、大气谦和的城市风貌特色完美地融合在一起。上海市校园足球在启动之初就一直探索国际交流之路,积极对接制定了"以欧洲合作为中心,立足亚洲、拓展美洲,建立起有特色、全方位、主动型、高水平的国际交流合作战略。"在2013年,"联盟"与法国、巴西、俄罗斯等10余个国家建立了合作关系[①],学习足球发达国家先进经验;与8个国家的12所学校共同组成国际青少年校园足球联盟,通过"以球会友"的方式定期交流,互相学习,共同发展。

为加强校园足球国际合作的深度与广度,市精英训练营办公室牵头组织专家团队赴日本神户,围绕日本学校体育教育、青少年足球赛训等方面的先进运行管理机制以及课外人才培养等主题开展学习考察活动;与皇家马德里基金会合作,启动中国校园足球大师培训计划的调研工作;与韩国大学生足球联盟、韩国京畿道足球协会签订合作备忘录,全方位开展合作[②],共同构建高水平、开放化的校园足球。积极组织学生参加韩国、英国等组织的国际青少年足球比赛,派出校园足球精英队去日本、西班牙、美国等进行友谊交流赛,学习足球理念,提升足球运动水平,开展"外教入校"项目,在全世界范围内招募优秀师资进入学校带训,培养学生足球基础,通过打好足球"底座"来培育足球"塔尖"。

上海市立意高远、先行先试,自2015年起,举办"中国(上海)国际青少年校园足球邀请赛"。五年来,共吸引22个国家和地区的76支青少年校园足球队伍参赛[③],在国际邀请赛期间,组织足球高峰论坛、交流会议等,与各国领队面对面交流与互动,了解各国青少年校园足球特点和经验,进行深层次的业务探讨和文化交流,充分学习国外青少年足球教学、训练和管理方面的成功经验,探讨中国

---

① 张晓贤.上海市校园足球联盟发展研究[J].山东体育学院学报,2015,31(1).
② 邰云雁.全国青少年校园足球发展报告[J].校园足球,2017(10).
③ 龚洁芸.五年共吸引22个国家和地区76支球队参赛 上海青足赛成校园足球"大品牌"[N].文汇报,2019-11-30.

校园足球发展的新思路。上海市校园足球一直保持着积极、活跃、高频的开放局面,努力锻造高水平开放的校园足球国际化空间,建构高认同的校园足球文化标识品牌,打造具有国际影响力的青少年足球邀请赛,并积极拓展本土化的校园足球发展新局面,最终走出了一条宽领域、多层次、广覆盖的校园足球国际化之路。

实　践　篇

　　在上海市委、市政府的正确领导下,上海市青少年校园足球工作始终坚持教育部门主管、体育部门业务指导、其他各部门及各区协同联动多措并举的方式,在创新校园足球体制机制、深化学校足球课程改革、立体推进课余足球训练、丰富完善校园足球竞赛体系、打造校园足球文化等方面进行了积极的探索和实践。

　　本章主要介绍上海市校园足球工作如何通过充分发掘足球运动对青少年学生的独特魅力和综合教育功能,扩大校园足球人口,提高校园足球水平,构建校园足球文化,完善校园足球训练与竞赛体系,致力于推动校园足球工作全面、健康、可持续发展,促进青少年学生身心健康和德智体全面发展;并力争到2025年,基本形成全面普及、层层衔接、重点推进、社会参与、人才辈出的具有上海城市发展特征的校园足球发展体系。

一、上海市校园足球的顶层设计与政策扶持

经过八年建设,上海市完全形成了由"联盟校+特色校+精英训练营+传统项目学校+校办二线队+市级学生训练基地"组成的"六位一体"的校园足球发展体系,大中小学课余训练衔接有序,优秀足球苗子的选拔机制初步形成。同时,积极组织参加全国学生运动会、国际邀请赛、全国校园足球夏令营和冬令营等高水平赛事活动并取得优异成绩,展示出上海市青少年学生身心全面健康发展的良好精神风貌以及开展校园足球活动取得的初步成效。

1. 上海市校园足球的管理架构和运行平台

市级层面,以上海市青少年校园足球工作领导小组为管理核心,领导着两个联盟(上海市校园足球联盟、上海市大学生足球联盟)、两个中心(上海市校园足球发展中心、上海市学校体育评估中心)、六个基地(四个上海市青少年校园足球教练员培训基地和上海市学校体育精英训练基地、上海市学生足球训练基地)及一个精英训练营,从竞赛、训练、培训、文化等方面开展有效管理。承接市级层面的组织建设,上海市各区也在本区青少年校园足球工作领导小组的组织框架内,对应市级部门安排对应联络人员。通过不断健全自身管理组织体系,上海市校园足球发展重心进一步向"增量提质"目标靠拢。

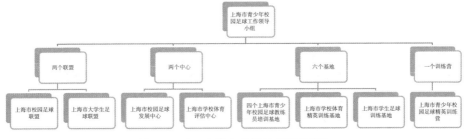

图1-1-1 上海市校园足球管理架构

(1) 一个核心

由市教委主任担任组长,市教委、市体育局分管负责人担任副组长,市发展改革委、市财政局、市文广影视局、市新闻出版局和团市委相关负责人参加的"上海市青少年校园足球工作领导小组",负责制定校园足球的中长期发展规划,整体推进校园足球发展。同时,各区县教育局和各高校也成立了各区县和学校校园足球工作领导小组,负责指导、部署和协调本区、本校校园足球工作,各区行政分管体育的负责人担任领导小组组长。在领导小组的领导下,继续完善市区两级校园足球联盟运作机制,承担校园足球的具体组织、领导工作。同时,在市教委体卫艺科处下设成立上海市青少年校园足球专家委员会,加强对校园足球的指导。

依据《上海市教育委员会等7部门关于加快发展青少年校园足球的实施意见》规划,教育部门履行自身校园足球主管责任,负责校园足球的统筹规划、宏观指导和综合管理。体育部门发挥人才和资源优势,加强对校园足球的技术支持、行业指导和相关服务。发展改革部门负责统筹场地设施规划与建设。财政部门负责校园足球工作的相关经费保障。新闻宣传部门加大宣传支持力度,统筹营造社会舆论氛围。共青团系统负责组织或者参与开展校园足球文化活动。教育督导部门将校园足球纳入教育督导指标体系,为普及校园足球运动提供保障。领导小组下设办公室,设在市教委体卫艺科处,成立校园足球发展中心,配齐了全职工作人员,以做好日常管理工作,同时执行领导小组决策,协调成员单位积极推动各项任务落实。

为了培养大批优秀的足球后备人才,市体育局还与市教委通力合作,定期开展沟通,坚持资源共享,责任共担,人才共育。在遵循体育发展规律的基础上,敢于打破常规,积极构建青少年校园足球发展的体系,摸索到了促进青少年足球发展的有用途径,有效促进了校园足球在青少年人群中的普及,为上海搭建足球人才高地创造了有利条件。

2017年,上海市申报获批成为第二批全国校园足球改革试验区之一。2015—2019年,崇明、杨浦、普陀、闵行四区先后成为全国校园足球改革试点区。以此为契机,部分区县进一步拓展建设了自身的校园足球管理体系。

以杨浦区为例,2016年底,杨浦区教育局发布了《杨浦区推进校园足球工作三年行动计划(2017—2019年)》,成立由区教育局主要负责人担任组长,区教育局、区体育局分管负责人担任副组长,区委宣传部、区发改委、区财政局和团区委相关负责人参加的"杨浦区青少年校园足球工作领导小组",负责指导、部署和协调本区校园足球工作。依照规划,各部门系统各司其职,办公室设在上海体院附中,做好日常管理工作,执行市、区领导小组决策,协调区内成员单位积极推动各项任务落实。

(2) 两个联盟

上海市校园足球联盟的成立,由教育、体育、协会共同主导的校园足球管理体系形成的开始。联盟运作依据联盟章程的规定执行,接受市教委的监督与领导,接受市体育局的业务指导。联盟采取会员制,吸纳团体单位为会员,会员单位享受联盟的所有权利,并履行应尽义务。联盟设立理事会为联盟的最高机构,通过全体大会选举产生名誉理事长、理事长、执行理事长、副理事长、执行副理事长、秘书长、副秘书长、常务理事,下设秘书处、竞赛管理部、事业推广部、档案管理部、财务部、网络信息部等,负责联盟的日常运作。相应地,各区也成立区校园足球联盟办公室,负责本区的校园足球领导工作,并结合自身区县的高校优势资源开展合作共建。

联盟科学规划上海市大中小学足球"一条龙"培养工程中的学校布局,构建起大学、高中、初中、小学"四级"足球项目布点体系"1-2-4-8",成员单位超过千所,以高校为引领,以点带面,在开展校园足球教学、足球训练管理、竞赛体系建设、运动员招生和培养、教练员和裁判员培训、优秀专业教练员进校园等方面实现大、中、小学的有效衔接,从而确保上海市校园足球运动发展具有系统性和连续性。联盟还完善"大学、高中、初中、小学"四级校园足球联赛体系,确保青少年足球竞赛体系的连续性和有效性,健全各级联赛激励机制,为运动员升学、学校招生等政策提供支撑和保障,探索出适合上海校园足球发展的新模式。

上海市校园足球联盟竞赛部是上海市大、中、小学生包括高职、中职足球比赛的竞赛管理和服务机构,负责赛事的竞赛规章制度和竞赛计划制定(草拟竞赛规程、竞赛日程;制定竞赛管理文件、比赛报表、赛区评定表;编辑竞赛秩序册、成绩册等)组织管理竞赛(接受球队参赛报名、审核运动员资格;联络、协调、指导赛区竞赛工作;发布比赛结果、红黄牌及停赛通知、竞赛统计资料;组织管理竞赛工作人员及其他各类人员的赛前培训工作;其他竞赛工作)和竞赛档案管理(管理竞赛规程、文件、通知、建档;管理竞赛数据资料、建档;管理其他必要资料)等工作。竞赛部由5—7人组成,设部长1名,副部长2名,成员2-4名,人员涵盖高校、区竞赛骨干等。

自成立以来,上海市大学生足球联盟始终坚持在上海市教育委员会、上海市体育局的指导下开展工作,主要参与的工作包括:上海市大学生足球相关赛事的策划与管理;上海市大学生足球人口发展与足球运动文化建设;上海市大学生足球运动市场化运行机制探索;上海市大学生高水平足球运动员培养工作。

上海市大学生足球联盟设有理事会和秘书处,理事会作为联盟最高管理机构,秘书处负责联盟各项业务工作管理和执行。理事会职责包括负责制定和修改章程;选举和罢免联盟理事;审议秘书处年度工作报告;组织召开联盟理事工作会议。理事会设有名誉理事长1人,理事长3人,执行理事长1人,副理事长3人。秘书处工作职责包括:主持联盟日常运营工作;制定联盟年度工作计划;开展高校大学生校园足球竞赛训练、人才普及、文化宣传等业务工作;每年组织召开一次联盟全体会员大会。秘书处设有秘书长1人,执行副秘书长1人。

作为上海市校园足球管理的重要组成部分,大学生联盟秘书处设在上海大学,时任上海大学体育学院院长邵斌教授任联盟秘书长,秘书处设有督导部、裁判部、竞赛部、活动宣传部、保障部共计五个部门,依据各自功能划分,主要负责上海市大学生足球运动和相关赛事的组织、监督、推广等相关工作。

在市级层面,大学生联盟与校园足球联盟形成双核管理的局面,大学生足球联盟负责竞赛、培训等事务,校园足球联盟则负责招商及对外交流工作。

(3) 两个中心、六个基地及一个训练营

上海市校园足球发展中心、四个市级青少年校园足球教练员培训基地、市级学校体育精英训练营基地及市级学生足球训练基地,都成为了支撑上海市校园足球发展的有力平台。

设计上,旨在整合分散资源,通过系统规划、整体运作、科学管理来实现上海市校园足球整体化发展;上海市学校体育评估中心以科学评估上海各体育专业发展状况为自身目标,旨在通过科学、严谨、有效的调研形成对现有发展状况的描绘以及潜在发展制约的发掘;六个基地的成立则旨在扩大市级校园足球的培训能力来推动校园足球培训体系的建设。

从实际工作来看,上海市校园足球发展中心是核心的运行平台。目前,上海市校园足球发展中心设在上海大学,与上海大学体育学院合署办公;主要承担着上海市大、中、小学校园足球的各级各类赛事组织与推广;上海市校园足球发展中心主任由上海大学副校长聂清担任。具体来看有10项工作职能:①负责上海市大学生足球联盟日常运行和管理工作;②负责上海市大学生联盟课程体系、训练体系和竞赛体系建设工作;③协助市青少年校园足球精英训练营办公室对市、区训练营的训练和竞赛提供指导和示范;④协助市青少年校园足球精英训练营办公室在全市范围内选拔优秀足球苗子,定期进行集训和比赛;⑤协助市青少年校园足球精英训练营办公室与全国校园足球"满天星"精英训练营对接,选拔优秀足球苗子参加全国校园足球夏令营和冬令营;⑥协助做好国家交办的全国校园足球夏令营和冬令营有关活动;⑦负责上海市校园足球夏令营和冬令营的组织承办工作;⑧负责上海市学生足球训练基地的建设和运营工作;⑨协助做好校园足球教师(教练员)、裁判员队伍建设;⑩协助做好校园足球场地、器材、设施、经费等有关服务保障工作。

借助上海市校园足球发展中心的平台,上海市校园足球实现了多平台的综合联动,实现了校园足球联盟、各训练基地及评估中心的各项功能的有机协调。

同时,为了保障发展的质量,借助上海市学校体育评估中心的力量,市教委每年都会开展针对核心项目工作情况的评估工作。每年度对本年度新命名的特色校进行全面复核,对已命名的特色校进行抽查评估,形成年度特色校评估报告;每年度对上海市16个区级精英训练营进行综合评估,并反馈整改意见。

上海各区成立青少年校园足球精英训练营办公室,专人专管以保障精英训练营日常工作的有序开展;设置区精英训练营生活学习督导员,建立营员学习档案,了解其学习动态,负责沟通营员训练和学习的协调工作,保障营员的全面发展,努力培养既能读好书又能踢好球的优秀足球苗子。

2. 上海市校园足球的政策措施

2012年以来,上海坚持资源共享、责任共担、人才共育、特色共建,遵循教育、体育发展规律,形成强化学校体育和促进青少年体育发展的有效机制。

2012年2月,上海市委、市政府印发了《关于深化本市体教结合工作的意见》,简称"双八条",明确以足球为试点,教育、体育部门通力合作,做好政策和经费保障、运动员招生和培养、衔接学校的教练员配置、体育训练日常管理等工作,构建科学的学校课余体育训练人才培养体系,逐步探索研究本市大中小学课余体育训练"一条龙"建设的体育特长生与高水平运动员招生模式和办法,校园足球的发展也由此拉开了帷幕。

2016年12月,上海市委、市政府在国家大力发展校园足球的背景下印发了

《上海市体教结合促进计划(2016—2020年)》,又称"双十条",进一步明确以足球改革为引领,推进青少年三大球的创新和发展,体育、教育部门定期沟通,加强青少年足球后备人才队伍建设,积极构建校园足球普及与提高相辅相成的发展体系。同时,文件厘清了教育部门与体育部门各自的工作任务,明晰了各部门的权责。

同年,上海市教委、上海市体育局等委办局共7部门联合印发了《关于加快发展青少年校园足球的实施意见》,成立上海市青少年校园足球工作领导小组,加强对校园足球的技术指导、行业支持和相关服务保障,明确了在师资、硬件、经费等多方面提供的具体政策支持规划。

(1) 校园足球师资队伍建设方面

一是多渠道配备师资。有效整合各方资源,鼓励学校通过教师交流或校际、国际交流项目,聘用国内外优秀足球教练到学校任教,鼓励现有体育教师、优秀退役足球运动员积极参与足球教学、训练和裁判等工作,鼓励足球教练、足球专业本科生、研究生和有足球特长的志愿者到学校兼职,充实校园足球指导员、教练员和裁判员队伍。

力争到2025年,在本市各级各类学校配置1名以上、上海市校园足球联盟学校配置2名以上校园足球指导员或教练员。完善政策措施,创新用人机制,为退役运动员或专业足球教练转岗为足球教师或兼职足球教学创造条件。

二是多方式培养培训师资。探索对专职教师、兼职教师的培训模式,将校园足球专项师资培训纳入本市教师培训序列,制定校园足球教师培训计划,开发相关培训教材,每年定期对校园足球指导员、教练员、裁判员和管理人员进行培训,并实施校园足球教练员、裁判员等级认证制度。加强与足球发达国家及国际知名足球俱乐部的交流合作,引入先进培训理念和课程体系,培养具有国际视野的优秀校园足球教练员和裁判员队伍。每年选派优秀校园足球指导员、教练员、裁判员、管理人员等赴足球发达国家交流学习。力争到2025年,培养培训校园足球专职和兼职指导员3000名、校园足球教练员1000名、校园足球裁判员1000名。

(2) 校园足球场地设施条件改善措施

一是加强校园足球场地建设。各区县和各级各类学校要加大足球场地设施的规划、建设和改造力度,把校园足球场地建设纳入学校标准化建设和改善办学条件建设。在中心城区规划建设"笼式足球场"。鼓励社会力量参与建设小型化、多样化的校园足球场馆设施。

二是推动场地设施共享共建。创新学校足球场地设施管理机制,整合社会和学校场地资源,探索形成公共足球设施与学校的共享共用机制。本市公共体育场地设施和高校体育场地设施在规定时段对外公益开放,为学生提供更多的足球活动场所。鼓励各区县建立青少年体育活动中心,为青少年课外参加足球活动提供场地和指导。

(3) 学生参与足球激励机制

把足球学习情况纳入学生综合素质评价范畴。加强足球特长生文化课教学管理,完善特长生招生政策,激励学生长期积极参加足球学习和训练;努力增加高校高水平足球运动队数量,适度扩大招生规模;拓展青少年足球人才出国交流机会,经过选拔推荐可以参加国际校园足球赛事和交流活动。

(4) 经费支持方面

加大财政投入,建立政府主导、社会广泛参与的经费投入机制,将青少年校园足球工作经费纳入市、区两级财政教育经费予以保障。市教委设立校园足球专项经费,用于全市校园足球的整体推进工作。市体育局根据工作职责安排相应的体育彩票公益金,用于支持校园足球的发展。各区县、各级各类学校要安排专项经费,支持区级层面及学校开展足球教学、训练和比赛,引导和鼓励社会力量参与发展校园足球。

(5) 完善安全保险制度

各区、各级各类学校要提高校园足球安全责任意识和防范能力,制定安全防范规章制度和应急预案。对学生加强校园足球安全教育,增强学生的安全防范和自我保护意识。采取体育器材安全保护和检查措施,加强安全管理。在全面实施和完善校方责任险的基础上,探索新增校园运动伤害险,并积极完善政府购买学生体育运动伤害险的办法。建立学生运动意外伤害事故第三方调解机制,进一步提升校园足球安全保障水平。

(6) 社会力量参与支持

市区两级均加大了规划、政策、标准引导的力度,采用政府购买服务方式,多渠道调动社会力量支持校园足球发展的积极性。鼓励有条件的体育俱乐部、企业及其他社会组织联合开展有利于校园足球发展的公益活动。完善相关政策,引导社会资本进入校园足球领域。同时,在上海教育发展基金会设立校园足球发展基金,多渠道吸收社会资金。

2017年9月，上海市政府又进一步印发了《关于贯彻落实〈中国足球改革发展总体方案〉的实施意见》，在《实施意见》中明确校园足球和青少年足球后备人才培养的具体任务和保障要求，其中包含五方面任务：

一是发挥足球育人功能。深化学校体育改革，培养全面发展的人才，充分挖掘足球运动的育人功能，把弘扬足球文化、推广校园足球作为扩大本市足球人口规模、夯实足球人才根基、提高学生综合素质、促进青少年健康成长的基础性工程，增强家长、社会的认同和支持，让更多青少年学生热爱足球、享受足球，使参与足球运动成为遵守社会规则和道德规范的有效途径。

二是推进校园足球普及。按照上海"小学体育兴趣化、初中体育多样化、高中体育专项化、大学体育个性化"的体育课程改革要求，大力推广校园足球，形成学生喜爱、家长支持、社会关心的良好局面。2020年建成400所，计划2025年建成520所全国校园足球特色学校，500所本市校园足球联盟学校和10所高校高水平足球队。

三是完善校园足球课余训练体系。鼓励各级各类学校逐步构建班级、年级、学校三级校园足球队伍组织体系，为喜欢足球和有足球特长的学生提供学习、训练机会。鼓励各区和学校组建女子足球队。深化本市体教结合工作，健全青少年足球训练和竞赛体系，建立覆盖各区、各个年龄段的校园足球训练营，与市级精英集训队形成有序衔接，妥善处理好学生文化学习和足球训练的关系。

四是促进文化学习与足球技能共同发展。加强足球特长生文化课教学管理，完善考试招生政策，激励学生长期积极参加足球学习和训练。进一步拓宽升学渠道，支持具备条件的高校设立足球专业方向和试点建设足球学院，培养高层次足球人才。允许足球特长生在升学录取时在一定范围内合理流动，获得良好的特长发展环境。

五是优化校园足球发展环境。加强校园足球师资队伍建设。探索建立兼职足球教师制度，鼓励优秀足球教练、退役运动员到学校兼职。开展校园足球指导员、教练员、裁判员和管理人员专题培训。健全学生参与足球激励机制，把足球学习情况纳入学生综合素质评价范畴。支持校园足球社团培育发展。完善安全保险机制，推进政府购买服务，探索新增校园运动伤害险，提升校园足球安全保障水平。

具体到区级层面来看，为贯彻市级政策精神，各区围绕自身特点提出了丰富多样的政策规划。

二、上海市校园足球的普及推广

1. 上海市校园足球发展概况

上海市校园足球有着优良的传统和深厚的底蕴。1843年上海开埠,上海成为近代中国较早开埠的城市之一,现代体育项目也随着西方文化的输入登陆上海,教会学校得风气之先,跑步、跳远、铅球、足球等运动项目率先在校园中落地开花。

1895年,圣约翰书院成立了上海第一支全部是中国面孔的学生足球队,可以说这是上海校园足球发展的最早雏形。

1949年新中国成立后,进入了全新的发展阶段,足球运动在各级各类学校中普及开展,校园足球水平也在全国领先。

改革开放后,上海市体委与教育局着手恢复市、区两级足球传统项目学校,集中力量重新布局了一批体育基础和条件较好的学校作为上海市足球传统项目中、小学校。

1984—1990年的七年中,市、区重点布局开展足球运动的中、小学校达783所次,经常参加训练的人数达29783人次,平均每年布局112所学校,参训人数4255人,每个区每年平均有10所学校被布局为重点足球开展学校[1],这些学校在上海市校园足球运动的发展中起了示范引领作用。

进入新世纪后,上海市校园足球迎来了新的发展高潮。2009年6月,由国家体育总局和教育部联合推出的全国青少年校园足球活动正式启动,上海成为全国青少年校园足球活动首批"布局城市"。2009年12月1日,上海市青少年校园足球活动启动仪式在浦东源深体育馆举行,全市有12个区的61所小学和33所初中成为首批校园足球活动布点学校。上海市青少年校园足球活动启动

---

[1] 李毓毅.上海足球运动半世纪(1949—1999)[M].上海:上海教育出版社,2014.

后,市体育局与市教委通力合作,全市各级各类学校中的校园足球活动大量增加,足球教学、训练、竞赛活动在校园中广泛开展起来。按照上海市体育局、上海市教委于2009年11月联合制定的《关于开展上海市青少年校园足球活动的实施方案》要求,布点学校的每个班级每周都有一次足球活动课。另外,所有布点学校都利用下午大课间进行训练,基本是隔天一练,并且实现了班班有球队、周周有比赛、年级间有对抗赛的目标。

为了适应校园足球活动发展的新形势,充分整合与优化配置上海市校园足球资源,进一步推动和提升上海市青少年校园足球的发展质量,2012年1月5日,在上海市教委牵头下,全国首个校园足球联盟——"上海市校园足球一条龙建设联盟"正式揭牌成立,上海市11所大学、35所高中及其所在的16个区教育局,共同签署了《上海市校园足球"一条龙"建设联盟结对单位合作共建协议书》,构建了大学、高中、初中、小学"1-2-4-8"足球项目布点体系(图2-1-1),大中小学在校园足球"一条龙"建设方面开展结对合作,联盟首批成员单位中的另67所初中、110所小学与上述35所高中签约结对合作事宜,由各区教育局统筹负责。这项着眼于长远的基础性建设工作,是对促进体教融合、构建科学合理的校园足球"一条龙"课余训练体系、创新校园足球发展模式的一次新探索,目的是以高校为引领,在开展校园足球教学、足球训练管理、竞赛体系建设、运动员招生和培养、教练员和裁判员培训、优秀专业教练员进校园等方面实现大

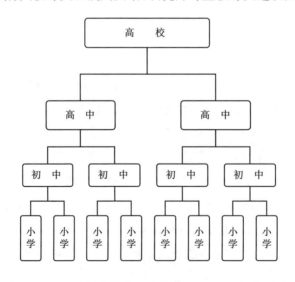

图2-1-1　上海市校园足球联盟"1-2-4-8"体系图

中小学的有效衔接。截至目前,加入上海校园足球联盟的会员单位已达428个(包括17所大学、42所高中、97所初中以及141所小学),覆盖上海市全部16个区,注册学生运动员人数已由当初的4500名左右增加至3万多名。

校园足球联盟成立后,逐步形成的"三层七类"培训体系(图2-1-2),对校园足球管理人员的管理水平、教师/教练员的指导水平和裁判员的执法水平提升发挥了重要的作用,极大地推动了校园足球的普及和整体水平的提升。"三层"是指国外优秀俱乐部青训经验分享课程、中国足协教练员培训课程和校园联盟培训课程;"七类"是指接受培训的各区教育局、体育局局长,各区的分管干部,联盟成员学校校长,教师/教练员,校园足球指导员,裁判员和比赛督导共七个类别的人员。2015年5月,来自杨浦、闵行两区的197名教师参加了为期5天的首期校园足球指导员脱产培训,期间还邀请了著名足球教练员朱广沪做了如何推进青少年足球发展的专题讲座。截至2020年底,校园足球联盟已经对全市2000多人进行过系列培训。

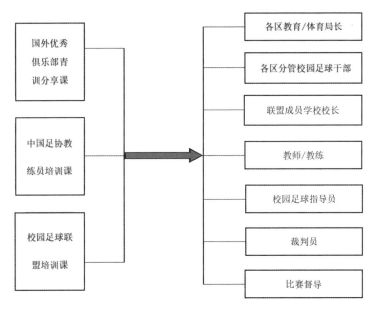

图2-1-2 上海市校园足球联盟"三层七类"培训体系图

在校园足球课程体系建设方面,联盟结合上海学校体育"小学兴趣化、初中多样化、高中专项化、大学专业化"的课程改革,根据联盟成员学校学生的不同年龄层次,制定针对7—12岁、13—15岁、16—18岁、18—22岁四个年龄段学生使用的系统、科学的青少年足球教学"一条龙"训练大纲和教材,并以足球项目为抓手,初步构建了"小学足球趣味化、初中足球多样化、高中足球专项化、大学足球个性化"的课程体系(图2-1-3)。

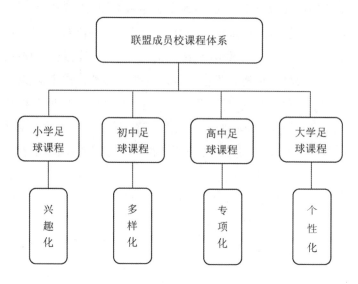

图2-1-3 上海市校园足球联盟课程体系图

比如,杨浦区五角场小学已创设了"足球+"未来教室,融合了3D打印、足球学习APP、足球机器人、动作捕捉监测等新兴科技,颠覆了传统的足球教学模式,让足球融入了学生的科技知识学习之中,提升了小学足球课程的趣味性;徐汇区日晖新村小学设计开发了原创的"足球棋",可以在室内进行,让学生、老师、家长都能共同参与,不仅学会踢足球,而且学会看足球、懂足球,提高了全体学生的足球素养;闵行区吴泾实验小学将足球与英语学科相结合,通过教室装扮、世界杯知识闯关、世界杯歌曲班班唱、主题演讲、小报设计等一系列足球主题活动,让孩子们充分感受了足球运动的魅力[①]。

根据《上海市小学体育兴趣化、初中体育多样化课程改革指导意见(试行)》精神,2019年上半年,上海市还在宝山区和浦东新区开展了趣味足球进校园试点活动,通过课外、课内相结合的模式,进一步培养学生对足球运动的兴趣、爱好,增强学生对足球运动的理解,构建校园足球文化,提高学生身体素质。本次试点活动总计受训学生人数达641人,总计有21000人次参与,同时参会的各区校园足球分联盟负责人根据本区的特色对趣味足球进校园工作进行了热烈的研

---

① 龚洁芸.踢球育人并重,青少年校园足球的上海实践[N].解放日报,2019-07-10。

讨和展望。2019—2020学年趣味足球进校园工作将在宝山区、浦东新区、嘉定区、奉贤区、虹口区校园足球分联盟的20所中小学展开,加速推动上海市校园足球普及工作的进程。

2015年3月,上海市大学生足球联盟正式挂牌成立,是上海市校园足球的重要组成部分。联盟成立后连年举办赛事、改革赛制、扩大规模,逐年提升上海市大学生足球人口、大学校园足球文化氛围。上海市大学生足球联盟联赛、上海市大学生足球联盟杯赛以及与"五星体育"合作的上海市五星体育暑期学生足球赛已成为联盟的品牌赛事。2019年上海市大学生足球联盟联赛规模已达到了42所大学的66支男女球队参赛,近万名学生参与其中,在15个赛区上演了146场精彩对决,参赛组别已发展到6个,参赛男女运动员共1795名。联赛吸引了包括上海电视台、五星体育广播、新华社、人民日报、解放日报在内的近30家媒体进行了报道,引起了不小的社会反响。在联赛的基础上,上海市大学生足球联盟杯赛也在不断地发展壮大,2019年上海市大学生足球联盟杯赛共有40所大学4个组别的58支男女球队参赛,在13个赛区上演了140场精彩角逐,参赛男女运动员共1574名。截至2020年,上海市大学生足球注册人口从最初不足1000人,到如今已超过一万人,越来越多的上海大学生参与其中。

2015年12月22日,上海市青少年校园足球精英训练营成立。这是上海市在加快推进青少年校园足球普及力度的基础上,为发掘和培养优秀足球后备人才,由上海市教委牵头,充分整合了教育、体育和社会各方资源后所做的一项开创性工作。精英训练营作为上海市青少年校园足球的重要组成部分,其目的就是要以青少年校园足球为改革突破口,推动体教融合,通过科学的训练和系统的选拔机制,为具有足球天赋和发展意愿的青少年学生提供系统的提升平台,构建优秀足球后备人才的培养体系,为上海及国家培养和输送优秀的足球后备人才,形成政府主导、行业指导、社会参与的上海市校园足球新局面。全市16个区目前已分别组建了分营,有U9、U10、U11、U12、U13、U14、U15、高中组八个年龄段的男、女队共16个组别,参营总人数已达8670人。

2017年4月,在上海市教委的统筹安排下,依托上海市校园足球联盟、上海市大学生足球联盟分别在同济大学、上海大学设立了上海市学生足球训练基地,根据学生学习生活的特点,两个基地都是以走训制的形式开展足球训练,由市教委制定专门的管理办法对足球训练基地进行监管,并委托上海市学生体协联合秘书处对足球训练基地的建设和运营进行日常管理、技术指导和考核评估。上海市学生足球训练基地的设立,为有足球特长和发展潜质的学生提供了高水平的训练服务和畅通的成才路径,力图形成与上海现代化教育定位相匹配的学校竞技体育水平,为国家培养竞技体育后备人才奠定基础,以期带动学校体育的全面发展。

另外,在上海市教委、上海市青少年校园足球工作领导小组的统一领导下,近年来市、区及所属学校积极申报和创建国家和教育部的各类校园足球活动发展平台,为上海市校园足球的普及推广拓展了更大的空间。2017年上海成为全国青少年校园足球改革试验区,所有校园足球特色学校落实了每周面向全体学生开设一节足球课的基本要求,有些条件具备的学校每周已经开设了两节足球课,2018年1月在全国青少年校园足球论坛暨表彰活动上,上海市荣获"优秀改革试验区"称号。截至2020年9月,全市356所中小学已创建成为全国青少年校园足球特色学校,107所幼儿园成为足球特色幼儿园,崇明、杨浦、闵行、普陀四区成为全国青少年校园足球试点县(区),杨浦、闵行、徐汇、普陀四区已创建校园足球"满天星"训练营,其中杨浦区是2017年教育部在全国建立的首个校园足球"满天星"训练营。

在竞赛体系方面,既有"班班参与、校校组织"的以普及为主的参与型竞赛活动,如班级联赛、年级联赛、三人制小足球赛、"千校万班"足球小达人技能竞赛等,能让尽可能多的普通学生参与并享受足球比赛的乐趣,增强他们参与足球的积极性;又有"区域推动、层层选拔"以提高为目的的选拔型校园足球竞赛活动,如市、区级精英赛、足球联盟联赛、足球联盟杯赛、国际邀请赛等,为小学、初中、高中、大学各阶段有足球天赋和发展意愿的学生打通了不断上升的路径,形成了全覆盖的"四横四纵"立体化校园足球赛事体系。当前,参加各级各类校园足球竞赛的大学、高中、初中和小学的数量分别超过40所、25所、60所和80所,全市每年举办的市级竞赛已超过2000场次。

2. 上海市校园足球舆论宣传

青少年校园足球活动作为近年来学校体育领域的一个重大事件,大众传媒和自媒体平台在促进校园足球的健康发展中具有重要的作用。上海市校园足球联盟成立后就与上海热线合作建立了自己的官方网站(图2-2-1),成为宣传上海校园足球活动的一个重要平台。

图 2-2-1　上海市校园足球联盟官方网站

后来又顺应时代的发展,开设了自己的官方微博(图2-2-2),便于手机用户查看校园足球的相关资讯,拓宽了校园足球的宣传途径。

图 2-2-2　上海市校园足球联盟官方微博

上海市教委体卫艺处也与上海东方体育传媒公司合作开设了阳光校园微信(图2-2-3)公众号,作为上海市教委官网对学校体育宣传的有益补充,阳光校园微信公众号目前是报道上海市校园足球资讯最多的自媒体平台,截至2020年1月底,已报道过217篇上海校园足球的相关新闻,极大地提升了社会对校园足球的关注度。

图 2-2-3　上海市教委体卫艺处阳光校园微信公众号

除了加强自身宣传媒介和自媒体平台的建设外,上海市教委、市体育局和校园足球联盟还积极与全国及上海本地的各大主流媒体合作(表 2-2-1),通过多种形式加大对上海校园足球活动的报道和宣传,其中上海本地媒体东方体育传媒作为上海校园足球联盟的深度合作媒体,是报道上海校园足球活动最多的主流媒体,累计报道上海校园足球活动相关资讯 78 篇,让校园足球走进了更多上海大众的视野。

表 2-2-1　全国及上海主流媒体报道数量汇总表

序号	媒体名称	报道数量
1	阳光校园	217
2	东方体育日报	78
3	教育部体卫艺网站	45
4	新三好生	39
5	上海教育新闻网	31
6	第一教育	12
7	全国校园足球官网	11
8	新闻晨报·体育版	11
9	上海发布	5
10	解放日报	2
11	东方网	2
12	东方早报	1
13	虹口新闻传媒中心	1
14	澎湃新闻网·上海	1

(续表)

序号	媒体名称	报道数量
15	青年报	1
16	人民日报	1
17	人民网	1
18	上观新闻	1
19	上海市人民政府官网	1
20	上海新闻网	1
21	搜狐体育	1
22	文汇报	1
23	文汇报(上海)	1
24	新浪体育	1
25	羊城晚报	1
26	中国新闻网	1
27	中青在线	1
合计	27家	469篇

从2014年开始至今,全国及上海本地主流媒体共宣传报道上海市校园足球相关资讯469篇(图2-2-4)。尤其是从2014年底教育部主管校园足球活动以后,上海市校园足球活动的报道量也呈现出逐年递增的趋势,2017年更是超

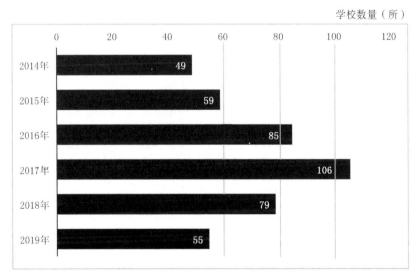

图2-2-4 全国及上海主流媒体历年对上海市校园足球活动的报道总量

过了百篇的报道量(适逢2017年为创建2万所全国青少年校园足球特色校的节点年),之后,校园足球发展的重心开始从规模向质量转变。

几年来,大众媒体对上海校园足球活动的报道内容也发生着一些明显的变化(图2-2-5)。如同上海校园足球发展的走向一样,从最开始校园足球活动主要围绕竞赛开展,到逐渐向训练、教学和文化活动的多元化发展,也体现出了上海校园足球活动发展理念更加全面成熟,校园足球发展路径和覆盖面更加广阔。

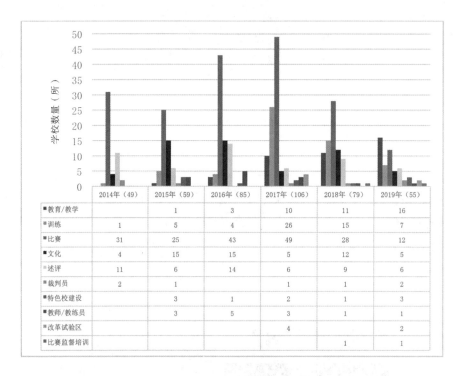

图2-2-5 全国及上海主流媒体历年对上海市校园足球活动报道主题分布图

比如,将2014年和2019年全国及上海本地媒体对上海校园足球报道的主题进行对比,则会发现:尽管两个年份的报道总量仅相差6篇,但报道内容涵盖却大相径庭。

从图2-2-6可以看出,2014年全国及上海媒体对上海校园足球活动的报道主要集中在校园足球竞赛和校园足球发展述评两类主题上,其中校园足球竞赛主题的报道量几乎占了总报道量的60%,而无一例校园足球教育教学的相关报道。2019年的报道涵盖了十类主题,且以关于校园足球教育教学的报道最多,其次是竞赛和训练相关主题的报道。通过对比,可从侧面看出近些年来上海市校园足球的发展越来越多元化,越来越关注校园足球竞赛之外其他方面的发展和宣传。

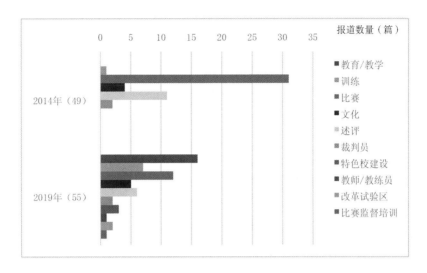

图 2-2-6　全国及上海主流媒体 2014 年与 2019 年对上海市校园足球活动报道主题

未来随着上海校园足球活动持续多元化发展趋势,大众媒介应当对上海校园足球文化建设、教育教学、女子足球运动的发展、青少年后备人才培养、足球特色学校建设等相关主题予以更多关注和报道,引导社会大众对上海校园足球的全面认知,推动上海校园足球活动健康发展。

3. 上海市校园足球特色学校建设

2014 年 12 月 26 日教育部发布《教育部办公厅关于做好全国青少年校园足球特色学校及试点县(区)遴选工作的通知》,全国校园足球特色学校遴选建设工作启动。上海市教委积极组织全市符合条件的中小学开展申报与创建工作,2015—2019 年的五年间,上海市创建的全国校园足球特色中小学校数量连续增加,从 2015 年的首批 90 所,增加至 2019 年的 356 所,其中包括小学 162 所、初中 74 所、高中 42 所、完全中学 23 所、九年一贯制学校 43 所、十二年一贯制学校 2 所、中职学校 10 所。另外,为引导各级各类幼儿园广泛开展幼儿足球活动,促进幼儿身心健康全面发展,2019 年 3 月教育部办公厅印发了《关于开展幼儿足球试点工作的通知》,启动了足球特色幼儿园遴选创建工作,107所幼儿园成为了全市首批入选的足球特色幼儿园。截至2019年底,上海市创建的全国校园足球特色学校和足球特色幼儿园共计463所(图2-3-1),这些学校已成为上海市普及推广校园足球活动的重要载体和平台。

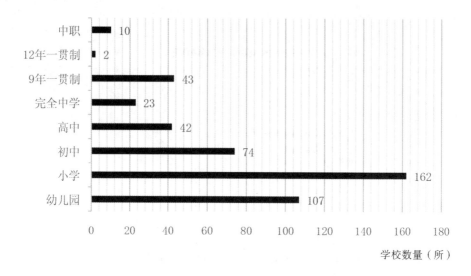

图2-3-1 上海市校园足球特色学校构成图

根据上海市校园足球特色学校历年总量图(图2-3-2)可以看出,教育部启动全国青少年校园足球特色学校创建工作的五年来,上海市创建的全国校园足球特色学校总量每年都有所增加,全市校园足球特色校创建工作总体呈现出了向上的发展态势,356所全国校园足球特色中小学校,占全市1540所普通中小学①的23.12%,每周面向中小学生开设至少1节足球课、组织课余训练和校内竞赛。107所足球特色幼儿园占全市1670所幼儿园②的6.41%,面向幼儿开展了足球启蒙活动。

上海市目前创建的全国校园足球特色中小学校与同为特大型一线城市的北京(294所,占全市1595所普通中小学③的18.43%,截至2019年底)和广州(137所,占全市1514所普通中小学④的9.05%,截至2019年底)相比,无论在

---

① 上海市教委.2019年上海市教育工作年报[R].
② 上海市教委.2019年上海市教育工作年报[R].
③ 北京市教委.2019—2020学年度北京教育事业发展统计概况[R].
④ 广州市教育局,广州市教育研究院.广州市教育统计手册(2019学年度)[R].

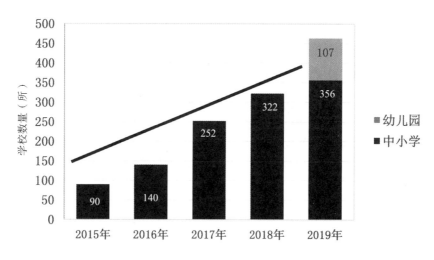

图 2-3-2 上海市校园足球特色学校、足球特色幼儿园历年总量图

特色校创建的总量上还是在全市普通中小学中的占比上都处于领先地位(图 2-3-3)。

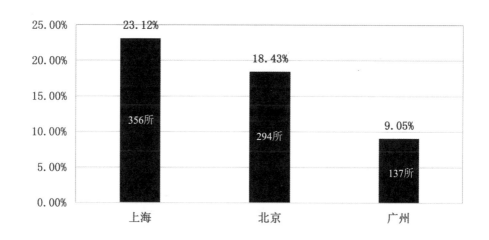

图 2-3-3 北、上、广三市校园足球特色学校总量及占本市普通中小学比例图

但从上海市校园足球特色学校历年增量趋势图(图 2-3-4)可以看出,五年来,上海市校园足球特色学校的创建趋势有较大起伏,尤其是在 2017 年经过了一个较大增幅后,2018 年和 2019 年连续两年出现了较大幅度的增量下滑,与前一年相比分别下降了 37.5% 和 51.4%。

教育部办公厅《关于做好全国青少年校园足球特色学校、试点县(区)创建

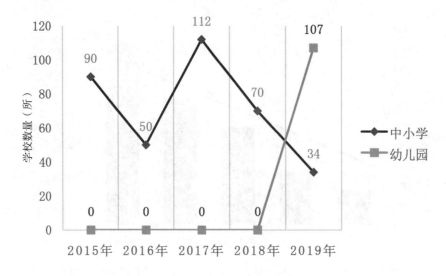

图 2-3-4 上海市校园足球特色学校、足球特色幼儿园历年总量图

(2018—2025)和2018年"满天星"训练营遴选工作的通知》中规定,2018—2025年上海市可获批的全国校园足球特色校数量为650所。

同时,师资培养作为校园足球特色校创建工作的重要内容,近五年来也取得了长足的发展。对此,上海市教委、市体育局、市足协、市校园足球发展中心和市校园足球联盟正在努力拓宽足球教师培训途径,加大全市校园足球教师培训力度,依托教育部、中国足协、在沪高校、上海足协等各方平台,通过出国留学、省市交流、足协课程、高校集训等多个项目,组织校园足球师资参与国内国际各项培训。从2015年起,上海针对1500多所中小学的体育教师开展了足球指导员专项培训,以期实现将来每所中小学都有一名足球活动指导员的目标。2019年5月,为了进一步完善校园足球教练员培训体系,拓展校园足球基层教练员数量,上海市足协与上海市校园足球发展中心达成合作意向,每年都会组织专门面向大学生群体开设的E级教练员培训班。近年来上海市教委还先后选派了400余名优秀教师赴欧美等足球发达国家学习交流,参加了"学转英超"教练员培训、教育部"校园足球教师(教练员)赴英赴法"留学等项目。

上海市346所全国校园足球特色中小学校(图2-3-5)和107所全国足球特色幼儿园分布于全市的16个区,其中全国校园足球特色中小学校和全国足球特色幼儿园创建数量最多的是浦东新区,共有足球特色中小学校60所,足球特

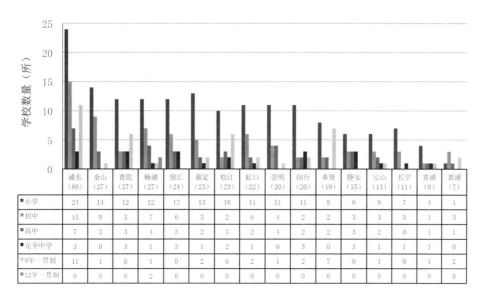

图 2-3-5 上海市全国校园足球特色校(中小学)分布图(2019)

色幼儿园 19 所;足球特色中小学校创建最少的是黄浦区,目前仅创建了 7 所;足球特色幼儿园创建最少的是普陀区,目前仅有 1 所。

具体来说,浦东新区现有全国校园足球特色中小学校 60 所,2018—2019 年共创建全国校园足球特色校 15 所,其中小学 5 所、初中 7 所、高中 1 所、九年一贯制学校 2 所(图 2-3-6)。五年来(2015—2019)浦东新区足球特色校整体发展态势良好,特色校创建积极性高。这一方面体现了浦东新区在创建全国校园足球特色校方面的积极作为,近年来浦东新区广泛开展青少年校园足球活动,着力在浦东中小学生中营造"爱足球、踢足球、会足球"的良好氛围,通过体教融合学校年度考核、优化校园足球激励机制等举措,大力推动区内中小学申创全国校园足球特色校。而且浦东区级及以上足球布点学校也已超过 100 所,开展足球活动的学校近 300 所,全区校园足球注册运动员逾万人。另一方面也与浦东新区有利的客观条件密切相关,浦东新区区域面积超过 1210 平方千米,2019 年 GDP 已超万亿元,占全市 GDP 总量的 1/3,财政收入超过 700 亿元,普通中小学教育支出 73.5 亿元。目前,浦东新区高中、初中和小学阶段特色校匹配比例是 1∶2.9∶3.5,对比教育部 1∶3∶6 的基本匹配比例要求来看,当前初中和高中阶段的特色校布局合理,未来需要加强小学阶段足球特色校布局。

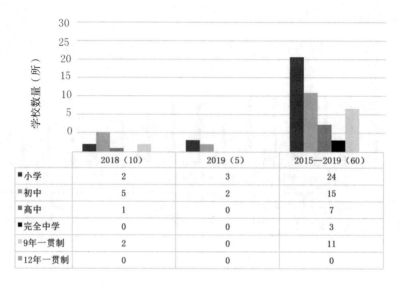

图 2-3-6 浦东新区足球特色校构成图

奉贤区现有全国校园足球特色中小学校 19 所,2018—2019 年共创建全国校园足球特色校 10 所,其中小学 6 所、初中 2 所、九年一贯制学校 2 所(图 2-3-7)。五年来(2015—2019)奉贤区足球特色校整体发展态势较好,近两年特色校创建积极性较高。奉贤区位于上海市郊,区域面积将近 690 平方千米,2019 年财政收入超过 100 亿元,校园足球特色校申创的外部条件较好,需利用条件进一步加大区域内特色校总量。目前高中、初中和小学阶段特色校匹配比例是 1∶4.5∶7.5,对比教育部 1∶3∶6 的基本匹配比例要求来看,当前小学和初中阶段

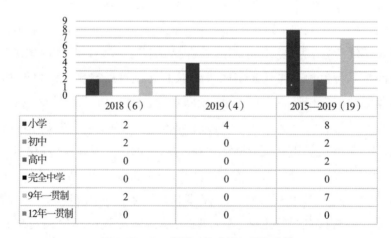

图 2-3-7 奉贤区足球特色校构成图

特色校布局偏重,未来需要加强高中阶段特色校布局。

普陀区现有全国校园足球特色中小学校 27 所,2018 年创建全国校园足球特色校 10 所,其中小学 3 所、高中 1 所、完全中学 2 所、九年一贯制学校 4 所(图 2-3-8)。五年来(2015—2019)普陀区足球特色校整体发展态势较好,但 2019 年无新增足球特色校。普陀区地处上海市中心城区,区域面积不足 55 平方千米,区域内学校体育场地设施发展受到了一定的限制。目前高中、初中和小学阶段特色校匹配比例是 1∶2∶3,对比教育部 1∶3∶6 的基本匹配比例要求来看,小学和初中阶段特色校布局偏轻,需要进一步加强。

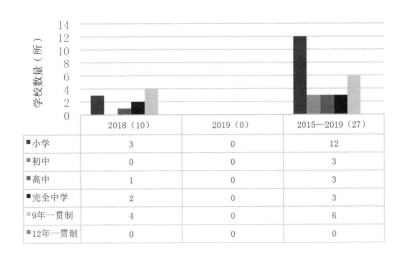

图 2-3-8 普陀区足球特色校构成图

闵行区现有全国校园足球特色中小学校 20 所,2018—2019 年共创建全国校园足球特色校 9 所,其中小学 6 所、初中 1 所、高中 1 所、九年一贯制学校 1 所(图 2-3-9)。五年来(2015—2019)闵行区足球特色校整体发展态势较好,近两年特色校创建积极性较高。目前高中、初中和小学阶段特色校匹配比例是 1∶1.4∶2.6,对比教育部 1∶3∶6 的基本匹配比例要求来看,未来需要加强小学和初中阶段特色校布局。

杨浦区现有全国校园足球特色中小学校 27 所,2018—2019 年共创建全国校园足球特色校 9 所,其中小学 4 所、初中 2 所、高中 1 所、十二年一贯制学校 1 所(图 2-3-10)。五年来(2015—2019)杨浦区足球特色校整体发展态势较好,2017 年成全国首个"满天星"训练营试点区。杨浦区属于上海市中心城区之一,

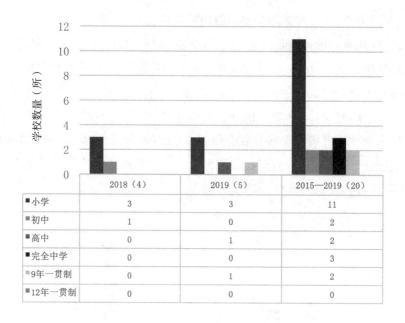

图2-3-9 闵行区足球特色校构成图

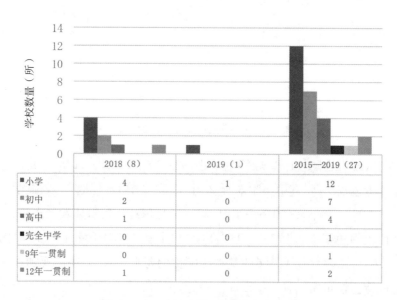

图2-3-10 杨浦区足球特色校构成图

区域面积60平方千米,区域内学校也面临体育场地设施发展问题。目前高中、初中和小学阶段特色校匹配比例是1:1.7:2.3,对比教育部1:3:6的基本匹配比例要求来看,当前小学和初中阶段特色校布局不均衡,未来需要进一步合理布局,平衡发展。

金山区现有全国校园足球特色中小学校 27 所,2018—2019 年共创建全国校园足球特色校 8 所,其中小学 3 所、初中 4 所、高中 1 所(图 2-3-11)。五年来(2015—2019)金山区足球特色校整体发展态势较好,近两年特色校创建积极性较高。当前高中、初中和小学阶段特色校匹配比例是 1∶3.3∶5,对比教育部 1∶3∶6 的基本匹配比例要求来看,特色校布局基本合理。

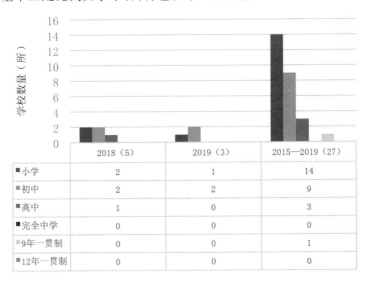

图 2-3-11　金山区足球特色校构成图

松江区现有全国校园足球特色中小学校 23 所,2018—2019 年共创建全国校园足球特色校 7 所,其中小学 4 所、初中 1 所、九年一贯制学校 2 所(图 2-3-12)。五年来(2015—2019)松江区足球特色校整体发展态势较好。当前高中、初中和小学阶段特色校匹配比例是 1∶2∶3.2,对比教育部 1∶3∶6 的基本匹配比例要求来看,小学和初中阶段特色校布局偏轻,未来需要加强小学和初中阶段特色校布局。

虹口区现有全国校园足球特色中小学校 22 所,2018—2019 年共创建全国校园足球特色校 6 所,其中小学 5 所、初中 1 所(图 2-3-13)。五年来(2015—2019)虹口区足球特色校整体发展态势平稳。虹口区是上海市的中心老城区之一,区域面积还不足 24 平方千米,中小学体育场地设施发展受限,影响了区域内校园足球特色校的发展规模。当前高中、初中和小学阶段特色校匹配比例是 1∶3∶4.3,对比教育部 1∶3∶6 的基本匹配比例要求来看,小学阶段特色校数量偏

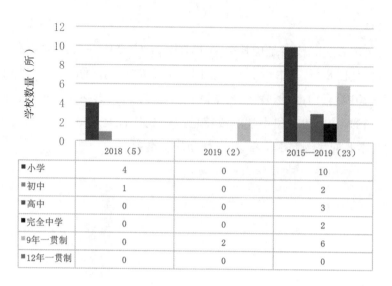

图 2-3-12 松江区足球特色校构成图

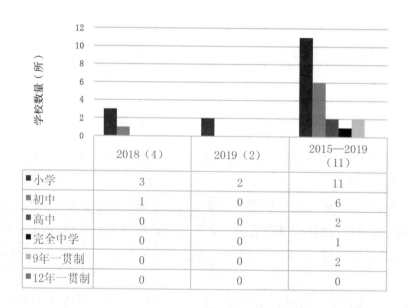

图 2-3-13 虹口区足球特色校构成图

少,未来需要加强小学阶段特色校创建。

嘉定区现有全国校园足球特色中小学校 23 所,2018—2019 年共创建全国校园足球特色校 5 所,其中小学 3 所、初中 1 所、九年一贯制学校 1 所(图 2-3-14)。五年来(2015—2019)嘉定区足球特色校整体发展态势较好,近两年特色校创建积极性不高。当前高中、初中和小学阶段特色校匹配比例是1∶2.7∶5,对比教育部1∶3∶6的基本匹配比例要求来看,布局基本合理,区域内特色校总量还有待提高。

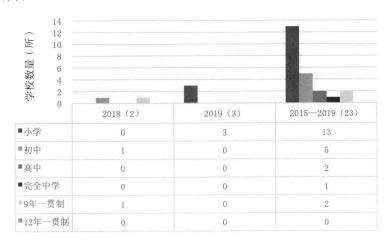

图2-3-14 嘉定区足球特色校构成图

崇明区现有全国校园足球特色中小学校20所,2018—2019年共创建全国校园足球特色校5所,其中小学3所、初中1所、高中1所(图2-3-15)。五年来(2015—2019)崇明区足球特色校整体发展态势平稳,近两年特色校创建积极性不高。尽管崇明区域面积排在各区之前,但经济发展水平还很低,这在一定程度上影响了校园足球特色校发展规模。当前高中、初中和小学阶段特色校匹配

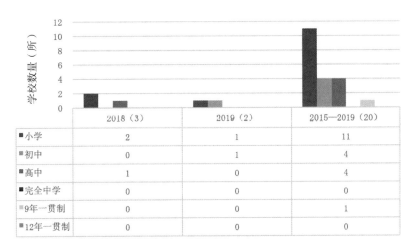

图2-3-15 崇明区足球特色校构成图

比例是1∶1.3∶3,对比教育部1∶3∶6的基本匹配比例要求来看,小学和初中阶段特色校布局需要进一步加强,区域内校园足球特色总量还需进一步提升。

宝山区现有全国校园足球特色中小学校13所,2018—2019年共创建全国校园足球特色校5所,其中小学1所、初中2所、高中1所、九年一贯制学校1所(图2-3-16)。五年来(2015—2019)宝山区足球特色校整体发展较缓,足球特色校总量偏低。当前高中、初中和小学阶段特色校匹配比例是1∶1.7∶2.3,对比教育部1∶3∶6的基本匹配比例要求来看,小学和初中阶段特色校布局失衡,未来需要加强小学阶段特色校创建,还要进一步提升区域内足球特色校的创建总量。

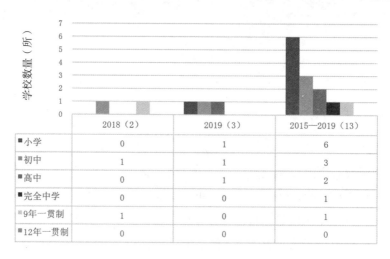

图2-3-16　宝山区足球特色校构成图

徐汇区现有全国校园足球特色中小学校24所,2018—2019年共创建全国校园足球特色校4所,其中小学2所、初中1所、完全中学1所(图2-3-17)。五年来(2015—2019)徐汇区足球特色校整体发展态势较好,近两年特色校创建积极性偏低。当前高中、初中和小学阶段特色校匹配比例是1∶1.5∶2,对比教育部1∶3∶6的基本匹配比例要求来看,小学和初中阶段特色校布局失衡。这与徐汇地处上海市中心城区不无关系,区域面积55平方千米,许多中小学体育场地设施短缺,不过徐汇区向阳小学却积极拓展发展思路,在现有条件下,开展三人制小足球活动,有力促进了校园足球的普及,为其他地处老城区场地设施短缺的中小学树立了典范。

青浦区现有全国校园足球特色中小学校8所,2018—2019年共创建全国校园足球特色校3所,其中小学2所、九年一贯制学校1所(图2-3-18)。五年

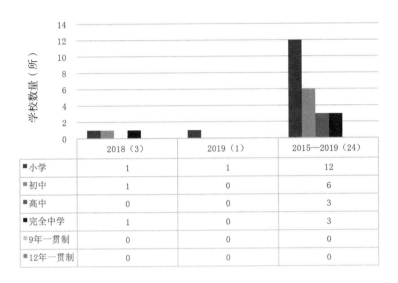

图 2-3-17 徐汇区足球特色校构成图

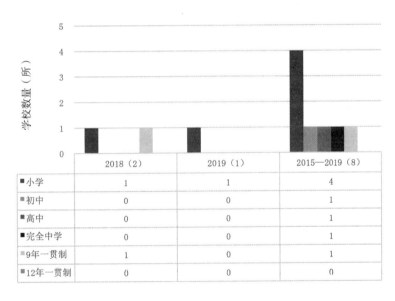

图 2-3-18 青浦区足球特色校构成图

来(2015—2019)青浦区足球特色校整体发展平稳,特色校创建积极性低,足球特色校总量偏少。当前高中、初中和小学阶段特色校匹配比例是1∶1.5∶2.5,对比教育部1∶3∶6的基本匹配比例要求来看,小学和初中阶段特色校布局不合理,未来需要加强小学和初中阶段特色校创建,还要进一步提升足球特色校的创建总量。

静安区现有全国校园足球特色中小学校 15 所,2018 年创建全国校园足球特色校 3 所,其中小学 2 所、完全中学 1 所(图 2-3-19),2019 年无新增特色校。静安区是上海市的核心城区,区域面积不足 40 平方千米,区域内老建筑较多,人口密度大,对学校体育场地设施发展不利,很多学校难以达到足球特色校创建标准,很大程度上影响了足球特色校的整体发展。当前高中、初中和小学阶段特色校匹配比例是 1∶1∶1,无法到达教育部 1∶3∶6 的基本匹配比例,未来需要在巩固存量的前提下,增强现有特色校的内涵建设,提升特色校足球发展的品质。

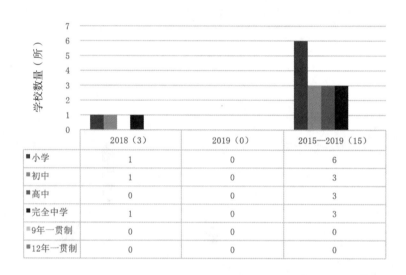

图 2-3-19　静安区足球特色校构成图

长宁区现有全国校园足球特色中小学校 11 所,2018 年的创建全国校园足球特色校 2 所,其中 2018 年创建小学 1 所、初中 1 所(图 2-3-20),2019 年无新增,发展缓慢,近两年特色校创建积极性低。一方面也像静安、虹口一样受制于中心城区体育场地设施的短缺,但也一定程度上反映出区域内中小学对申创校园足球特色校的主观能动性不高。当前高中、初中和小学阶段特色校匹配比例是 1∶4∶7,对比教育部 1∶3∶6 的基本匹配比例要求来看,布局比较合理,但足球特色校的整体数量偏低,未来需要加强足球特色校的创建总量。

黄浦区现有全国校园足球特色中小学校 7 所,2018—2019 年的两年间无新增足球特色校,2015—2019 年的五年间共创建了 7 所足球特色校(图 2-3-21),

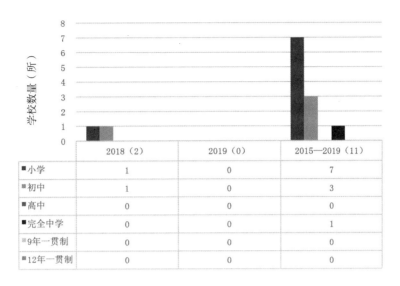

图 2-3-20 长宁区足球特色校构成图

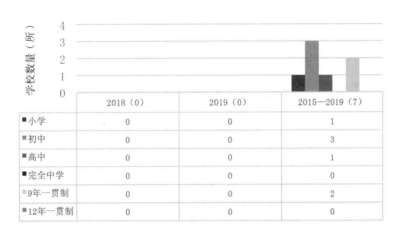

图 2-3-21 黄浦区球特色校构成图

平均每年创建1.4所,这和黄浦区作为上海市核心商业区、旅游区、金融区,区域内寸土寸金的地理位置有很大关系,校园足球场地设施有限,很多学校达不到特色校申报标准。值得一提的是区域内的大同中学校园足球竞赛成绩很突出,近年来学校男子足球队在全国及上海市高中阶段各年龄组的比赛中囊括了多项冠军,成为黄浦区乃至上海市校园足球的一个标杆。未来需要协调区域内校园足球工作的整体发展,加强区域内现有足球特色校内涵式发展,创造条件发展特色校建设规模。

4. 上海市校园足球经验分享

总体来说,上海市校园足球的普及推广工作取得了一定的成就,尤其是在2015年教育部主管校园足球工作以来,体教融合进入了新的阶段。在这样的大背景下,上海市校园足球的重心更加偏向各级各类学校,协调体育、财政、文化等部门的配合,相关工作始终走在全国的前列,并得到了教育部的认可和推广以及其他省市的借鉴和学习。

(1) 发扬海派文化,开放创新进取

上海是海派文化的发源地,海纳百川,善于扬弃,追求卓越,勇于创新是海派文化的特点,这让上海的文化更具开放性、创造性、扬弃性和多元性。上海市青少年校园足球活动开展于海派文化的沃土之上,发展校园足球的首要经验就是开放思想,创新思维,不断进取。

现代足球伴随西方文化的输入传入上海后,上海的学校就用开放积极的态度快速将其吸纳,成为校园体育活动的重要组成部分,并以海派文化的独特精神对现代足球进行着不断的扬弃与创新,也让上海足球在近代中国始终处于领先地位。2009年全国青少年校园足球活动开展以来,上海积极响应,在原有足球传统项目学校的基础上,积极拓展校园足球发展的新途径。面对校园足球开展中普遍存在的师资力量不足、场地器材短缺、训练水平不高、家长意愿偏低、学训矛盾突出、管理机制不顺等突出问题,上海市教委、市体育局等多部门开拓创新,敢为人先,2012年在全国率先成立了融合小学、初中、高中和大学各方资源的校园足球联盟,创建的"1-2-4-8""一条龙"体系很好地缓解了师资、场地、培训、竞赛、升学等多方面压力,给上海市校园足球的发展带来了新的契机,也给全国其他省市树立了整合本地资源发展校园足球的典范。

在大力普及推广校园足球,夯实校园足球人口基础的同时,上海发展校园足球的步伐并未放缓。面对长期存在于校园足球活动中的"普及"与"提高"这对矛盾关系,上海再次发扬了海派文化勇于创新追求卓越的特点,2015年上海又开创性地设立了校园足球精英训练营,解决部分有足球运动天赋的学生在校园足球常规训练中"吃不饱"的问题,为具有足球天赋和发展意愿的青少年学生提供了系统的提升平台,构建了上海市优秀足球后备人才的培养体系。这一成功模式得到了教育部的充分肯定,并借鉴上海校园足球精英训练营的做法,相继在全国各地设立了以选拔区域内的优秀青少年足球运动员为目标的"满天星"训练营,利用课余、周末、节假日、寒暑假等时间进行集中训练和比赛,着力构建体教融合的青少年足球发展新体系,加快推进中国特色青少年足球训练竞赛体系和足球后备人才培养体系建设。正是长期浸润于海派文化之中,具有敢为人先、不固步自封的开放性以及海纳百川、不重复模仿的创造性,上海校园足球发展才能不断在体制机制上打破思想上的桎梏,在不断的嬗变中成长和壮大,也成为上海校园足球发展的重要动力源泉。

(2) 大力筑牢校园根基,广泛吸纳社会资源

立足校园是上海校园足球发展的根本,青少年学生是最广大、最基础的足球人口,无论对上海足球还是对中国足球来说,青少年学生都是最为重要的支撑力量。面对校园足球教师数量短缺、指导水平整体偏低、校园足球发展相对孤立的现状,上海市教委、市体育局开拓思路,打破校园与社会、教育与体育之间的藩篱,广泛动员和吸纳社会资源,大力推动教育、体育、社会之间的互动融合。学校通过购买社会服务、邀请优秀教练员和职业球员进校园、与职业俱乐部搭建合作平台等方式提升上海校园足球的教学训练质量,弥补场地设施的不足。上海各区教育局每年都会根据区域内足球特色校开展校园足球训练的实际需求,划拨经费向社会足球俱乐部购买服务,主要用于聘请专业教练进校园,承担每周的课余足球训练,一方面提升了校园足球训练的专业水平,另一方面也解决了师资短缺和专业水平不高的现实问题。可以预见,购买社会服务仍将成为未来一段时间内上海市校园足球特色校解决师资问题的一种主要的补充方式。

同时在校园足球活动开展过程中,上海还充分发挥地域人才优势,多年来把许多知名教练员和运动员邀请到各级各类学校中,以座谈交流、报告演讲、技术指导甚至长期担任校园足球教练员的形式,提升校园足球在学生和社会中的影响力,促进更多的学生参与足球运动。

> 范志毅、祁宏、刘军、成耀东、李龙海、孙雯、蒲伟、林志桦、朱琪、孙吉、武磊等上海籍的教练员和运动员都曾在工作之余,参与过各类学校的教学指导和座谈交流。其中,曾经担任过上海女足主教练的林志桦,做了20多年的教练员,有着丰富的经验,在他50岁时,选择做一名全职的校园足球教练员,扎根校园足球。他在杨浦区校园足球精英训练营长期带着来自上海体育学院附属中学和鞍山初级中学的学生球员开展训练,培养了许多青少年足球后备人才,被评为全国"优秀校园足球教练员"。

另外,近年来上海市还在学校与社会足球俱乐部、职业足球俱乐部之间搭建起了合作平台。全国校足办主任、教育部体卫艺司司长王登峰指出,这样的合作将有助于实现体育部门扩大选才范围、教育部门享有优质资源、足球教师和学生共同受益的体教融合"多赢"局面,构建体教深度融合的青少年校园足球发展新体系,为全国培育可复制、可推广的有益经验。

前身为成立于2009年的上海搏击市政足球队的搏击俱乐部将业务拓展至青训领域,10余年来,搏击俱乐部已由最初的草根足球俱乐部,逐渐发展成以青少年足球培训为特色的足球俱乐部,目前俱乐部与嘉定区16所中小学签署了合作协议,每周一至周五下午放学后派遣教学经验丰富的专业教练员去学校为小球员们开展足球训练课程;2015年10月上海吉祥足球运动俱乐部经上海市体育局、上海市足球管理中心、上海市体育运动学校等权威部门严格审核,被授予"上海市青少年足球精英培训基地"资质,目前俱乐部与全市近30所知名学校合作,推动校园足球发展;2019年1月29日,全国校足办及各级相关校足办与上海绿地申花俱乐部签署战略合作框架协议,推动上海浦东新区青少年校园足球"满天星"训练营建设,根据协议,上海绿地申花俱乐部会与各级校足办合作,将技术和资金投入合作区域内的"满天星"训练营,提高校园足球的教学、训练、竞赛工作。通过"满天星"训练营,上海绿地申花俱乐部的选才范围也将扩大到区域内的所有学校。

(3) 拓宽发展视野,加强国际交流

毋庸置疑,发源于英国的现代足球,作为西方现代体育的典范,在欧美各国有着坚实厚重的基础和世界领先的发展水平。长期以来亚洲各国足球的发展都借鉴于欧美足球,其中尤以日本最为成功,他们通过向巴西输送本土青少年球员和引进巴西教练和球员的方式,结合自身特点形成了具有巴西风格的传控技术流派打法,独霸于当今亚洲足坛,并在全国各类学校中推行风格相对统一的校园足球教学训练体系,打造了强大的校园足球,培养了一批批的青少年后备人才。

上海作为国际化大都市,各领域的对外交流程度很高,这也给上海校园足球的国际交流提供了必要的条件和契机。上海市教委、市体育局等相关部门依托上海国际化大都市的地缘优势,在校园足球的国际交流方面做了大量工作。上海市教委历年来通过校园足球公益项目在全世界范围内招募优秀师资,为全市中小学引入了大量外籍教练员,给校园足球的教学训练带来了先进的理念和方法,通过打好"基座"来培养中国足球的"塔尖";还通过举办国际性赛事加强上海校园足球队伍与国外青少年球队的学习交流,其中始办于2015年的中国(上海)国际青少年校园足球邀请赛就是最具影响力的一项校园足球国际交流活动。

该赛事由教育部、上海市人民政府统筹,依托中华全国归侨联合会的海外资源,本着"以侨连球,以足球连全球"的全新理念,参照国际经典品牌赛事规程和办赛经验,是每年举办一次的国际性校园足球赛事,旨在打造具有国际影响力的中学生足球(U17)赛事,目的就是真正让中国青少年足球走出校园,走向世界。至2019年,这项国际性校园足球赛事已成功举办了五届,五年来,赛事规模逐年扩大,参赛球队水平逐年提升,共有来自22个国家和地区的76支青少年校园足球队伍参赛,累计观战和参与足球场内外赛事服务的已达数万人次,上海校园足球队伍得到了更多的历练与发展。五年来,赛事内涵也在不断丰富和深化,除了激烈的比赛外,每年赛事期间还会举办国际青少年足球交流研讨会、参赛球队进校园等一系列研讨和文化交流活动,不仅让青足赛成为上海青少年的足球盛宴,还激发出了青少年参加体育运动的内在动力,让体育在学校立德树人中发挥了更大的作用,在运动竞技中提高学生综合素质的同时,也实现了体育育人的教育目标。青足赛以赛促教、以球育人,有力推动了上海乃至全国校园足球运动的改革,成为上海校园足球的一张国际名片。

同时,上海还积极组织校园足球师资、教练和学生球队赴欧美等足球发达国家学习交流。近年来上海市教委先后选派了400余名优秀教师参加了"学转英超"教练员培训、教育部"校园足球教师(教练员)赴英赴法"留学等项目;2016—2018年派出三批学生运动员赴意大利学习交流;2019年上海市青少年校园足球男子U14精英队共计17名学生运动员赴西班牙进行训练比赛。上海校园足球积极通过走出去引进来的方式,不断提升校园足球的发展水平和国际视野,不但把更加先进科学的教学训练理念引入了校园,同时也加强了校园足球文化的国际交流,促进了足球育人的教育功能。

(4) 规范足球竞赛活动,确立立体竞赛体系

教学、训练、竞赛是校园足球活动的重要组成部分,它们之间相互衔接,共生发展。在普及推广层面,上海市已形成校园足球特色校中"班班参与、校校组织"的校园足球竞赛格局,推动校园足球特色学校深入开展校内班级和年级竞赛。这些竞赛的主要目的是提升普通学生关注足球、参与足球的热情,在全体学生中推广足球运动。很多学校在面对场地条件的限制时,都能充分发挥主观能

动性,通过设置不同的项目、改变赛制规则、场地、参与人数等多种方法开展校园足球竞赛活动。

比如,徐汇区向阳小学在原校长洪雨露的领导下推广的"校园三人制小足球"项目,就很好地利用学校的小场地在全校开展了校园足球活动,并成功地将"向阳杯"三人制小足球邀请赛推向其他各区,现在每一届"向阳杯"三人制小足球比赛都会吸引来自本区和黄浦、杨浦、嘉定、浦东等区的几十支学生足球队、百余名学生参与。在长期的比赛实践中,学校通过不断的积极探索和实践总结,小足球运动已经深入学校每一位孩子心中,成为了孩子们最喜爱的体育运动之一,学校也形成了浓厚的足球运动氛围。

另外,上海市教委、市体育局、校园足球联盟从2016年起还大力推行了面向全体普通学生的"千校万班"足球小达人技能竞赛活动,竞赛设置了射门、运球过障碍接力、踢准三个项目,分为U9、U11、U13、U15、U17,男、女共计10个组别,让每一位热爱足球的孩子都有机会体验足球带给他们的乐趣。四年来,全市参与过"千校万班"足球小达人技能竞赛的学生队伍累计达633支,男女生共计6330人。通过形式多样的参与型校园足球竞赛活动的组织开展,上海校园足球的普及程度显著提升,扩大了青少年校园足球人口。在选拔提高层面,全市搭建起了校园足球"精英赛""联盟联赛""联盟杯赛""草根联赛"四类,小学、初中、高中、大学四个级别,U9－U22共11个组别的赛事架构,建立"水平接近,对抗激烈"的竞赛机制。经过多年发展,上海校园足球目前已确立了"四横"(小学、初中、高中、大学)"四纵"(暑期学生足球赛、校际联赛、区际杯赛、国际邀请赛)的立体化竞赛体系,每年举办市级竞赛超过2000场次。

5. 上海市校园足球存在的问题

上海市校园足球普及推广工作无论与其他省市做横向对比,还是与自身以往的发展历程做纵向对比,都取得了长足进步。但任何事物的发展道路都不可能是平坦的,上海校园足球在多年的快速发展中也出现并积累了很多亟待解决的问题,需要辩证思考并加以解决。

(1) 学训矛盾突出

学训矛盾是中国教育与体育长久以来被人为割裂造成的深层次矛盾的突出表现,当前校园足球活动学训矛盾中学生面临的最大问题是"学"与"训"的时间分配矛盾。在健康中国的社会大背景下，绝大多数的家长、教师及学校管理者都非常清楚体育运动对学生全面发展的价值和作用，尤其是在全国广泛开展校园足球活动所营造出的良好氛围和极大改善的场地设施条件下，家长和学生的潜在参与度并不低。但在当前优质教育资源普遍短缺的大环境中，面对无时不在的横向竞争和长期的纵向成就预期，大部分家长的态度依旧非常谨慎。这就导致小学阶段学生参与度比较高的校园足球活动，到初中和高中阶段学生的参与度明显下降，校园足球活动的延续性发生断裂，校园足球的人力、物力、财力和时间成本增加，校园足球的"提高"工作艰难，校园足球人才流失率较高。

（2）场地设施短缺

上海市城镇化程度非常高，全市的土地资源非常宝贵，尤其是黄浦、虹口、静安、徐汇等面积较小的中心城区，人口密度大，新旧建筑交错林立，区域内寸土寸金。中心城区的中小学在开展校园足球活动时普遍面临学校体育场地设施短缺的困境，限制了学生参与校园足球活动的热情和学校申创全国校园足球特色校的可能。在外部条件难以改变的情况下，如何在现有条件下更好地开展校园足球，是未来需要深入研究和迫切解决的一个问题。

（3）师资力量不足

上海校园足球活动开展以来，上海市教委、市体育局、市足协等相关部门和机构制定了一系列校园足球教师培训计划，多措并举积极开展组织各类校园足球教师专项技能培训，各特色学校也积极开展足球教师教学竞赛、经验交流和教研活动，同时还通过招聘引进、社会聘请等手段补充师资力量的不足。但由于基础薄弱，缺口太大，校园活动发展增速太快，目前师资数量不足和水平不高，是限制上海校园足球整体发展水平提升的瓶颈。

（4）建设理念偏差

回顾上海校园足球活动的发展历程，外延式发展是主要特征，其更多是在竞赛数量和规模上的扩大与发展，竞技导向趋强，足球内涵的挖掘、育人功能的拓展、校园足球文化的深度创建、校园足球活动管理体制机制的科学化等方面发展还远远滞后。具体表现在三大方面：一是校园足球活动在价值理念上的偏差，很多学校在开展校园足球活动过程中欠缺内在动力的驱动，对足球"育人"的价值理念缺乏深刻认识；二是学校在校园足球活动中主体意识不强，过度依赖于政府的外部管理与扶持，弱化了自身的主体性地位，在开展校园足球活动时自觉能动性匮乏，应付思想严重，在校园足球育人理念、文化塑造、制度建设、发展规划、方式拓展等内在属性方面的发展被动滞后;三是校园足球活动过程的外在化,不少学校将校园足球与学校进行"二元"特征的机械叠加,简单加设足球课、盲目组织足球赛、"有教无育",忽略足球教育活动的核心价值和附加价值。全国校园足球活动已经跨入2.0时代,必须要深刻认识校园足球活动的价值意义,赋予校园足球活动更加深刻的发展内涵,使校园足球活动向纵深发展。

6. 上海市校园足球对策建议

(1) 高度重视科学研究和宣传教育在解决学训矛盾中的作用

体教融合是未来发展的大趋势,是解决体教矛盾的根本保证,但体教矛盾中的很多具体问题仍需要有针对性的措施或解决方法。当前存在于校园足球活动中的学训矛盾,其实也是学校体育其他运动项目在教学训练中所面临的主要问题。学训矛盾表面上看是一个时间冲突问题,实际上说明我们对足球文化以及足球教育价值的认识、理解和宣传普及还远远不够,同时也反映出我们校园足球教学训练水平还较低,教学训练效率较差,学生"耗"在足球场的无效时间较长,这些都是学训矛盾在时间冲突上的症结所在。其实,大量的科学研究成果已经充分证明,科学安排足球训练活动对人体大脑、心血管系统、心理健康、精神疲劳消除、社交能力发展等多方面身心机能的改善和促进具有积极有效的意义,也就是说学生参与校园足球活动不仅不会影响他们的文化课程学习,而且适宜的参与时间和强度,还有助于提升他们的学习效率,让他们身心得到全面发展。

因此,未来上海市校园足球联盟要充分协调"1-2-4-8"体系中高校的引领作用,发挥高校的科研优势,加大对校园足球教学训练科学化的研究,并将有价值的研究成果推广应用于校园足球教学训练实践中,以此提升教学训练的整体水平和效率。另外,上海市校园足球工作的相关各方都要充分利用大众媒体、自媒体等各种宣传教育途径和手段,精心研制宣传内容,以社会大众和学生家长喜闻乐见、流行惯用的形式对足球文化、足球教育价值、育人功能、健康促进作用等深刻内涵进行大量有效且持续的宣传,潜移默化地培养社会大众的足球素养。科学化的教学训练结合大量有效持久的宣传教育,才能逐渐改变学生家长的思想观念,并有可能解决学训矛盾中长期困扰学校、家长、教师、学生的时间冲突问题。

（2）深度开发利用与新建扩展相结合共同保障场地条件

上海中心城区的建设布局已经定型,几乎没有空间可再新建场地设施。因此,地处中心城区的中小学必须更加积极主动地发挥自身能动性,把深度利用学校现有场地资源、开发周边场地资源当作解决问题的重要思路。一方面,学校应根据自身情况,错峰利用和改变项目形式,如前文中列举的徐汇区向阳小学开展的三人制小足球,降低了对场地面积的要求。另一方面,学校应通过不同形式的互惠合作,依托周边的企事业单位、社区与培训机构的体育场地,形成教育与体育、学校与社会、学区与社区之间的有效互动,为校园足球活动创造场地条件建立长效机制。如静安区止园路小学仅有一片标准室外五人制场地,但是他们向社区租用了一片"笼式"五人制足球场,向火车头体育场租用了一片八人制足球场,极大地缓解了学校场地短缺问题。每所学校校情各不相同,学校周边外部环境也各有差异,不可简单复制,只有在学习借鉴的基础上结合自身校情多想办法多出点子。

而在中心城区以外的区域,政府和相关部门应在土地利用的经济效益和社会效益之间寻找平衡点,不断加大对场地设施建设的支持力度,创造条件新建场地,弥补场地缺口。新建场地的位置布局和建设规模要有科学的规划,充分考虑新建场地的辐射性、共享性、便捷性和实用性。总体来说,根据上海的城市特点和校园足球发展的实际情况,主要还是依靠对现有场地的深度开发利用,再结合一定数量的新建场地共同保障校园足球活动的开展。

（3）精细化分层培训与高校定向培养相结合,破解师资瓶颈

相比于全国其他省市,近年来上海市校园足球师资力量整体上有较大的提升,但与足球发达国家相比,无论是师生比,还是资质水平,都还有非常大的差距。对上海市来说,破解师资瓶颈,可以考虑以下两项主要策略:一是深化足球师资精细化分层培训,二是借助校园足球联盟"1－2－4－8"体系中上海高校的力量,定向培养足球师资。

目前针对中小学体育教师的足球教学教练培训,整体效果差强人意,究其原因是培训内容、组织形式、延续性等方面的设计不够科学合理,培训对象分类不够精细,导致低效培训较多。未来需要对师资培训做更多深入的研究,科学合理设计培训计划,精细分层培训对象,并对培训对象建立培训跟踪档案,保证培训的延续性和成长性。在保证培训数量的前提下,大力提升培训质量,这样才能切实提高教学训练水平和培训参与动机。

另外,还要进一步借助校园足球联盟"1-2-4-8"体系中上海高校的力量,依托上海经济和城市优势,考虑在上海具备足球师资培养能力的各个高校专门设立定向培养班,制定专门的录取政策、培养方案、毕业服务和落户政策,每年在有志于未来服务于上海校园足球的体育高考学生、高水平单招学生中招收一定数量的定向生,这方面可以充分借鉴教育部直属六所师范大学公费师范生的培养政策和做法。同时,还可以制定专门的招收和培养政策,把上海市每年有志于从事校园足球工作的优秀退役足球运动员吸纳到各个高校的定向培养班中,让他们进入高校深造学习,毕业后转型为足球教师或校园足球教练,既解决了退役运动员的安置问题,又扩充了足球师资。

(4) 加强足球文化建设推动校园足球内涵式发展

目前,全国校园足球改革发展的"四梁八柱"基本建成,校园足球"八大体系"开始着手构建,校园足球发展已进入2.0时代。如果说1.0时代的发展主要是规模的扩大,那么2.0时代的发展必将深化内涵,这是校园足球持续健康发展的必然要求。文化是发展的核心动力,校园足球活动一定要以文化建设为核心,不断探寻足球与学校核心文化价值之间的契合点,并在此基础上形成深层、整体发展的校园足球文化。让校园足球文化渗透在学生的学习活动中,并配合规则意识教育、公平竞争教育、团队协作教育、意志品质教育、挫折调适教育、情绪管理教育、尊重他人教育等足球特色文化教育活动,发挥足球育人的功能,使学生在享受足球乐趣的同时,实现学校育人目标,这也是在体育教育层面对"立德树人"教育根本任务实现途径的丰富。

因此,上海市校园足球在2.0时代的发展要紧密结合国家对校园足球的定位,大力开发校园足球的文化内涵,深入推动上海校园足球内涵式发展,让校园足球在全面育人中发挥独特的价值和作用。

三、上海市校园足球的教学训练

1. 上海市校园足球精英训练营

(1) 上海市校园足球精英训练营的组建与发展

2009年校园足球活动开展以来,上海市各级各类学校中足球活动从无到有、从少到多,尤其是在足球传统项目布点学校和校园足球特色校中,各类足球活动可谓应有尽有。猛然到来的这顿"足球饕餮盛宴"让部分没有足球基础且身体素质一般的学生一时难以"消化",出现了"吃不了"的现象,一定程度上浪费了校园足球的宝贵资源。同时,在具备一定天赋和良好身体条件的学生中,以普及推广为主的校园足球教学、训练和竞赛活动又难以满足他们对足球技战术教学训练和高水平竞赛的更高需求,造成了这部分学生"吃不饱",不利于挖掘和培养优秀足球后备人才。

如何认识和协调校园足球"普及"与"提高"之间的关系,如何更好地在校园足球活动中挖掘和培养优秀足球后备人才,成为了上海市校园足球活动管理者思考的一个重要问题。因此,市教委根据上海市校园足球发展的实际情况,经过科学的研究和精心的筹划,决定在全市范围内整合教育、体育和社会力量开展市、区两级校园足球精英训练营组建工作。

2015年12月22日,上海市校园足球精英训练营正式成立,随后全市16个区也相应成立了区精英训练营。市、区两级精英训练营集中整合了校园足球优质资源,从人力、物力、财力、政策等多方面为优秀足球苗子的培养发展提供了充分的外部保障,为具有足球天赋和发展意愿的青少年学生提供了系统的提升平台,构建了上海市优秀足球后备人才的培养体系。

上海市青少年校园足球精英训练营成立的目的,是加强上海市学校体育工作,以校园足球为改革突破口,坚持文体结合,加大改革力度,促进上海市青少年的身体素质以及德智体全面发展。

精英训练营作为上海市校园足球的重要组成部分,将通过科学的训练和系统的选拔机制,为上海及国家培养和输送优秀的足球后备人才。在运行模式上,全市16个区将通过校园内班班比赛和区内校校比赛的形式,选拔足球苗子进入区精英训练营。训练营将科学安排营员的训练、竞赛和文化教育,保障营员的全面发展和综合素质提升。同时,市教委层面对训练营的组建及运营分阶段下拨专项资金,并要求各级区政府应按照市教委下拨经费追加不少于1∶1的配套经费,共同扶持青少年足球培训和发展工作。

2016年,各区成立青少年校园足球精英训练营办公室,专人专管以保障精英训练营日常工作的有序开展;设置区精英训练营生活学习督导员,建立营员学习档案,了解其学习动态,负责营员训练和学习的沟通协调工作,保障营员的全面发展,努力培养既能读好书又能踢好球的优秀足球苗子。

为保障和推动青少年校园足球精英训练营的建设,要求各区构建四个不同年龄段的精英队(分别设置男队、女队),每支精英队的人数为25人左右;同时要求整合各方资源,组建一流教练员团队,每个区需设置1名技术总监,每支队伍设置1名守门员教练,1名主教练和1名助理教练,同时可聘用外籍高水平教练员;区U11精英训练营需具备七人制标准场地,U13、U15、U17精英训练营需具有十一人制标准场地(图3-1-1)。

2016年,普陀区、闵行区、金山区率先组建了U11、U13、U15、U17四个年龄

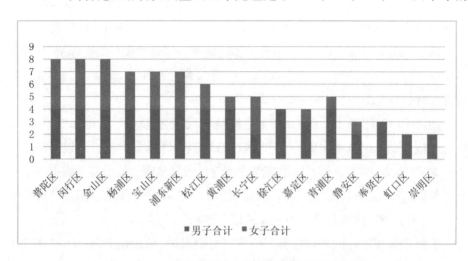

图3-1-1 2016年上海市区级足球精英训练营数量

段覆盖男足与女足的精英训练营,杨浦区、宝山区、浦东新区、松江区建立了相对全面的训练营,而崇明区、虹口区、奉贤区及静安区受制于本区的客观条件,仅建立了男足或女足少量年龄段的精英训练营。

2017年,在市级精英训练营办公室的统筹要求下,各区精英训练营增设U9年龄段的精英训练营,扩大对更低年龄层优秀球员的发掘。经过一年的发展,普陀区、浦东新区、金山区成为了精英训练营建设的新排头兵,杨浦区、闵行区、松江区紧跟其后,静安、虹口区的发展取得了显著的进步。受制于本区学校资源的约束,黄浦区、奉贤区仅建立了完备的男足精英训练营体系,女足则发展有限,崇明区在男女足发展上均受到了限制(图3-1-2)。

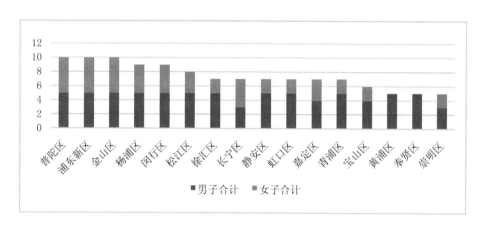

图3-1-2　2017年上海市区级足球精英训练营数量

2018年,各区又新增U12组别的训练营,闵行区在获评"全国青少年校园足球改革试点区"后,迎头赶上,与普陀区、浦东新区一同领跑精英训练营的建设工作,杨浦紧随其后;虹口区、嘉定区发展势头强劲,与传统强区金山区、松江区共同组成了发展的第二梯队;静安区、黄浦区、崇明区、奉贤区等区的资源制约再次凸显,与领先的区之间的发展差距逐步拉大(图3-1-3)。

经过三年的稳步发展,上海大部分区县通过精英训练营的建设,在校园足球精英选拔、训练上已经取得了显著的发展与成绩,并逐渐形成了十分稳定的发展体系。

(2) 上海市校园足球精英训练营的现状与问题

2019年底,各区校园足球精英训练营的全面评估工作结束,针对各区的发展情况及存在的问题有了一个明确的剖析。

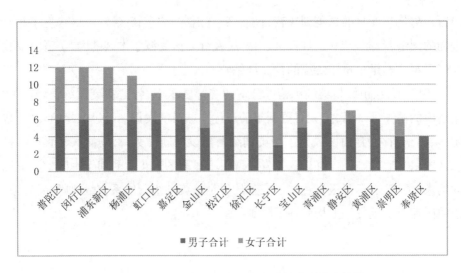

图 3-1-3 2018 年上海市区级足球精英训练营数量

普陀区:普陀区校园足球精英训练营办公地点设在普陀区青少年中心,下设精英训练营办公室,设有竞赛部、宣传部、培训部。

普陀区训练营下设曹杨二中、甘泉外国语中学、晋元高级中学、梅陇中学四个总营地,金沙江路小学、兰田中学、明翔实验学校三个分营地,营地现共有 2 片十一人制、5 片八人制场地,场地、器材、休息室、力量房等硬件设施基本能够满足训练的需要。

其采用体教高度融合的管理模式,以本区体育局教练员队伍为主。2015—2019 年普陀区共获评全国校园足球特色校 28 所,其中幼儿园 1 所,占比 3.5%;小学 12 所,占比 42.8%;九年一贯 6 所,占比 21.4%;初中、高中、完全中学各 3 所,占比 13.7%。

普陀区训练营现有男女 U17、U15、U13、U11 和小混组 9 支精英队,精英队员有 250 人,来自全区近 20 所学校。普陀区训练营各精英队按照计划要求保持正常训练、学习,积极参加市各项比赛,在 2019 年上海市青少年校园足球精英赛中,满额参赛,尤其女足(女子 12 项、男子 4 项)。成绩卓著,2018 年入选市校园足球夏令营最佳阵容 30 人,全国分营最佳阵容 5 人、总营最佳阵容 1 人;2019 年入选市校园足球夏令营最佳阵容 19 人,全国分营最佳阵容 5 人、总营最佳阵容 0 人。

总体来看,普陀区竞赛成绩优异,特别是女子队伍,女足队员张智怡、周佳仪、金孝珍 3 人曾入选校园足球国家队,其中,金孝珍曾担任全国校园足球国家队小学女乙队长;男足水平也有明显提升,男子 U9 朝春中心小学曾获得联赛冠军,男子 U11 明翔实验学校曾获联赛第二名;人才后备培养机制基本完善,小学、初中、高中输送渠道畅通。

但仍存在一些问题,虽输送渠道畅通,但是部分优秀营员被输送到专业队,流失较多,缺乏奖励机制;因为是体教融合,所以同一批队员,都以不同身份参赛,需要加强梯队建设;足球专项教师资质培训有待提升,学校教师足球理念和执教能力有待改善。

普陀区作为以体育为发展特色的校园足球建设强区,在训练营建设上总体处于领先水平,其存在的问题值得其他区县参考预防。

闵行区:闵行区校园足球精英训练营办公室直接下设于该区教育局,结合区域特点,坚持"健康第一"为指导思想,围绕"一个核心理念——立足于每个学生终身发展;二个发展目标——让更多的闵行学子喜爱足球、立足校园培养足球精英人才;三个建设体系——课程体系、培训体系、竞赛体系;四个保障机制——政策保障、制度保障、经费保障、文化保障"这四个重要举措,为具有足球天赋和发展意愿的青少年学生提供系统的提升平台,构建优秀足球后备人才的培养体系。

球员培养方面,其采取融合社会俱乐部、本区教师教练员队伍的多元发展模式。当前,闵行区校园足球夏令营已形成教育部门主管、营地学校实施、社会力量参与的组织管理架构,在营员选拔、营地管理、精英培育、文化交流等方面,已有较为清晰的实践脉络,并打通招生渠道、专项经费保障。挂牌 7 个营地,组建 9 支闵行区精英队伍,在全区 33 所校园足球联盟学校中择优预入选 246 名学生为闵行区精英队储备库人员。通过政府购买服务的形式,招聘欧足联 B 级以上高水平教练团队担任主教练,并配备 9 名助理教练,6 名生活督导员,确保科学合理的足球教育理念和训练方法,提升区内精英训练营球队的训练质量,提高队员综合能力。

注重校园足球精英训练营的文化建设,拓宽足球育人途径,开展丰富的足球文化体验活动。精英训练营的所有营员将优先享有参观交通大学、上港集团足球俱乐部、青少年实践基地以及科普场馆等单位的优质资源,为营员的文化学习、高水平赛事观摩、足球文化体验、赛事交流等方面提供优先选择权。通过多角度多维度的足球运动体验,拓宽足球育人途径,提升营员综合素养,全面打造闵行区青少年精英训练营项目品牌。

竞赛方面,其满额参与了 2018、2019 年上海市青少年校园足球精英赛,前八名队伍较多。2018 年入选市校园足球夏令营最佳阵容 38 人,全国分营最佳阵容 10 人、总营最佳阵容 2 人;2019 年入选市校园足球夏令营最佳阵容 30 人,全国分营最佳阵容 10 人、总营最佳阵容 3 人。

特色校建设方面,2015—2019 年闵行区共获评特色校 28 所,其中幼儿园 8 所,占比 28.5%;小学 11 所,占比 39.2%;九年一贯制、初中、高中各 2 所,占比 7.1%;完全中学 3 所,占比 10.7%。

总体来看,其组织架构清晰,整体配合度高,工作落实基本到位。但缺乏社会俱乐部教练员团队管理,缺少定期对外聘教练员进行考核,足球专项教师不足,足球专项教师的培训有待加强,且竞赛体系有待提升,缺乏科学的训练计划,队伍整体实力有待提高。

在精英训练营的建设上,闵行区在数量上取得了非常显著的成绩,但由于发展速度过快,在软件配套上仍存在较大的问题,队伍的成绩不佳便是最直接的体现。

浦东新区:浦东新区校园足球精英训练营办公地点设在区活动中心。采用社会俱乐部、体教结合、职业俱乐部多元化结合的开展模式。

2015—2019 年浦东新区共获评特色校 79 所,其中幼儿园 19 所,占比 24%;小学 24 所,占比 30.3%;初中 15 所,占比 18.9%;高中 7 所,占比 8.8%;完全中学 3 所,占比 3.7%;九年一贯制 11 所,占比 13.9%。

竞赛方面,其在 2018、2019 年的上海市青少年校园足球精英赛上的竞赛成绩较好。在 2019 年联赛中,参赛学校进入四强;上海师范大学附属中学进入男子高中组总决赛,获得第二名。上海市浦东新区进才实验小学男子 U9、U11 组在 2019 年联赛中进入四强,分别获得第三名、第四名。2018 年入选市校园足球夏令营最佳阵容 22 人,全国分营最佳阵容 7 人、总营最佳阵容 2 人。2019 年入选市校园足球夏令营最佳阵容 49 人,全国分营最佳阵容 16 人。

总体来说,浦东新区特色校数量较多,竞赛成绩较好。值得注意的是,共有 4 名队员(李天诚、王子淇、王旭、熊家豪)入选 2019 年校园足球国家队;其中,李天诚曾出访意大利,参加足球交流活动,在全国夏令营总营作为营员代表上台宣誓,文化成绩优异,目前就读于上海师范大学附属中学。

然而,其组织架构人员不清晰,办公室统筹能力有待加强。同时,需完善学校与社会俱乐部和职业俱乐部的关系,加强教练员团队的管理,建立和完善营员管理,加强梯队建设;加强师资力量的建设,强化师资培养管理,积极参加校园足球的培训项目。

金山区：金山区校园足球精英训练营办公地点设在区体育中心,采用体教高度融合的发展模式,本区教练员与教师教练员共同参与活动。

2015—2019年金山区共有特色校36所,其中幼儿园9所,占比25%;小学14所,占比38.8%;初中9所,占比25%;高中3所,占比8.3%;九年一贯制1所,占比2.7%。

竞赛方面,其在2018、2019年的上海市青少年校园足球精英赛上成绩较好,尤其女足。2018年入选市校园足球夏令营最佳阵容15人,全国分营最佳阵容5人、总营最佳阵容3人。2019年入选市校园足球夏令营最佳阵容20人,全国分营最佳阵容5人、总营最佳阵容2人。上海市罗星中学女子U13、U15组成绩较稳定,联赛基本上都能进入前四名,去年分别获得第三名和第二名;女足U15队员尹丽红获得最佳射手。兴塔小学女子U11组成绩有所滑坡,去年未能进入四强,获得第五名。上海市亭林中学女子高中组获得去年联赛第二名,队员沈赵慧获得最佳射手。

总体来说,积极承办赛区,整体配合度高,工作落实基本到位。根据学校工作的实际需求,通过引进、外聘、再培训等途径加强足球专项师资力。体教融合的模式下,需完善梯队建设,建立和完善升学渠道,为营员建立更多的发展平台,减少营员流失。

杨浦区：杨浦区采取以学校为单位建设精英训练营的模式,目前由同济大学第一附属中学鞍山初级中学、上海体育学院附属中学、延吉第二初级中学、昆明学校、上海市东辽阳中学等学校组成。培养上采取多种模式,如社会俱乐部合作、体教结合、本区教师教练员等。

2015—2019年杨浦区共获评特色校37所,其中幼儿园10所,占比27%;小学12所,占比32.4%;初中7所,占比18.9%;高中4所,占比10.8%;完全中学和九年一贯制各1所,占比2.7%;12年一贯制2所,占比5.4%。

竞赛方面,成绩较好,尤其男足在2018、2019年的上海市青少年校园足球精英赛上,获得3个组别的男子冠军。2018年入选市校园足球夏令营最佳阵容16人,全国分营最佳阵容8人、总营最佳阵容6人。2019年入选市校园足球夏令营最佳阵容28人,全国分营最佳阵容14人、总营最佳阵容5人。共有6名队员(黄嘉乐、周世杰、施语翔、杨睿韬、樊天昊、黄嘉欣)入选校园足球国家队;其中,施语翔担任小学男子甲组队长,目前就读于上海市鞍山初级中学。五角场小学男子U9组曾进入联赛四强,获得第二名;平凉路第四小学男子U11组成绩较好,2017、2018、2019年联赛均进入四强,分别获得第一、第四、第三名。

不过,杨浦区的女足队伍建设有待加强,女足队伍人员输送渠道也亟待建立和完善。同时,需要完善管理制度,减少优秀营员流失。大部分学校足球专项教师缺乏,应加强足球专项教师培训,提升足球专业知识。

宝山区:宝山区校园足球精英训练营办公地点设立在区青少站。培养上采取多种模式,如同社会俱乐部合作、利用本区教师教练员等。2015—2019年宝山区共有特色校20所,其中幼儿园7所,占比35%;小学6所,占比30%;初中3所,占比15%;高中2所,占比10%;完全中学和九年一贯制各1所,占比5%。

竞赛方面,女子队伍较好,男子相对较弱。上海大学附属小学女子U9、U11成绩较好,女子U11曾进入四强,获得第三名;女子U9曾进入八强,获得第五名。共有3名队员(李佳奇、黄家睿、赵雪)曾入选校园足球国家队。2018年入选市校园足球夏令营最佳阵容13人,全国分营最佳阵容6人、总营最佳阵容4人;2019年入选市校园足球夏令营最佳阵容24人,全国分营最佳阵容14人、总营最佳阵容10人。

总体来说,赛区工作落实到位,整体配合度高。小年龄段女足队伍较好,男足水平逐渐提高。同时,学生入口、出口不畅,没有建立起真正的"一条龙"体系,建议区教育局统一规划,划片建立"一条龙"体系和精英训练基地。另外,专业师资不足,结合社会资源普遍,应加强师资足球专项能力培训。

长宁区:长宁区校园足球精英训练营办公地点设立在区体质健康测试中心。培养上采取多种模式,如同社会俱乐部合作、体教结合、利用本区教师教练员等。2015—2019年长宁区共获评特色校14所,其中幼儿园3所,占比21.4%;小学7所,占比50%;初中7所,占比21.4%;完全中学1所,占比7.1%。

竞赛方面,只有男子小学队伍较好。长宁天山第二小学男子U11相对较好,2017年联赛进入四强,获得第三名;2018年联赛进入八强,获得第七名。2018年入选市校园足球夏令营最佳阵容5人,全国分营最佳阵容2人。2019年入选市校园足球夏令营最佳阵容7人。

总体来说,办公室有序统筹,落实工作基本到位。但亟须加强教练员资质培训,提升教练员执教水平;根据各组别队伍,有针对地制订训练计划;完善区内竞赛工作,增加区内队伍比赛次数。同时,应建立"一条龙"输送渠道,减少优秀营员流失。

徐汇区:徐汇区校园足球精英训练营办公地点设立在区学生体质健康测试

中心。培养上采取多种模式,如同社会俱乐部合作、体教结合、利用本区教师教练员等。2015—2019年徐汇区共获评特色校33所,其中幼儿园9所,占比27.2%;小学12所,占比36.3%;初中6所,占比18.1%;完全中学和高中各3所,占比9%。

竞赛方面,只有男子高中队伍较好。南洋中学男子高中组队伍相对较好,在2019年联赛中进入四强,获得第四名。华泾小学女子U9组进入联赛前八强,获得第八名。2018年入选市校园足球夏令营最佳阵容13人,全国分营最佳阵容4人、总营最佳阵容1人;2019年入选市校园足球夏令营最佳阵容7人。

总体来说,徐汇区组织结构完善,校领导非常重视。但竞赛和训练计划不完善,亟待建立系统的竞赛体系、科学的训练计划,从而提高本区球队整体实力。同时,未能要求社会俱乐部教练员提供相应的资质证明,保证达到符合经营训练要求的等级。需进一步加强本区师资足球教练员培训。

嘉定区:嘉定区校园足球精英训练营办公地点设立在区少体校。培养上主要依托社会俱乐部教练员为主。2015—2019年嘉定区共获评特色校29所,其中幼儿园6所,占比20.6%;小学13所,占比44.8%;初中5所,占比17.2%;高中和九年一贯制各2所,占比6.8%;完全中学1所,占比3.4%。

竞赛方面,男、女足成绩上升较快,除高中队伍外,大多数队伍进入前八名。嘉定区德富路小学男子U9、U11曾在联赛中均进入八强,获得第六名。嘉定区徐行中学男子U13组2019年联赛进入四强,获得第三名;竞赛成绩相较2018年联赛有明显的提升。2018年入选市校园足球夏令营最佳阵容8人,全国分营最佳阵容2人、总营最佳阵容1人;2019年入选市校园足球夏令营最佳阵容9人,全国分营最佳阵容2人、总营最佳阵容2人。

总体来说,办公室有序统筹,赛区工作有序配合,后勤保障及时到位。不过,需要加强师资力量的建设,积极参加校园足球的培训项目。同时,在与校外的足球俱乐部合作购买服务进行足球教学的过程中,需加强对教学过程的把控,对聘请的教练员团队需有考核,彰显足球育人功能。

松江区:松江区校园足球精英训练营办公地点设立在区活动中心。培养上采取多种模式,如同社会俱乐部合作、本区教师教练员相结合等。2015—2019年松江区共获评特色校33所,其中幼儿园和小学各10所,占比30.3%;初中和完全中学各2所,占比6%;高中3所,占比9%;九年一贯制6所,占比18.1%。

竞赛方面,男子队伍相对较好。男子高中组上海市松江一中、华东师范大学松江实验高级中学进入八强,分别获得第五名和第六名。上海师范大学附属外国语小学男子 U9 组相对较好,曾在联赛进入四强,获得第四名。2018 年入选市校园足球夏令营最佳阵容 12 人,全国分营最佳阵容 4 人;2019 年入选市校园足球夏令营最佳阵容 5 人,全国分营最佳阵容 3 人。

总体来说,营员升学渠道不畅通,应加大力度改善升学渠道,减少营员流失。对聘请的教练员团队的考核不足,包括教练员资质。同时,未能制定科学的训练方案,提升球队整体水平。

崇明区:崇明区校园足球精英训练营办公地点设立在区学生活动中心。培养上采取多种模式,如同社会俱乐部合作、本区教师教练员相结合等。2015—2019 年崇明区共获评特色校 23 所,其中幼儿园 3 所,占比 13.0%;小学 11 所,占比 47.8%;初中和高中各 4 所,占比 17.3%;九年一贯制 1 所,占比 4.3%。

竞赛方面,总体偏弱。上海市崇明中学男子高中组相对较好,联赛进入八强,获得第八名。女子 U9 崇明区新海学校在联赛中进入八强,获得第五名。2018 年入选市校园足球夏令营最佳阵容 5 人,全国分营最佳阵容 1 人。

目前,其培养主要还是依靠外聘教练,需加强师资教练员培训,提升本区足球师资力量。同时,需建立小、初、高"一条龙"培养体系,减少优秀营员的流失。另外需要完善竞赛相关工作,制定科学训练方案,从而提升本区球队整体水平。

奉贤区:奉贤区校园足球精英训练营办公地点设立在区学生活动中心,培养上采取多种模式,如同社会俱乐部合作、本区教师教练员相结合等。2015—2019 年奉贤区共有特色校 21 所,其中幼儿园 2 所,占比 9.5%;小学 8 所,占比 38%;初中和高中各 2 所,占比 9.5%;九年一贯制 7 所,占比 33.3%。

竞赛方面,总体偏弱,只有男子 U9 队伍较好。奉贤区南桥小学男子 U9 组队伍相对较好,联赛也进入过八强,曾获得第七名。2018 年入选市校园足球夏令营最佳阵容 1 人。

不过,初升高渠道不算畅通,需完善后备人才培养体系。区内队伍交流较少,需要加强区内竞赛工作,增加队伍锻炼机会。同时,也应加强外聘教练员管理,资质应达到精英训练营要求。应制定考核要求,定期对外聘教练员进行考核,体现足球育人功能;并制定科学训练计划,提高区内队伍整体实力。

静安区:静安区校园足球精英训练营办公地点设立在区学生体质健康测试中心。培养上采取多种模式,如同社会俱乐部合作、体教结合、利用本区教师教练员等。2015—2019 年静安区共有特色校 20 所,其中幼儿园 5 所,占比 25%;

小学 6 所,占比 30%;初中、高中、完全中学各 3 所,占比 15%。

竞赛方面,成绩较好,尤其男足,曾获两项冠军,女足较弱。上海市新中初级中学男子 U13、U15 曾在联赛中均获得第一名。从历年竞赛成绩来看,男子 U13 基本保持在第一、第二的水平。男子 U15 有明显的提升,2017 年获得第七名、2018 年获得第四名、2019 年获得第一名。共有 2 名队员(杜晓禹、朱嘉豪)曾入选校园足球国家队小学男子乙组,目前均就读于上海市新中初级中学。2018 年入选市校园足球夏令营最佳阵容 13 人,全国分营最佳阵容 1 人、总营最佳阵容 1 人;2019 年入选市校园足球夏令营最佳阵容 9 人,全国分营最佳阵容 2 人。

总体来看,组织架构健全,落实工作基本到位,配合度高。不过,仍需建立和完善小学—初中—高中升学渠道,使优秀的营员更好地衔接,减少营员流失。同时,需加强女足队伍建设,制定科学的选拔机制和训练方案,提升区内女足队伍水平。

虹口区:虹口区校园足球精英训练营以学校为单位建设。培养上采取多种模式,如同社会俱乐部合作、体教结合、利用本区教师教练员等。2015—2019 年虹口区共有特色校 28 所,其中幼儿园 6 所,占比 21.4%;小学 11 所,占比 39.2%;初中 6 所,占比 21.4%;高中和九年一贯制各 2 所,占比 7.1%;完全中学 1 所,占比 3.5%。

竞赛方面,总体偏弱。2018 年入选市最佳阵容 3 人;2019 年入选市最佳阵容 10 人,分营最佳阵容 1 人。五十二中、曲阳二中积极承办赛区工作,赛区工作基本落实到位。

总体来说,应加强办公室统筹管理,建议明确办公室组成成员。同时,相关学校不够重视足球工作,需办公室负责人加强区内校园足球文化宣传,让各校积极投入足球工作。应加强外聘教练员管理,定期进行考核。完善区内竞赛,加强各校队伍间的交流,增加队伍锻炼机会。

黄浦区:黄浦区校园足球精英训练营以学校为单位建设。培养上采取多种模式,如同社会俱乐部合作、体教结合、利用本区教师教练员等。2015—2019 年黄浦区共获评特色校 13 所,其中幼儿园 6 所,占比 46.1%;小学 1 所,占比 7.6%;初中 3 所,占比 23%;高中 1 所,占比 7.6%;九年一贯制各 2 所,占比 15.3%。

竞赛方面,总体偏弱,但高中男子成绩突出,曾获两项冠军。男子高中组大同中学竞赛成绩优异,一直稳居第一名,其队员戴尔森曾入选校园足球国家队初中男子甲组。上海市民办立达中学男子U13组在2018年联赛中,进入八强。2018年入选市校园足球夏令营最佳阵容3人;2019年入选市校园足球夏令营最佳阵容8人,全国分营最佳阵容2人。不过,目前没有女足队伍参赛,需加强女足队伍建设,制定女足队员选拔方案。

总体来说,人才培养体系有待完善,需建立小升初、初升高的升学渠道,为营员提供更多的发展平台,减少营员流失。高中男队的成绩较好,但需制定科学的训练计划,加强其他组别的足球实力。

青浦区:青浦区校园足球精英训练营办公地点设立在区教育局,培养上采取多种模式,如同社会俱乐部合作、利用本区教师教练员等。2015—2019年青浦区共获评特色校11所,其中幼儿园3所,占比27.2%;小学4所,占比36.3%;初中、高中、完全中学、九年一贯制各1所,各占比9%。

值得注意的是,青浦区校园足球精英训练营邀请了可可维奇足球学院的持有欧洲足联A级教练员资格证及丰富的青少年足球培训经验的6名足球外教团队来区内任教,此外还聘请了区内4名体育老师担任助教。通过区内各所足球传统学校的推荐和各项足球专业技术的考核,精心挑选了U11年龄段的74名小运动员(52男、22女)、U13年龄段的25名小运动员(17男、8女)参加。

通过引进高水平外籍足球教练,使用科学合理的足球教育理念和训练方法,提升区内精英训练营球队的训练质量和比赛能力,在相关竞赛中获得较好成绩。同时将训练营中的学生培养为品学兼优同时足球能力突出的榜样,为市训练营输送人才;通过安排区内体育教师作为助理教练共同带队训练,学习先进的足球理念和训练方法,培养更多具有高水平足球教学能力的体育教师;通过积极的足球文化建设,形成区内学生与家长积极参与及认同足球普及工作的氛围。

根据不同的阶段,定期组织集中训练。U11阶段(早期准备):早期准备阶段主要目标是鼓励对于足球的兴趣、运动技能的全面发展,从不同运动中获得经验,本阶段采用走训制;U13阶段(基础准备):主要目标是激励长期训练和掌握不同难度的足球技术,主要任务是建立为足球比赛准备的技术基础和运动能力基础,此时的训练量和强度需要增加,这个阶段的主要课题在于学习和掌握基础,本阶段采用建班集中制;U17阶段(专项化):专业足球训练在此阶段是必需的,通过个人基础的发展,专业足球技术的发展(力量、速度、耐力、爆发力)、团队战术的发展以及比赛准备,本阶段采用建班集中制。小学生队伍一般一周训练两次,中学生队伍一般一周训练三至四次,周六进行校际足球比赛,周日开展足球文化学习。

不过在竞赛方面,总体偏弱,极个别队伍进入前八名。朱家角中学男子高中组队伍水平相对较好,2017年联赛进入过四强,获得第四名;2018年联赛进入八强,获得第八名。2018年入选市校园足球夏令营最佳阵容4人,全国分营最佳阵容2人;2019年入选市校园足球夏令营最佳阵容4人。

区精英训练营办公室合理安排营员学习与训练的时间,定期对教练员进行考核。同时,为了减少优秀营员流失,建立小、初、高升学渠道,使营员能够得到更好的发展,让家长放心地让营员继续练足球。

(3) 上海市校园足球精英训练营的成果与经验

上海市校园足球精英训练营已经历了多年发展,伴随17年试验区改革的全面铺展,整体呈现出百花齐放的态势,多个区走出了自己独特的发展、培训模式。以核心办事机构为区分,可分为活动中心路线、强校路线及体校路线。

在市教委牵头建设的背景下,活动中心路线是被采用最多的建设路线,将精英训练营办公室设立于本区的区学生活动中心或是区体质健康测试中心,将其融入本区课外培训体系之中,普陀区、浦东新区、金山区皆是采取了此种模式。其优点是组织体制清晰,管理逻辑通畅,可以更有效地推进精英训练营的开展。同时,由于区级统筹程度较高,可以将区内各学校的优秀球员充分发掘,并提升专项经费的使用效率。需要注意的是,体教结合的程度对于该模式的培养效果有着非常大的影响,体教结合程度高的区在培训中通常可以使本区体育系统的教练员非常好地参与到精英训练营的训练当中;而体教结合程度较低的区,则更多地会采用社会资源,其教练员水平参差不齐,不同年龄段的发展也无法得到延续。当然,在区统筹的模式下,需要区级管理者、执行者的有力参与方能使得各方资源得到充分利用。

强校路线是利用本区强校为基础来发展精英训练营,其以原有的精英学校为基础来发展队伍,杨浦区、黄浦区采用了此种模式。采取此种模式的区多是因为本区已有了非常突出的足球特色学校,其实力往往远超区内其他学校,因而以强校为单位建立精英训练营不仅可以充分发挥强校的优势,提升训练、培训效率,还可以简化管理成本,提升资源利用效率。从近年的成绩来看,这种发展模式的局限性逐步凸显,尤其是黄浦区,马太效应十分显著,除了大同中学所在的高中组有着非常好的竞赛成绩,其他学校在市级比赛中的表现皆比较一般。值得注意的是,由于以学校为单位建立训练营,在升学过程中,其营员流动性极大,训练的连贯性较低,球员在发展上遇到瓶颈。同时,由于缺乏区级统筹,该模式体教融合的程度较低,优质体育资源无法充分浸润到校园足球的发展中。杨浦区近年除去五角场小学、铁岭中学、同济大学第一附属中学等传统学校有了发展,其他学校的发展较为平庸。

仍旧采取少体校路线的是嘉定区,其主要是受制于本区资源的有限性,通过借用体育系统的优质教练资源,快速提升了本区的球队水平。但与传统少体校培训不同,在体教融合的背景下,训练营的选才不再是以往的体校学生,而是本区各学校的精英,只是充分借用了体育领域的资源。此种模式对球员水平有限的区县来说,具有十分高的借鉴意义。

上海这三种不同类型的精英训练营发展模式多是依据本区的特点发展而来的,即使是采取相同的发展模式,其最终的发展方向亦会有不同。

以活动中心路线为例,在部分区县其采用的主体是区体质健康测试中心,这是由于该区原有的学生课外活动的主要组织中心便是在此。同时,以崇明为代表的人口资源不丰富的区县,其采取该模式但无法充分发挥统筹调配的优势。相反,由于资源本就有限,由区统筹组织反而造成了繁复行政冗余,增加了区级组织负担,也无法激活区内资源。

(4) 上海市校园足球精英训练营的未来与展望

总的来看,精英训练营在人才培养的理念和目标有着十分系统的规划,坚持以营员为本,关注其长远发展,为培养适应时代要求的现代化青少年足球人才做好方向把控和思想指引。只是在实际运行中,人才培养理念的顶层设计与实际操作存在偏差,校园足球的育人功能有待进一步开发。

一是人才培养保障上,由市、区政府统筹,结合体教两家资源优势,领导小组层级递进及市区1:1下拨配套经费,为精英训练营的开展提供保障。但精英训练营上层的组织管理能力受限,缺乏从事校园足球工作的专业管理人才。

二是师资队伍建设上,为精英训练营的高效运作配备专业师资,但竞赛中随着各U系列组别队伍竞技水平的提升,裁判员的业务能力受到质疑,教练员岗位培训出现举办单位多、内容重复、价值低的现象。

三是梯队建设上,各组别梯队规模化发展,训练时间合理,基本保证每周一赛,电子档案监督和记录营员文化学习表现,有效缓解传统意义上文化学习与专项训练难以兼顾的问题。受户籍限制和升学制度影响,梯队建设出现人才流失和断层,到了高中组整体技能水平下降明显。

四是人才培养评价上,对营员发展进行多角度评价。当下区精英训练营以培养足球专项技能突出且全面发展的新时代社会人才为主,校园足球普及工作扎实推进,提高系列工作稳步开展,为将来培养从校园中走出的有着显著竞技能力的青少年球员夯实根基。

2. 上海市校园足球"满天星"训练营

（1）上海市校园足球"满天星"训练营的组建与发展

为全面贯彻落实《中国足球改革发展总体方案》和《教育部等6部门关于加快发展青少年校园足球的实施意见》,遵循足球运动规律、足球人才培养和成长规律,着力构建体教融合的青少年足球发展新体系,加快推进中国特色青少年足球训练竞赛体系和足球后备人才培养体系建设,全国青少年校园足球工作领导小组决定在各省市设立校园足球"满天星"训练营试点区。主要目的是在广泛开展校园足球课余训练的基础上,选拔区域内的优秀青少年足球运动员,利用课余、周末、节假日、寒暑假等时间进行集中训练和比赛。"满天星"训练营由全国校足办会同各级校园足球管理部门共同成立,实行"谁主管谁负责运行和经费"的原则,分为学区级、县级、市级、省级和国家级等五个层级。

"满天星"训练营描绘了中国足球未来的画卷:从校内赛起步,优秀的足球苗子将通过校级、区级和市级层层选拔,进入各地体育部门足球专业队和足球职业俱乐部后备梯队,再进入中国足协各级青训中心队伍。每一个入选省市、全国最佳阵容的运动员,将能得到相应的运动员等级。

2017年11月28日,全国青少年校园足球"满天星"训练营建设备忘录启动仪式在上海市杨浦区同济大学第一附属中学隆重举行,全国青少年校园足球工作领导小组办公室主任、教育部体卫艺司司长王登峰,上海市教育委员会副主任倪闽景,杨浦区人民政府副区长徐建华,上海市足球协会主席朱广沪等领导以及杨浦区58所足球特色校校长、部分足球教练员和训练营营员代表共同出席了启动仪式。王登峰和徐建华分别代表全国青少年校园足球工作领导小组办公室和杨浦区人民政府签订了校园足球"满天星"训练营建设备忘录,这标志着杨浦区成为全国校园足球"满天星"训练营首个启动的试点区,为区域乃至上海市校园足球的发展带来了新的契机。截至目前,上海市共有杨浦区、徐汇区、闵行区、普陀区四个校园足球"满天星"训练营。

(2) 上海市校园足球"满天星"训练营的成果与经验

杨浦区作为全国首个"满天星"训练营试点区,在全国青少年校园足球工作领导小组办公室和上海市教委的指导下,杨浦区由区政府分管领导牵头,协调区政府办、区委宣传部、区发改委、团区委、区教育局、区体育局、区财政局、区规划资源局等多部门,统筹规划、协同推进青少年校园足球发展。

杨浦区"满天星"训练营大本营设在上海体育学院附属中学,落实2名专职人员负责日常管理工作。杨浦区"满天星"训练营建设有U9、U11、U12、U13、U15、高中组共5个组别的10支男女生队伍,共有营员360名,分布于9所中小学"营地"。营员在班班赛、年级赛和校际赛中产生并进行动态管理,教练员团队和学习生活辅导员根据营员训练情况、参赛成绩、学习成绩及其他日常表现情况,每年两次向"满天星"训练营大本营提出意见,经审核批准后,予以准入和退出。

杨浦区"满天星"训练营成立以来,区政府每年为训练营投入保障经费400万元。同时,依托市校园足球联盟联动高校资源,与上海体育学院合作,开发校园足球课程,在区域内95所中小学、6万多学生中全覆盖,保证每班每周一节足球课;持续优化师资培养体系,已组织了300多人次的区域体育教师足球专项培训,聘请高校专家进行辅导,并成立了区校园足球中心教研组,开展足球教学技能交流,探索健全评估和激励机制,形成较为完善的评估标准和激励措施,有效激发学校、教师、教练员等各方的积极性和主动性。

2018年,杨浦区"满天星"训练营在4个年龄段引进了西班牙青训体系并聘请了4名外籍教练员,在为有潜质的校园足球学生运动员提供高水平训练指导的同时,还组织区域内校园足球教练员和教师学习外籍教练员的最新训练理念和先进训练技术,促进区域内教练员和教师教学能力和足球执教水平的不断提高。

在抓好教学训练的同时,杨浦区还借助"满天星"训练营的发展契机,广泛开展区域内学校足球竞赛,做到了特色足球学校竞赛开展率100%,并积极组织各类区级比赛,如"杨浦区百班百场比赛""足球联盟联赛""足球嘉年华"等;认真组队参加高水平足球竞赛,如"中国(上海)国际青少年足球邀请赛""上海市运动会青少年足球比赛""上海青少年校园足球精英赛""青少年足球锦标赛"等,通过以赛促教、以赛促训,有效提升了球员的竞赛水平。2017—2018年上海市青少年校园足球精英赛上,杨浦区获3个组别的冠军、2个组别亚军。同时发现和输送了一批足球苗子,2018年全国青少年校园足球大赛(连云港站)上,杨浦区获小学组冠军,并有3名队员入选了总决赛最佳阵容,代表中国参加了中俄青少年校园足球友谊赛。

近年来,杨浦区校园足球和"满天星"训练营发展取得了一定的成就。截至2020年,杨浦区已实现了100%的小学开设足球课程,100%的学校建立了足球社团,80%的学校成立了足球运动队,全国校园足球特色校达27所,全国足球特色幼儿园达10所,区"满天星"训练营各梯队营员达360人。

(3) 上海市校园足球"满天星"训练营的未来与展望

在教育部的指导下,上海市教委将杨浦区训练营的建设工作,作为推进上海市青少年校园足球改革发展的重要抓手,作为引领上海市学校体育改革创新的重要突破,纳入年度重点工作计划,围绕教学体系、训练体系、竞赛体系、支持保障体系和评价激励体系"五大体系"建设,着力完善工作机制,有序组织实施,在提升校园足球综合育人价值、促进校园足球工作发展等方面积累了一定的经验。

一是理顺架构,完善机制。在全国青少年校园足球工作领导小组办公室和上海市教委的指导下,杨浦区由区政府分管领导牵头,协调区政府办、区委宣传部、区发改委、团区委、区教育局、区体育局、区财政局、区规划资源局等多部门,建立、完善区校园足球工作组织领导,推进机制统筹规划,协同推进青少年校园足球发展。"满天星"训练营大本营设在上海体育学院附属中学,落实专职人员负责日常管理工作。

二是重视普及,抓好教学。一要继续发展校园足球特色学校。以推进学校体育改革为契机,不断发展基础好、有意愿的学校加入校园足球特色学校行列。二要继续发展校园足球课程,不断深化学校体育课程"三化"改革,研发小学及幼儿阶段足球教师教学指南。三要大力培植足球文化,推出"冬夏训练营""阳光体育联赛""足球嘉年华"等一系列家长、学生喜闻乐见的足球活动,有力吸引青少年参与足球运动。

三是动态管理,科学训练。校园足球"满天星"训练营营员在班班赛、年级赛和校际赛中产生并进行动态管理。教练员团队和学习生活辅导员根据训练情况、参赛成绩、学习成绩及其他日常表现情况,每年两次向"满天星"训练营大本营提出意见,经审核批准后,予以准入和退出。在为有潜质的校园足球学生运动员提供高水平训练指导的同时,还应通过组织区域内校园足球教练员和教师学习外籍教练员的最新训练理念和先进训练技术以及互相交流和切磋技艺等措施,促进区域教练员和教师不断提高教学能力和足球执教水平。

四是分级分层,抓好竞赛。健全赛事活动体系,有序组织各类区级比赛,如"杨浦区百班百场比赛""足球联盟联赛""区中小学足球比赛"等;积极参加市级以上高水平足球赛事,如"中国(上海)国际青少年足球邀请赛""上海青少年校园足球精英赛""青少年足球锦标赛"等。以赛促教,以赛促训,有效提升竞赛水平,不断发掘和输送优秀足球苗子。

五是持续推进,强化保障。在上海市教委的指导和支持下,杨浦区承担了多项针对校园足球场地条件改善的市级试点工作,如改造同济一附中足球场、建设同济初级中学全天候智能操场、在五角场小学建设"未来教室"、建设足球训练营、试点实施"上天入地"、试点建设"笼式"足球场地。在积极改善场地设施的基础上,杨浦区还通过建设足球课程、开展足球师资培训等措施,夯实校园足球工作发展基础。除了做好上海市教委组织开展的外教进校园工作,选派优秀校园足球教练员、体育教师留学外,还组织区域体育教师足球专项培训,聘请高校专家进行辅导。

未来,将推进"三个继续"和"一个探索"。继续加大经费投入,在全国青少年校园足球工作领导小组办公室支持经费的基础上,区政府为训练营建设每年提供400万元的经费投入,确保训练营正常运转;继续加强场地建设,推进新建改建学校"一场一馆"标准化建设,再建十一人制标准足球场3个,八人制足球场2—3个,五人制足球场3—5个;继续优化师资培养,依托上海市校园足球联盟,联动高校资源,提供技术支持和教练员、裁判员培训;成立区校园足球中心教研组,开展足球教学技能交流;探索健全评估和激励机制,形成较为完善的评估标准和激励措施,有效激发学校、教师、教练员等各方面积极发展校园足球的积极性和主动性。

四、上海市校园足球"四横四纵"立体化竞赛体系

1. 上海市校园足球竞赛体系演变

上海市校园足球竞赛活动的历史悠久,可以追溯到19世纪中期。自上海开埠现代足球传入后,教会学校中就很快开展起了各类现代体育项目活动和竞赛。

1902年圣约翰书院与南洋公学举办了上海第一场校园足球赛,吸引了不少校内外人士前来观看。后来,又有了华东校际足球联赛,联赛共有8所学校足球队参加,每逢学校比赛时,校长往往亲自带队,学生、球迷和家长都会前来观战助威。

新中国成立后,上海校园足球进入了全新的发展阶段,足球运动在各级各类学校中普及开展。1953年2月25日,全国青年足球锦标赛在上海拉开帷幕,由中学生为主的上海青年队最终以4胜1平的战绩问鼎冠军。

改革开放后,上海校园足球竞赛活动的参与和组织主要集中在足球项目传统学校中,这些足球传统项目学校为上海市培养了大量的青少年足球后备人才。

进入新世纪后,全市各级各类足球教学、训练、竞赛活动在校园中广泛开展。2009—2010年,上海市组织的校园足球联赛就有初中男子、初中女子和小学三个组别,共进行了704场校园足球比赛,其中初中男子组214场,小学组420场,初中女子组70场。但总体来说,这些校园足球竞赛活动主要还是以上海市足球项目传统学校学生的参与为主,由体育系统主要负责组织和管理,对全市普通中小学生的辐射和影响偏小,难以做到校园足球的普及与提高之间的合理平衡,并且各类比赛相互交错,缺乏系统性。

为了适应校园足球活动发展的新形势,充分整合与优化配置上海市校园足球资源,进一步推动和提升上海市青少年校园足球竞赛活动的发展质量,2012年1月5日,上海市教委牵头成立"上海市校园足球一条龙建设联盟"。这对促

进体教融合、打造科学合理的校园足球"一条龙"竞赛体系奠定了坚实的基础，上海市校园足球竞赛体系的建设开始系统化。

为便于组织和管理全市的校园足球竞赛活动，上海市校园足球联盟专门成立竞赛部。目前，上海市中小学校园足球竞赛从校内的班级联赛、校级的校际联赛、区级精英赛、市级精英赛到全国的各类校园足球竞赛，再到邀请国际中学生校园足球队来沪参加校园足球国际邀请赛，层层协调，系统安排，已经形成了稳定的竞赛体系和架构。

2015年3月，上海市大学生足球联盟成立后连年举办赛事、改革赛制、扩大规模，逐年提升上海市大学生足球人口、大学校园足球文化氛围。经过多年发展，现在上海市校园足球竞赛活动在上海市教委的领导下，由上海校园足球联盟、上海市大学生足球联盟统一组织和管理，已确立了横向覆盖小学、初中、高中、大学四个类别学生，纵向包含草根联赛（暑期学生足球赛）、校际联赛（校园足球联盟学校）、区际杯赛（各区精英训练营）、国际邀请赛（中国国际青少年校园足球邀请赛）的立体化竞赛体系（图4-1-1）。

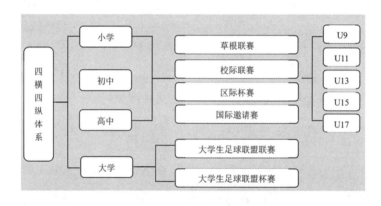

图4-1-1 上海市校园足球"四横四纵"竞赛体系

2. 上海市校园足球赛事发展现状

经过多年布局，目前上海市校园足球竞赛根据参与群体的特征主要分为两大类，一类是面向全市所有普通中小学生的各级各类中小学校园足球竞赛，另一类是面向全体在沪高校学生的各级各类大学生校园足球竞赛。

(1) 中小学生校园足球竞赛

中小学校园足球竞赛主要包括校园足球联盟学校参与的校际联赛和全市各区精英训练营从辖区内中小学选拔的球员组队参与的联盟杯赛。自2015年起,每年暑假举办两个重要的赛会制单项赛事,分别是中国(上海)国际青少年校园足球足球邀请赛和五星体育暑期足球赛。这些赛事主要根据中小学生在校学习和寒暑假时间特点分段安排,尽量做到不干扰或少干扰他们正常在校学习活动。表4-2-1所列为2019年全市中小学校园足球主要竞赛活动和时间安排,这些赛事近年来已经基本成为上海市中小学校园足球竞赛活动的核心组成部分。

表4-2-1 2019年上海市校园足球竞赛安排表(中小学)

时间	赛事名称
3月-5月	2018—2019年上海市青少年校园足球精英赛暨校园足球联盟杯赛第二阶段
3月	2019年全国青少年校园足球联赛(内地西藏新疆班组)上海地区预赛
5月-6月	2019年上海市校园足球联盟联赛(中职组)
7月	第五届中国(上海)国际青少年校园足球邀请赛
7月	上海市第五届五星体育暑期足球赛(高中组)
9月-11月	2019年上海市"千校万班"三大球小达人技能竞赛(区校际比赛)
9月-11月	2019年上海市校园足球联盟联赛(中小学组)
11月-12月	2019—2020年上海市青少年校园足球精英赛暨校园足球联盟杯赛第一阶段
12月	2019年上海市"千校万班"三大球小达人技能竞赛(市级总决赛)

上海市青少年校园足球精英赛暨校园足球联盟杯赛,共分为两个阶段,第一阶段的比赛安排在每学年秋季学期的11月至12月份,第二阶段比赛安排在每学年春季学期的3月至5月份,由各区精英训练营的营员组成的各年龄段各组别的区代表队参加。该赛事是对各区精英训练营训练成果和青少年足球后备人才培养的检验,比赛成绩也是各区精英训练营未来建设和青少年校园足球人才培养的重要参考。

目前上海市中小学校园足球精英赛分为6个参赛年龄段,分别是U9、U11、U12、U13、U15组和高中组。2016—2017年赛季U9组只设了小混组,未将男女球员分开;从2018年度开始U9组分设了男女组;从2019年度开始又增设了U12年龄段的男女组。其中U9组的比赛采用五人制,U11组、U13组和U15(女子)组的比赛采用八人制,U15组(男子)和高中组的比赛采用十一人制(表4-2-2)。

表4-2-2 足球精英赛各年龄段组别赛制设置

组别及赛制	五人制	八人制	十一人制
男子组	U9	U11、U12、U13	U15、高中组
女子组	U9	U11、U12、U13、U15	高中组

2017—2019年,中小学校园足球精英赛各年龄段男女组别参赛总人数累计达到了8325人,其中2017年2211人,2018年3011人,2019年3103人,逐年递增(图4-2-1)。2018年男女组参赛人数都有明显增加,尤其是女子比赛的参赛人数连续在2017—2018年和2018—2019年两个赛季超过千人,参与校园足球的女生越来越多,校园女子足球运动呈现出良好的发展态势。

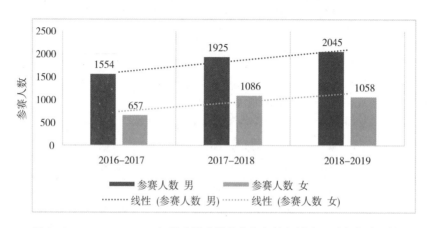

图4-2-1 2017—2019年赛季足球精英赛各年龄段男女组别参赛总人数

在男子组参赛人数方面,分别为2017年1554人、2018年1925人和2019年2045人(图4-2-2)。参赛人数逐年递增,尤其2018年参赛人数猛增371名,增幅达到23.8%。从各年龄段的参赛人数来看,U11组是最多的,三年来每年都有400多人参赛,也反映出小学阶段学校和学生家长对学生参与校园足球活动的重视,这也和小学阶段学生学业压力相对较小有关。不过U13、U15和高中组的参赛人数也并未因为初、高中学业压力增大而明显下降,每年参赛人数基本保持在300人左右。

在女子组参赛人数方面,分别为2017年657人、2018年1086人和2019年1058人(图4-2-3)。2018年女子组参赛人数更是增加了429人,增幅高达65.3%。从各年龄段的参赛人数来看,U11组依然是最多的,三年来平均每年参赛人数为279人,远高于初、高中阶段。一方面,与男子组略有不同的是,女子

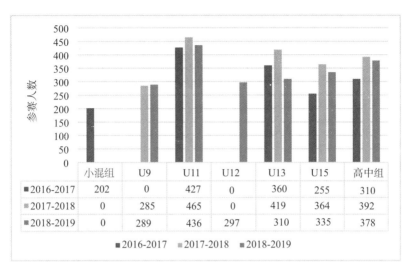

图4-2-2 2017—2019年足球精英赛各年龄段男子组参赛人数

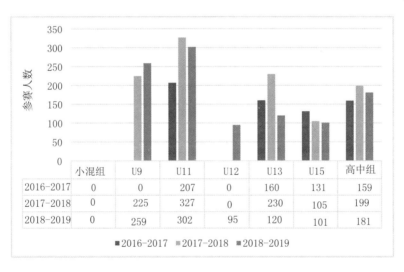

图4-2-3 2017—2019年足球精英赛各年龄段女子组参赛人数

U15年龄段的参赛人数下降幅度相对较大,每年参赛人数基本保持在100人左右,这可能与中考压力有较大的关系,高中组参赛人数则有明显回升。另一方面也说明社会文化传统对女生参与相对激烈的体育运动持比较保守的态度,导致她们随着年龄的增长更倾向于"静"的活动方式。这提醒我们校园足球工作者,在宣传教育、活动组织、赛事设置等各个方面都要更多考虑相关社会影响因素,促进校园女子足球运动的更好发展。总体来说,女子组参赛总人数的大幅增加

101

充分表明近几年来,市教委、市体育局、校园足球联盟和各区体教部门等相关部门和机构在促进校园女子足球运动发展中下了大功夫,在均衡男女足球发展方面花了大力气;同时也反映出学校、社会和家长对女子足球运动有了更多理解和认可。

从组别设置来看,各区精英训练营的队伍建制越来越健全和壮大。2017—2019年中小学校园足球精英赛男女组别参赛队伍总数达到了355支,分别是2017年98支、2018年119支和2019年138支,每年参赛的男女队伍稳步增长(图4-2-4)。

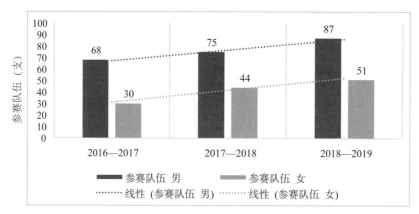

图4-2-4　2017—2019年赛季足球精英赛各年龄段男女组别参数队伍总数

在男子组参赛队伍方面(图4-2-5),分别为2017年68支、2018年75支和2019年87支,队伍数量逐年增加,赛事规模越来越大(图4-2-5)。从年龄段分布情况来看,小学阶段的U9、U11、U12和初中阶段低年级的U13队伍数量较多,都在14支以上,而初中阶段高年级的U15和高中组队伍数量略少。可能初中高年级和高中阶段学业压力的增大对校园足球竞赛活动的影响较大,未来需要进一步思考如何更好地协调好它们之间的关系,这方面可以更多向我们的邻国日本学习,他们的高中校园足球竞赛无论从规模还是水平上都是亚洲国家中首屈一指的。

在女子组参赛队伍方面,分别为2017年30支、2018年44支和2019年51支,相比男子队伍,总量少54.3%(图4-2-6),但呈现逐渐递增趋势,平均每年增加7支队伍。这个可喜的进步,说明近几年上海市校园足球活动对女生的影响力和吸引力越来越大,也从一个侧面反映出女生家长对于孩子参与校园足球运动的支持力度越来越大。从各年龄段的分布情况来看,小学阶段的U9和U11

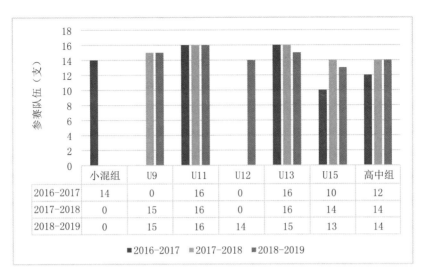

图 4-2-5 2017—2019 年足球精英赛各年龄段男子组参赛队伍

队伍数量较多,都在 10 支以上,而初中阶段高年级的 U15 和高中组队伍数量却明显下降,主要受参与人数下降影响。从另一角度而言,说明未来初、高中阶段女子足球队伍的发展空间还很大,需要我们开展更多的工作。

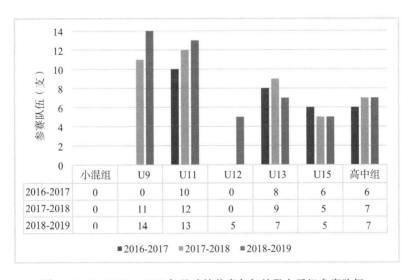

图 4-2-6 2017—2019 年足球精英赛各年龄段女子组参赛队伍

从比赛场次来看,2017—2019 年中小学校园足球精英赛男女组别比赛总场次累计达到 2292 场,且逐年递增,2019 年较 2017 年比赛场次总量增长 21%,反映出上海市中小学校园足球精英赛在规模上的不断壮大(图 4-2-7)。

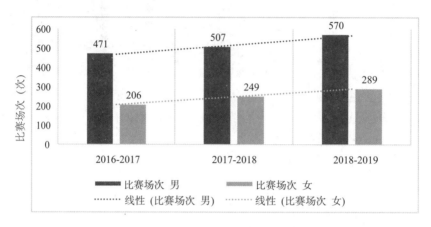

图 4-2-7　2017—2019 年足球精英赛各年龄段男女组别比赛场次总数

具体来说,2017—2019 年各年龄段的男子组比赛场次分别为 471 场、507 场和 570 场,比赛场次逐年递增,2018 年增幅为 7.6%,2019 年增幅达到 12.4%(图 4-2-8)。由于 U13 及以下组别的参赛队伍较多,所以比赛场次也相应大于 U15 和高中组。

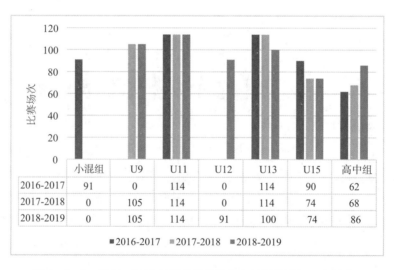

图 4-2-8　2017—2019 年足球精英赛各年龄段男子组比赛场次

2017—2019年各年龄段的女子组比赛场次分别为206场、249场和289场，比赛场次也在逐年递增，2018年增幅为20.9%，2019年增幅达到16.1%，增速高于男组（图4-2-9）。与男子组情况相似，由于U13及以下组别的参赛队伍较多，所以比赛场次也相应大于U15和高中组。

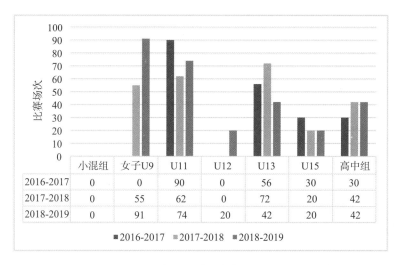

图4-2-9 2017—2019年足球精英赛各年龄段女子组比赛场次

从各区精英队发展和参赛情况来看，2017—2019年除了金山、宝山、黄浦、奉贤四区每年略有升降外，其余各区的男女精英队基本都呈现逐年递增趋势（图4-2-10）。

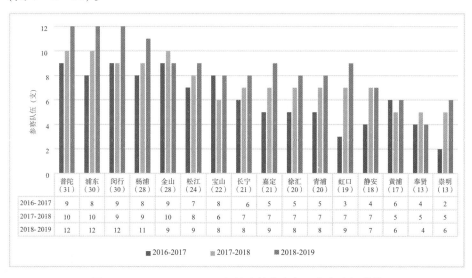

图4-2-10 2017—2019年足球精英赛各区参赛队伍总数

2019年，全市16个区的精英训练营共组建U9、U11、U12、U13、U15和高中6个年龄段，男女生共12个组别的队伍138支，普陀、浦东和闵行三个区的精英训练营做到各年龄段各组别的全覆盖，走在全市前列（表4－2－3）。

表4－2－3 2019年完成全年龄段全组别足球精英队组建的行政区

行政区	合计	U9	U11	U12	U13	U15	高中组
普陀区	12	男、女	男、女	男、女	男、女	男、女	男、女
闵行区	12	男、女	男、女	男、女	男、女	男、女	男、女
浦东新区	12	男、女	男、女	男、女	男、女	男、女	男、女

在各区男子组队伍建设方面，普陀、闵行、浦东、杨浦、虹口、嘉定、松江、徐汇、青浦、静安和黄浦11个区已完成全年龄段男子组精英队的组建，金山、宝山、崇明、奉贤和长宁5个区则暂未完成（表4－2－4）。

表4－2－4 2019年各区男子组足球精英队组建情况

行政区	合计	U9	U11	U12	U13	U15	高中组
普陀区	6	√	√	√	√	√	√
闵行区	6	√	√	√	√	√	√
浦东新区	6	√	√	√	√	√	√
杨浦区	6	√	√	√	√	√	√
虹口区	6	√	√	√	√	√	√
嘉定区	6	√	√	√	√	√	√
松江区	6	√	√	√	√	√	√
徐汇区	6	√	√	√	√	√	√
青浦区	6	√	√	√	√	√	√
静安区	6	√	√	√	√	√	√
黄浦区	6	√	√	√	√	√	√
金山区	5	√	√	√		√	√
宝山区	5		√	√	√	√	√
崇明区	4	√	√	√	√		
奉贤区	4				√		√
长宁区	3	√	√	√			

在各区域女子组队伍建设方面,除普陀、浦东和闵行3个区做到6个年龄段全覆盖外,其他各区尚未完成全覆盖。其中杨浦区和长宁区分别只缺一支U12和U15队伍,而黄浦区和奉贤区截至2019年底尚未完成一支队伍的建设(表4-2-5)。

表4-2-5 2019年各区女子组足球精英队组建情况

行政区	合计	U9	U11	U12	U13	U15	高中组
普陀区	6	√	√	√	√	√	√
闵行区	6	√	√	√	√	√	√
浦东新区	6	√	√	√	√	√	√
杨浦区	5	√	√		√	√	√
长宁区	5	√	√	√	√		√
金山区	4	√	√		√		√
虹口区	3	√	√				√
嘉定区	3	√	√	√			
松江区	3	√	√				√
宝山区	3	√	√		√		
徐汇区	2	√	√				
青浦区	2	√	√				
崇明区	2	√	√				
静安区	1	√					
黄浦区	0						
奉贤区	0						

上海市校园足球联盟联赛,由上海市校园足球联盟学校的代表队参加,比赛共分为三个阶段,第一阶段为预赛阶段,由全市各区校园足球分联盟具体负责区域内联盟学校的校际联赛,各区校际联赛的前两名学校代表队可入围全市校园足球联盟学校决赛阶段的比赛(作为全国青少年校园足球改革试点区及满天星训练营的普陀、杨浦、崇明、闵行和徐汇区同一组别可报3所学校参赛,此外浦东新区同一组别也可报3所学校参赛);第二阶段比赛是全市校园足球联盟学校决赛,采取小组单循环赛制决出全市的前16名;第三阶段比赛是决赛阶段胜出的16支队伍之间的淘汰赛,采取单场交叉淘汰赛,最后前四名的球队将采取主客场淘汰制,决出当年上海市校园足球联盟联赛的第一至第八名,第二阶段和第三

阶段的比赛安排在每学年秋季学期的9月至11月份。

从组别设置和参赛人数来看,目前上海市中小学校园足球联盟联赛分为U9、U11、U13、U15和高中组5个参赛年龄段的男女共10个组别,其中U9的比赛采用五人制,U11、U13和U15(女子)的比赛采用八人制,U15组(男子)和高中组的比赛采用十一人制(表4-2-6)。

表4-2-6 足球联盟联赛各年龄段组别赛制设置

组别及赛制	五人制	八人制	十一人制
男子组	U9	U11、U13	U15、高中组
女子组	U9	U11、U13、U15	高中组

2017—2019年,中小学校园足球联盟联赛各年龄段男女组别参赛总人数累计达到10214人,分别为2017年2879人、2018年3594人和2019年3723人(图4-2-11)。2018年男子组参赛人数突破2000人,女子组参赛人数也在2018年和2019年连续超过千人,校园足球运动呈现出良好的发展态势。

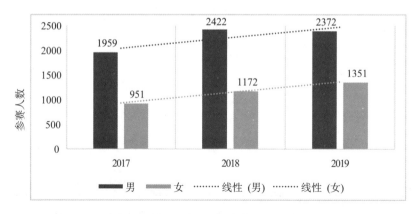

图4-2-11 2017—2019年足球联盟联赛各年龄段男女组别参赛总人数

具体来说,2017—2019年各年龄段的男子组参赛人数分别为2017年1959人、2018年2422人和2019年2372人,参赛人数逐年递增,尤其2018年参赛人数较2017年猛增了463人,增幅达到23.6%(图4-2-12)。从各年龄段的参赛人数来看,U9、U11、U13和高中组的参赛人数较多,都在500人上下;不过U15的参赛人数相对略少一些,平均每年的参赛人数是362人。这反映出U15年龄段的中考压力影响了部分学生对校园足球活动的参与度。总体上看,小学、初中和高中各阶段男生参与校园足球活动的积极性相对较高,并没有随年龄和学业压力的增大而出现较大的波动。

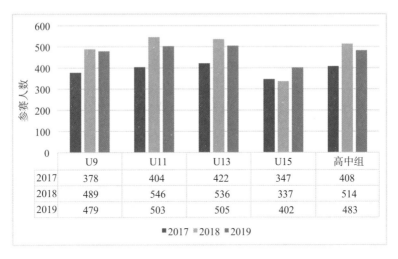

图4-2-12 2017—2019年足球联盟联赛各年龄段男子组参赛人数

2017—2019年各年龄段的女子组参赛人数分别为2017年951人、2018年1172人和2019年1351人,参赛人数也呈现逐年递增趋势,并从2018年开始突破了1000人(图4-2-13)。从各年龄段的参赛人数来看,U9、U11和U13依然是最多的,尤其是U13在2019年达到了303人,2019年三个年龄段的参赛人数都超过了300人。但随着年龄的增长和中考的来临,U15的参赛人数出现了较大幅度的下降,2019年U15的参赛人数仅为U13的一半上下,尽管进入高中阶

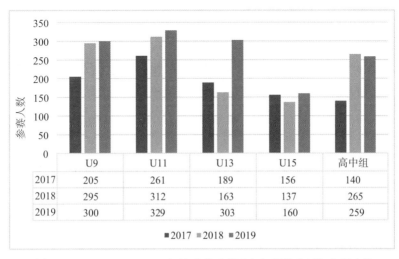

图4-2-13 2017—2019年足球联盟联赛各年龄段女子组参赛人数

段后参赛人数有了一些回升,不过还是低于U9、U11和U13的平均水平。除了学业压力增加的影响外,社会文化传统对女生参与足球运动的相对保守态度也是一个影响因素,高年级女生参与体育活动的积极性明显低于中小学低年级的女生,这也提醒我们,开展校园足球活动除了加强师资、改善场地设施等外部条件外,还需要注重扭转家长和学生的思想观念。总体来说,近几年来在市教委、市体育局、校园足球联盟和各区体教部门的共同努力下,校园女子足球运动有了较大的发展,呈现出平稳向上的发展态势。

从各组别参赛队伍情况来看,目前上海市中小学校园足球联盟联赛5个参赛年龄段均设有男女组别。2017—2019年参赛队伍总数达到672支,分别为2017年204支、2018年230支和2019年238支(图4-2-14),每年参赛的男女队伍稳步增长,表明越来越多的学校组建了自己的球队。

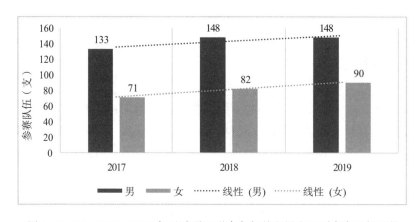

图4-2-14 2017—2019年足球联盟联赛各年龄段男女组别参赛队伍总数

具体来说,2017—2019年各年龄段的男子组参赛队伍分别为2017年133支、2018年148支和2019年148支,总体趋势递增,赛事的规模越来越大(图4-2-15)。从各年龄段的分布情况来看,小学阶段的U9、U11和初中阶段低年级的U13队伍数量较多,都在30支上下,而初中阶段高年级的U15和高中组队伍数量略少,在20—25支之间。这样的变化与初中高年级和高中阶段学业压力的增大有关,尤其是U15年龄段即将面临中考,家长和学校都会对学生参与校园足球活动有一定顾虑。

2017—2019年各年龄段的女子组参赛队伍分别为2017年71支、2018年82支和2019年90支,呈现逐渐递增趋势(图4-2-16)。相比男子队伍,总量比

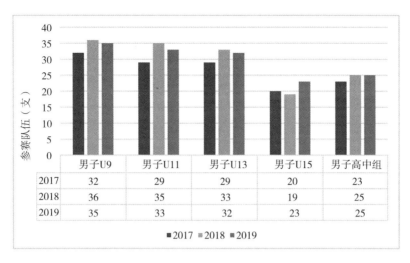

图 4-2-15　2017—2019 年足球联盟联赛各年龄段男子组参赛队伍

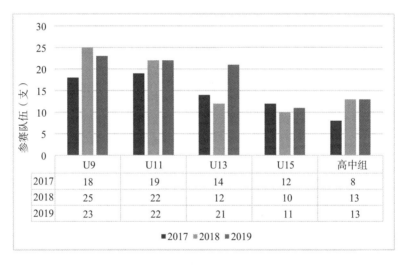

图 4-2-16　2017—2019 年足球联盟联赛各年龄段女子组参赛队伍

男子组少 43.4%,但从 2017 年的 71 支到 2019 年的 90 支,平均每年增加接近 7 支队伍。说明近几年上海市各个学校开始逐渐重视女子足球运动的发展,女子足球队伍的增加无疑会吸引更多女生关注和参与校园足球活动。不过从各年龄段的分布情况来看,小学阶段的 U9、U11 队伍数量较多,都在 20 支上下;与男子队伍有所不同的是,女子队伍数量从初中阶段低年级的 U13 开始呈现较大降幅,初中阶段高年级的 U15 和高中组队伍数量则更少,在 10 支左右。这一现象也许受家长观念、学校女子足球队伍建设程度、学业压力等多方面因素所致,未来需要有更多的研究,提出更好的解决办法。

从比赛场次来看,2017—2019年中小学校园足球联赛随着各个组别男女队伍的壮大和参赛人数的增加,男女组别比赛总场次累计达到1724场,每年的男女比赛场次逐年递增,2019年较2017年男女比赛场次总量增长了24%,反映出上海市中小学校园足球联盟联赛在规模上不断壮大的趋势。

具体来说,2017—2019年各年龄段的男子组比赛场次分别为2017年325场、2018年338场和2019年的373场,比赛场次平稳递增(图4-2-17、4-2-18)。各年龄段男子组别的参赛队伍较多且相对接近,高中组相对偏少。

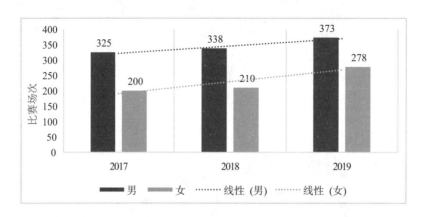

图4-2-17 2017—2019年足球联盟联赛各年龄段男女组别比赛场次总数

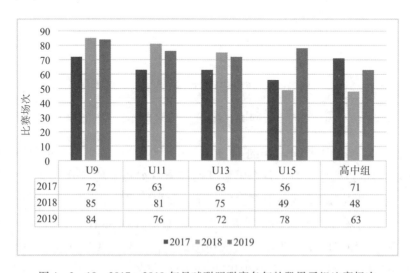

图4-2-18 2017—2019年足球联盟联赛各年龄段男子组比赛场次

2017—2019年各年龄段的女子组比赛场次分别为2017年200场、2018年210场和2019年278场,比赛场次也在逐年递增,其中2019年增量较大,增幅达到32.4%(图4-2-18、图4-2-19)。不过由于U15和高中组的参赛队伍下降明显,所以这两个年龄段的比赛场次也仅有U9和U11比赛场次的一半左右。

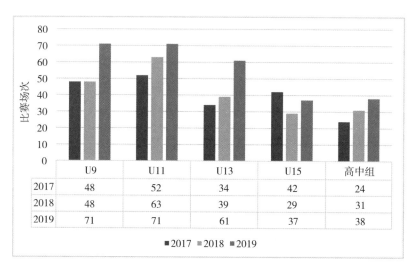

图4-2-19　2017—2019年足球联盟联赛各年龄段女子组比赛场次

从各区联盟校代表队建设及参赛情况来看,2019年联盟联赛决赛阶段共有5个年龄段的238支联盟校男女代表队参加,其中男子组148支,女子组90支。具体来说,全市13个区已在男子组的5个年龄段全部组建联盟校代表队,其中闵行、浦东和普陀3个区的参赛联盟校最多(表4-2-7)。还有3个区存在某些年龄段无参加决赛的联盟校代表队,建设工作相对缓慢。

全市16个区中仅有5个区的联盟校女子代表队参加全部5个年龄段决赛阶段的比赛,其中闵行、浦东和普陀仍是联盟校队伍数量最多的三个区,崇明和金山两个区也在各个年龄段均有参赛(表4-2-8)。其余11个区均在某些年龄段中没有联盟校代表队参赛,其中黄浦区和奉贤区至今仍未有联盟校女子代表队参加决赛阶段,建设工作发展较落后。

表4-2-7 2019年足球联盟联赛男子组各区联盟校参赛情况

行政区	合计	U9	U11	U13	U15	高中组
闵行区	13	3	3	3	3	1
浦东新区	13	3	3	3	3	1
普陀区	13	3	3	3	1	3
杨浦区	11	2	2	2	3	2
徐汇区	11	3	3	3	1	1
宝山区	10	2	2	2	2	2
静安区	10	2	2	2	2	2
松江区	10	2	2	2	2	2
黄浦区	10	2	2	2	2	2
嘉定区	9	2	2	2	1	2
青浦区	9	2	2	2	1	2
金山区	8	2	2	1	1	2
虹口区	8	2	2	1	1	2
长宁区	6	2	2	2	0	0
奉贤区	5	2	1	2	0	0
崇明区	2	1	0	0	0	1

表4-2-8 2019年足球联盟联赛女子组各区联盟校参赛情况

行政区	合计	U9	U11	U13	U15	高中组
闵行区	13	3	3	3	3	1
浦东新区	12	3	3	3	1	2
普陀区	9	2	1	3	1	2
长宁区	8	2	2	2	2	0
崇明区	8	2	1	2	1	2
宝山区	7	2	2	1	2	0
嘉定区	7	2	2	2	0	1
金山区	6	1	2	1	1	1
杨浦区	5	2	1	1	0	1
徐汇区	4	2	1	1	0	0
静安区	4	1	1	1	0	1
松江区	3	1	2	0	0	0
青浦区	2	0	1	1	0	0
虹口区	2	0	0	0	0	2
黄浦区	0	0	0	0	0	0
奉贤区	0	0	0	0	0	0

整体来说,随着全国和上海市青少年校园足球活动的不断深化发展,上海市中小学校园足球竞赛活动在市教委、市体育局、市校园足球联盟和各区体教部门的共同推进下,取得长足进步。竞赛体系基本健全,赛事开展稳定,赛事规模和质量与以往相比有巨大提升,不过未来还需要进一步加强校园女子足球竞赛工作,均衡男女足球发展。

(2) 上海市大学生校园足球竞赛

上海市大学生校园足球竞赛活动可以追溯到20世纪初,1902年圣约翰书院与南洋公学举办了上海第一场大学生校园足球赛。2009年全国青少年校园足球活动启动,进一步促进了上海市大学生足球竞赛活动的发展。2011—2014年上海市大学生校园足球竞赛活动参赛人数成倍增长,比赛场次逐年增加,赛事规模不断扩大,形成了良好的竞赛氛围(表4-2-9)。

表4-2-9 2011—2014年上海市大学生足球联赛参赛情况[①]

年份	参赛学校数量	参赛人数	比赛场次	组别设置
2011	32	386	84	高校、高职
2012	34	500	92	高校、高职
2013	38	630	110	超级组、阳光组、高职组
2014	40	750	128	超级组、阳光组、高职组

为进一步推动上海市大学生校园足球活动的发展,2015年3月,上海市大学生足球联盟正式成立。大联盟成立后进一步整合优化了竞赛体系,目前已形成成熟稳定的大学生联盟联赛和大学生联盟杯赛两大主要赛事,与"五星体育"合作的上海市五星体育暑期学生足球赛也已发展成为大联盟的一项品牌赛事。表4-2-10中所列是2019年全市大学生校园足球主要竞赛活动和时间安排,这些赛事近年来已经成为上海市大学生校园足球竞赛活动的核心组成部分。

表4-2-10 2019年上海市校园足球竞赛安排表(大学)

时间	赛事名称
4-5月	2019年上海市大学生校园足球联盟杯赛
5月	全国大学生五人制足球联赛(上海赛区)
7月	上海市第五届五星体育暑期足球赛(大学组)
10月	2019年上海市大学生校园足球联盟联赛

---

① 王江宇. 上海市大学生足球联盟发展现状与对策研究[D]. 山东体育学院,2015.

上海市大学生校园足球联盟杯赛由上海市各高校男女代表队参加。从组别设置和参赛人数来看,目前上海市大学生校园足球联盟杯赛共有4个参赛组别,分别是男子超级组和校园组、女子超级组和校园组。男子超级组和女子超级组采用双循环赛制比赛,男子校园组和女子校园组采用小组单循环加淘汰赛的赛制比赛(表4-2-11)。男子组比赛全部使用十一人制场地,女子校园足球赛比赛全部使用八人制场地。

表4-2-11 大联盟杯赛各组别赛制设置

组别及赛制	双循环	小组单循环+淘汰赛
男子组	超级组(十一人制)	校园组(十一人制)
女子组	超级组(八人制)	校园组(八人制)

2017—2019年大联盟杯赛男女各组别参赛总人数累计达到4052人,分别为2017年1399人、2018年1262人和2019年1391人,2018年参赛总人数略有下降,但总体保持平稳(图4-2-20)。女子组参赛人数三年中保持递增态势,每年增幅在10%以上。不过从总体上看,男女大学生参与校园足球竞赛的人数差距非常显著,这种差距较中小学校园竞赛更加明显。

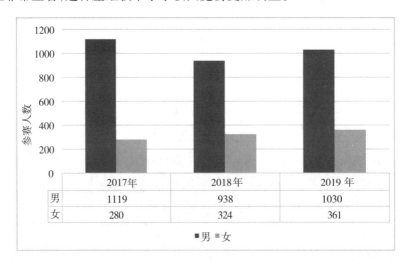

图4-2-20 2017—2019年大联盟杯赛男女各组别参赛总人数

具体来说,2017—2019年大联盟杯赛男子组参赛人数分别为2017年1119人、2018年938人和2019年1030人,2018年出现较小下降,平均每年参赛人数超过1000人图4-2-21。总体上看,三年来男性大学生参与校园足球竞赛的人数保持平稳。

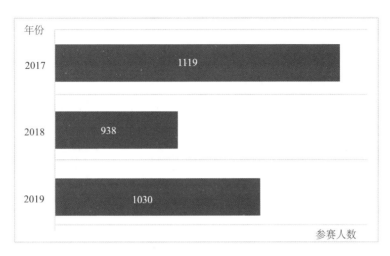

图 4-2-21　2017—2019 年大联盟杯赛男子组参赛人数

2017—2019 年大联盟杯赛女子组参赛人数分别为 2017 年 280 人、2018 年 324 人和 2019 年 361 人,参赛人数逐年递增(图 4-2-22)。但在人数总量上偏低,未来发展空间还很大,需要进一步加大对大学女子校园足球活动的发展力度。

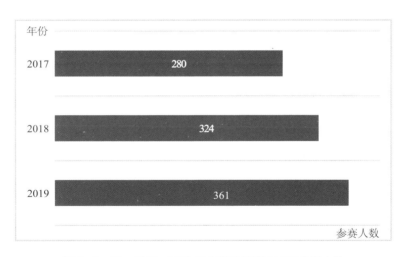

图 4-2-22　2017—2019 年大联盟杯赛女子组参赛人数

从男女各组别参赛队伍情况来看,2017—2019 年大联盟杯赛男女组别参赛队伍总数达到 175 支,分别为 2017 年 61 支、2018 年 56 支和 2019 年 58 支,总体来看,三年数量基本保持稳定(图 4-2-23)。男子组参赛队伍近两年有所减少,女子组参赛队伍逐年递增。

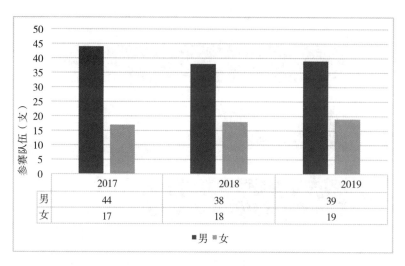

图 4-2-23　2017—2019 年大联盟杯赛男女组别参赛队伍总数

具体来说,2017—2019 年男子组参赛队伍分别为 2017 年 44 支、2018 年 38 支和 2019 年 39 支,校园组赛事规模略有下降(图 4-2-24)。超级组三年来始终保持 4 支队伍的规模,无变化。

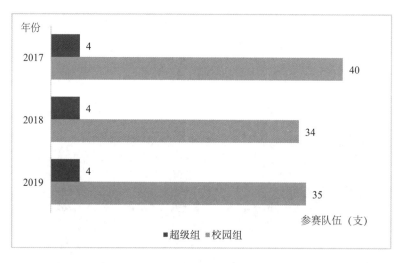

图 4-2-24　2017—2019 年大联盟杯赛男子组参赛队伍数量

2017—2019 年女子组参赛队伍分别为 2017 年 17 支、2018 年 18 支和 2019 年 19 支,每年增加一支球队,赛事规模略有扩大(图 4-2-25)。与男子组情况相反,校园组有所增加,超级组则有所减少。

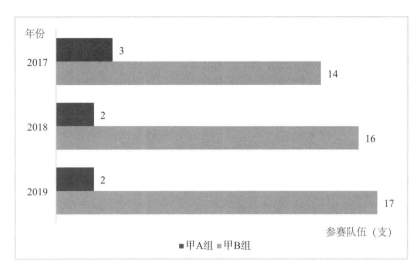

图 4-2-25 2017—2019 年大联盟杯赛女子组参赛队伍数量

从比赛场次来看,2017—2019 年大联盟杯赛男女比赛总场次累计达到 449 场,分别为 2017 年 171 场、2018 年 138 场和 2019 年 140 场(图 4-2-26)。受男子组参赛队伍减少影响,相比于 2017 年,近两年比赛场次有所下降,整体赛事规模略有缩小,值得引起注意。

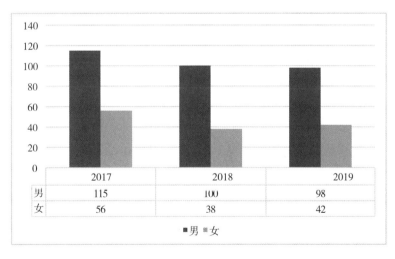

图 4-2-26 2017—2019 年大联盟杯赛男女组别比赛总场次

大学生足球联盟联赛由上海市各高校的男女队参加,与大联盟联赛有所不同的是,联盟杯赛是各高校正式注册在读的留学生也可代表本校参加。

从组别设置和参赛人数情况来看,目前上海市大学生校园足球联盟联赛共有 5 个参赛组别,分别是男子超级组、校园组和高职组,女子超级组和校园组。男子超级组和女子超级组采用双循环赛制比赛,男子校园组、高职组和女子校园组采用小组单循环加淘汰赛的赛制比赛。男子组比赛全部使用十一人制场地,女子校园足球比赛全部使用八人制场地(表 4 – 2 – 12)。

表 4 – 2 – 12　大联盟联赛各组别赛制设置

组别及赛制	双循环	小组单循环 + 淘汰赛
男子组	超级组(十一人制)	校园组、高职组(十一人制)
女子组	超级组(八人制)	校园组(八人制)

2017—2019 年大联盟联赛男女各组别参赛总人数累计达到 4091 人,分别为 2017 年 1447 人、2018 年 1563 人和 2019 年 1581 人,三年来参赛人数稳中有升(图 4 – 2 – 27)。特别是女子组参赛人数在 2018 年呈现明显增加,增幅达到 42.9%,且在 2019 年保持增长势头,对大学女子足球竞赛的发展而言是不小进步。不过从总体上看,男女大学生参与校园足球竞赛的人数差距较大,男球员人数大约是女球员人数的 4 倍左右。

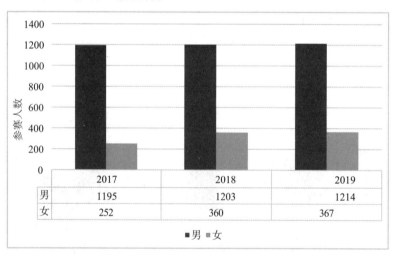

图 4 – 2 – 27　2017—2019 年大联盟联赛男女组别参赛总人数

具体来说,2017—2019 年大联盟联赛男子组参赛人数分别为 2017 年 1195 人、2018 年 1203 人和 2019 年 1214 人,每年略有增加,赛事规模基本保持平稳(图 4 – 2 – 28)。可见目前上海市大联盟联赛在规模上已无太大扩展空间,将来应在保持联赛体量的基础上,注重比赛质量的提升和赛事外延的扩展。

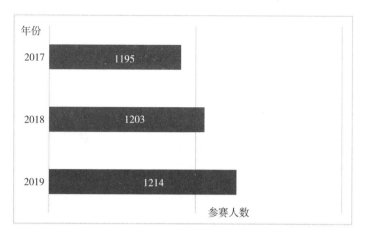

图 4-2-28 2017—2019 年大联盟联赛男子组参赛人数

2017—2019 年大联盟联赛女子组参赛人数分别为 2017 年 252 人、2018 年 360 人和 2019 年 367 人，2018 年有所激增（图 4-2-29）。赛事规模小幅扩大，但与男子相比体量明显偏小，未来在保持现有比赛规模的前提下，要加大赛事外延的扩展，尤其要增加参赛人数，让更多女大学生参与校园足球运动，并逐步提升比赛水平。

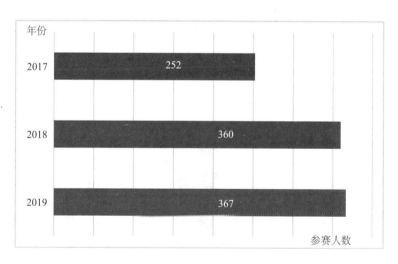

图 4-2-29 2017—2019 年大联盟联赛女子组参赛人数

从男女各组别参赛队伍情况来看，2017—2019 年上海市大学生校园足球联盟联赛男女组别参赛队伍总数达到 196 支，分别为 2017 年 63 支、2018 年 65 支和 2019 年 68 支（图 4-2-30）。三年中男子组参赛队伍数量基本持平，但女子组参赛队伍近两年明显增加,发展态势良好。总体上看,男女队伍数量均稳中有升。

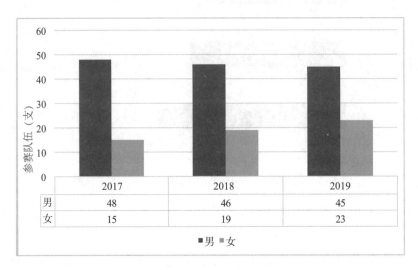

图 4-2-30　2017—2019 年大联盟联赛男女组别参赛队伍总数

具体来说,2017—2019 年男子组参赛队伍分别为 2017 年 48 支、2018 年 46 支和 2019 年 45 支,每年队伍数量基本相近,赛事规模保持稳定(图 4-2-31)。从各组别情况来看,校园组队伍是男子组联赛队伍的主体,超级组队伍偏少,只占队伍总量 10% 上下,未来需要加大力度培养更多高水平的校园足球队伍。

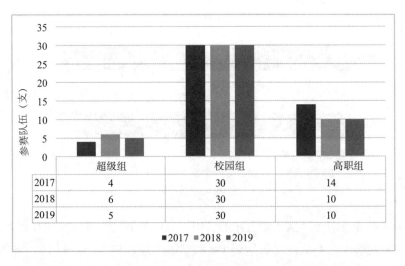

图 4-2-31　2017—2019 年大联盟联赛男子各组别参赛队伍数量

2017—2019年女子组参赛队伍分别为2017年15支、2018年19支和2019年23支,三年中增幅明显,赛事规模相应扩大(图4-2-32)。值得一提的是,超级组2019年增加到6支球队,表明女子联赛在整体水平上有所提升。未来还应进一步加大女子队伍的建设数量,并提升女子球队的整体水平。

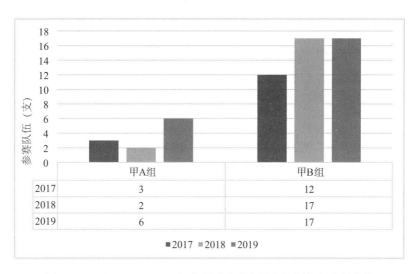

图4-2-32 2017—2019年大联盟联赛女子各组别参赛队伍数量

从比赛场次来看,2017—2019年大学生校园足球联盟联赛男女比赛总场次累计达到493场,分别为2017年180场、2018年167场和2019年146场(图4-2-23)。其中男子比赛场次逐年递减,2019年男子比赛总场次不到100场,而女子比赛场次相对稳定,每年基本接近50场。

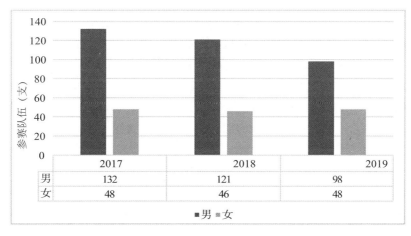

图4-2-33 2017—2019年大联盟联赛男女组别比赛总场次

随着近些年上海大学生校园足球竞赛水平的整体提升,上海各高校大学生足球队在参加各类全国性足球竞赛中也表现出了较强的实力,取得了一定的成绩(表4-2-13),这都与近年来市教委、市体育局、校园足球联盟、大学生校园足球联盟对上海大学生校园足球工作的积极推进分不开。

表4-2-13 上海高校足球队参加全国比赛获奖情况

学校名称	组别	赛事名称	成绩
东华大学	男	2015—2016年赛季中国大学生五人制足球联赛总决赛	冠军
东华大学	男	2015—2016年中国大学生校园足球联赛大区赛校园组东南区决赛	冠军
东华大学	男	2015—2016年中国大学生校园足球联赛大区赛校园组总决赛	第六名
东华大学	男	2018—2019年阿迪达斯全国校园足球联赛大学男子超级冠军联赛	十六强
东华大学	男	2018年中国大学生足球联赛超级组(南区)	第五名
东华大学	男	2018年黔南"铸梦客"杯名校邀请赛	亚军
东华大学	男	2018年亚洲大体联亚洲杯中国大学生足球队选拔赛	季军
东华大学	女	2016年全国大学生女子足球赛	冠军
东华大学	女	2017—2018年全国校园足球联赛大学女子足球联赛全国总决赛	冠军
东华大学	女	2018年亚洲大体联足球亚洲杯女子组	亚军
东华大学	女	2018年全国大学生女足锦标赛	季军
上海工程技术大学	男	2015—2016年中国大学生五人制足球联赛总决赛	第四名
上海工程技术大学	男	2015—2016年中国大学生五人制足球赛北大区	冠军
上海工程技术大学	男	2016—2017年中国大学生五人制足球联赛总决赛	季军
上海工程技术大学	男	2017—2018年中国大学生五人制足球赛东南赛区	冠军
上海工程技术大学	男	2017—2018年中国大学生五人制足球赛总决赛	亚军
上海工程技术大学	男	第32届"泛波罗的海"运动会五人制足球赛	亚军
上海理工大学	男	2016—2017年"特步"全国大学生五人制足球比赛	第五名
上海理工大学	男	2018—2019年阿迪达斯全国校园足球联赛大学男子超级冠军联赛	第六名
上海理工大学	男	2018年卡尔美中国大学生五人制足球联赛东南赛区	季军
上海理工大学	男	2018年卡尔美中国大学生五人制足球联赛全国总决赛	季军
上海理工大学	男	2018年全国校园足球联赛大学男子(超级组)南区决赛	第四名
上海理工大学	男	2018年全国校园足球联赛大学男子(超级组)全国总决赛	第七名
上海体育学院	女	2016年全国校园足球大学联赛(高水平女子组)	冠军
上海体育学院	女	2018年全国大学生足球联赛总决赛乙组(专业组)	季军
同济大学	男	2015—2016年"特步"中国大学生校园足球总决赛(超级组)	第四名
同济大学	男	2016年"特步"中国大学生足球赛南区决赛	第二名

(续表)

学校名称	组别	赛事名称	成绩
同济大学	男	2016年中国大学生体育协会协会杯赛	第三名
同济大学	男	2017—2018年全国校园足球联赛(大学校园组)东南区决赛	第四名
同济大学	男	2017—2018年全国青少年校园足球联赛(大学校园组)总决赛	第四名
同济大学	男	2017—2018年全国大学生足球联赛大学男子超级组南区决赛	第十一名
同济大学	男	2018—2019年阿迪达斯全国校园足球联赛大学男子超级冠军联赛	八强
同济大学	男	2018年亚洲大体联亚洲杯中国大学生足球代表队选拔赛	第四名
同济大学	男	第十三届全国学生运动会男子足球赛	第六名

3. 上海市校园足球竞赛组织与推广的成果经验

(1) 搭建平台形成体系,统一组织校园足球竞赛活动

由于中国足球整体发展水平较低,校园足球人口基数较小,对足球竞赛的文化和内涵理解不深等多方面原因,校园足球竞赛活动普遍存在组织管理混乱、竞赛质量偏低、赛事连贯性欠缺的现象。为解决这些突出问题,上海市积极拓展工作思路,在上海市教委、市体育局的牵头下联合全市各相关单位,整合全市校园足球资源,于2012年成立了上海市校园足球联盟。校园联盟作为一个具有上传下达功能的重要平台,很好地将上海市校园足球管理者和校园足球参与者进行对接,同时成为承担全市校园足球活动开展的重要机构,并成立了专门负责全市校园足球竞赛组织活动的竞赛部。

在校园足球联盟"1-2-4-8"体系的基础上,校园足球联盟构建了统一的校园足球竞赛体系,经过不断完善和发展,最终形成了"四横四纵"的校园足球竞赛格局。在"四横四纵"校园足球竞赛体系的保障下,全市校园足球竞赛活动组织管理思路统一,每年各级各类竞赛活动的安排紧凑,各级各类赛事场地、人员、物资、医疗保障得力,不仅充分整合了学校和社会资源,还避免了各类赛事之间的相互交错,减轻了学生球员的参赛时间成本和身体负担。同时,在校园足球联盟竞赛部的管理和组织下,"四横四纵"竞赛体系在上海市校园足球后备人才的选拔方面也发挥了重要的作用,通过对赛事科学的分级和分类,涌现出大量优秀的涵盖全市各年龄段的男女在校学生球员。

(2) 加强宣传营造舆论,提升校园足球竞赛的社会关注度

现代足球作为外来文化的一种形式,缺乏厚重的文化底蕴和社会基础。尽

管近些年随着全国校园足球活动的广泛开展,足球运动在学校体育中的地位有了很大程度的提升,但校园足球在整个社会中的关注度依然不高,校园足球竞赛对社会资源的吸引力也相应较低。为进一步提升校园足球竞赛的社会关注度,吸引更多社会资源参与到校园足球竞赛中,加强校园足球竞赛各方面的保障,上海市校园足球联盟与上海热线合作建设了宣传推广网站,上海市校园足球联盟官网设立了联盟介绍、联盟动态、联盟明星、布点学校、比赛成绩、精彩图集、联盟公告七大板块,并在官网首页固定设置小学生联赛、初中生联赛、高中生联赛和大学生联赛四类竞赛的链接,方便大众查询浏览。同时为了顺应新媒体的发展趋势和社会大众的浏览习惯,还专门开设了上海市校园足球联盟官方微博,便于社会大众使用手机更加便捷地获取和关注上海校园足球竞赛的相关信息。另外,上海市教委体卫艺处作为上海市学校体育工作的业务管理部门,也与上海市东方体育传媒公司合作开设和运营阳光校园微信公众号,积极宣传和推广上海市校园足球竞赛的相关信息。

除此之外,上海市校园足球联盟还积极寻求与全国和上海本地新闻媒体长期合作,多年来通过主动供稿、邀请采访、向业内专家约稿、动员全市大中小学生供稿等多种途径,持续宣传各级各类校园足球竞赛信息。截至2020年1月底,全国和上海本地具有较大社会影响力的主流新闻媒体共宣传报道了上海市校园足球活动相关新闻469篇(见《全国及上海主流媒体报道数量汇总表》),营造了良好的社会舆论,让校园足球竞赛更加全面深入地进入社会大众的视野。多措并举的舆论宣传极大地提升了校园足球竞赛在上海市大中小学生、学生家长、体育相关部门和行业、社会普通大众中的关注度,产生了广泛的社会影响力。

(3) 文体结合丰富内涵,发挥校园足球竞赛活动的育人价值

上海市校园足球"四横四纵"竞赛体系逐步确立后,各级各类赛事不断规范和完善,赛事规模不断扩大,比赛质量逐年提高。为了防范在校园足球竞赛中出现锦标主义倾向,上海市校园足球联盟在逐步建设和完善竞赛体系的过程中始终秉持足球育人的理念,大力开发各种类型和形式的足球文化活动,将它们融合在校园足球竞赛活动之中。

为吸引更多在足球方面有一技之长但又无法参与正式比赛的学生,校园联盟每年都会专门组织"千校万班"足球技能大赛,通过单一足球技能的竞赛提升学生参与足球的热情,享受竞赛的快乐;各个参赛学校或所属区还会组织和训练自己的啦啦操队,在比赛的间隙为赛场带去欢乐并让队员充分展现自我风采;此

外,校园足球小记者、小摄影师、学生裁判员的身影也频繁出现在各类校园足球竞赛中,不仅让更多的学生参与竞赛,也丰富了校园足球竞赛的内涵。

同时,上海市还积极拓展资源,通过走出去和请进来的方式加强校园足球竞赛活动的国际交流,让更多优秀的足球人才有机会去足球发达国家亲身感受他们的足球文化,也邀请国外校园足球强队来沪向更多学生展示他们独特的足球文化。通过平衡普及与提高、扩基与选拔之间的互动关系,既保证了校园足球竞赛培养优秀足球后备人才的功能,又打破了校园足球竞赛的小圈子,将更多喜欢足球的普通学生吸纳到校园足球竞赛活动中。他们通过参与各种相关的文化娱乐活动,同样可以融入到校园足球竞赛中,享受校园足球竞赛的乐趣,感受足球的魅力。

4. 上海市校园足球竞赛发展中存在的问题

(1) 竞赛活动组织仍显单一,赛事外延扩展不足

从目前上海市校园足球竞赛活动的整体情况来看,全市各级各类校园足球竞赛活动普遍呈现出组织形式单一、赛事外延拓展不足等问题。每场比赛更多关注比赛本身,现场活动比较枯燥乏味。尽管上海市校园足球联盟不断改进和完善竞赛活动,将其他文化娱乐活动融入比赛,但相比于一些校园体育赛事发展成熟的国家来说,尚存在很大差距。

比如美国的各类大学校园体育竞赛,几乎每支球队都有自己独特的队名、队徽、队旗、吉祥物、幸运色,并围绕这些元素开发出各种球迷衣帽、球队海报、球队纪念品,甚至在布置比赛场地时,这些球队元素都被淋漓尽致地展现出来。每当球队在自己的主场比赛时,这些独特的元素就成了球队最具辨识度的球队文化,在这样的氛围中无论是比赛的运动员还是现场观众,都会享受其中。同为亚洲邻国的日本,在校园足球竞赛组织方面也独具特色,不仅开发了与球队相关的各类球迷产品,还在校园足球竞赛中,将本国具有代表性的动漫文化融入其中。球场上随处可见各种各样的足球漫画,比赛开始前还会邀请当地名人或明星作为开场嘉宾,渲染比赛气氛。

从上述两国的例子中就能看出,上海市校园足球竞赛有待开发的外延空间还很大,需要深入研究,这是丰富校园足球活动文化内涵的重要部分。

(2) 球队参赛目标单一,对竞赛价值认识不足

近些年随着全国校园足球活动的广泛普及和国家对校园足球育人价值的不断强调,校园足球竞赛中只重胜负的风气有所淡化,这反映出社会和学校在校园足球发展理念上的进步。但从总体来看,参与上海市校园足球竞赛的部分参赛队参赛目标仍显单一,夺冠、拿等级在教练和队员眼中还是被看得很重,"为校争光""为区争光""为市争光"的思想负担仍在。毋庸讳言,为培养自己的学校、所在区甚至为上海市争取荣誉都无可厚非,但如果把这些目标当作参赛的唯一价值,就会远离校园足球活动的初心。很多球员或球队正是由于抱着这样的参赛目的,往往在比赛处于逆境时表现出很多违反体育道德、丧失体育精神的行为,比如辱骂、攻击裁判,挑衅对方球员或教练团队。这很大程度上是足球教育造成的,我们对竞技的价值认识基本上是单维的,获胜是唯一目标,引导学生正面看待失败,更无法在失利后成为一个有尊严的失败者,衷心祝贺获胜的对手。反过来说,一旦获胜后往往会表现出一些轻狂的举动,不懂得尊重失败者,甚至进行言语侮辱。

2015 年,在西班牙坎塔布里亚举行的自行车赛上,33 岁的伊斯梅尔·埃斯特班在接近终点的时候车轮胎爆胎,但他并未放弃比赛,而是扛着赛车冲向终点。37 岁的纳瓦罗紧随其后,埃斯特班爆胎后,他本可轻松超过他赢得铜牌,但纳瓦罗被埃斯特班的精神所感动,主动减速跟随其后完成比赛,从而错失铜牌。当两人通过终点时,观众群爆发出热烈的掌声,许多人为两名选手的表现欢呼不已。在世界体育竞赛的舞台上,这样的例子不胜枚举,体育竞赛最后呈现出的往往是人性的至善,胜者不骄,败者不馁。

(3) 男女发展失衡突出,女子竞赛规模不足

通过回顾近些年上海市校园足球竞赛活动的发展历程,不难看出,无论是在中小学校园足球竞赛中,还是在大学校园足球竞赛中,男女发展失衡的问题非常明显,这种失衡体现在当前校园足球竞赛活动的方方面面。

尽管从国家层面和地方政府层面都加大了对女子足球运动发展的扶持力度,也产生了比较显著的变化。但总体来说,校园女子足球竞赛发展水平与男子差距依旧巨大。首先最直接的体现就是参与校园足球竞赛的女生人数少。在中小学阶段,男女生参与人数总量上约是 2∶1,但参与竞赛的女生主体主要集中在初中低年级和小学阶段。随着女生年龄的增长,参与人数也相应出现明显下降,尤其在高中阶段最为明显,上海市的一些区精英训练营中至今没有一支女子球

队。在大学阶段,男女生在参与人数总量上约是3.7∶1,这种差距比中小学更加明显。其次是对女子足球竞赛的关注度较低。这个现象从各类媒体对校园足球的报道和女生比赛现场的观众数量就可以明显看出,社会、学校和家长更多地谈论男生足球活动,女子比赛的现场观众数量极其有限。

5. 上海市校园足球竞赛发展的优化策略

(1) 开拓赛事外延,丰富赛事内涵

校园足球活动从根本上说要吸引更多的学生参与其中,校园足球竞赛作为校园足球活动的特殊展现形式,也要吸引更多的学生观众观看和参与其中,这有助于促进校园足球竞赛活动的发展。校园足球竞赛有自身的独特优势,在校园中开展的比赛拥有比职业竞赛更高的开放性和参与性,同时在本校或本地区学生中有更高的被认同感。

比如前面提到的美国大学体育联盟的各类比赛和日本校园足球联赛,毋庸置疑,他们的比赛质量整体较高,但他们更大的优势是充分开拓了赛事的外延,除比赛以外的各个方面都可以让现场观众深度参与其中。对学生观众来说,观看一场本校的比赛更像是参与了一个内涵丰富的大聚会,几乎涉及了衣、食、玩甚至演等多个方面,这种体验对于学生群体是非常具有吸引力的,也牢牢地将他们与自己支持的学校球队联结在了一起,在这样的氛围中无论是学生球员还是学生观众都会乐此不疲。

上海作为现代化的国际大都市,具备很多有利的外部条件,同时上海大学生校园足球联盟已经形成了成熟稳定的竞赛体系。在这样的基础上,应该发扬海派文化精神,积极借鉴别国经验,在开拓校园足球赛事外延方面做更多先行工作,尤其是在具备更好客观条件的大学生校园足球竞赛中做更多的尝试,通过不断开拓赛事外延逐渐丰富赛事内涵,以吸引更多的学生关注或参与校园足球。

(2) 深刻挖掘校园足球竞赛的育人价值,弱化锦标理念

体育带给参与者的核心价值应该是快乐,尤其是学校体育,无论采取任何形式开展体育活动,最根本的初衷应该是让学生从体育参与中感受到快乐。只有在这样的前提下,才能保证学生体育参与的广度、深度和持续度。当前的校园足球竞赛中,尽管锦标主义风气明显淡化,很多学校、教练或家长对球队或球员没有过多的成绩诉求,但对竞赛胜负结果的看重程度依然不低,并且往往在比赛结

束后会或多或少地在学生面前流露出来。此外,在日常的校园足球训练中,追求比赛的胜利往往是教练员对球员灌输的首要价值目标,也是督促学生刻苦训练的动力。在这样的价值目标影响下,球员会背负越来越大的心理压力,足球带给学生的快乐也会大打折扣。因此,在校园足球竞赛中,还需要更加深刻地去挖掘校园足球竞赛在更广阔维度上的育人价值,让学生充分体验足球运动中蕴含的更多文化价值、体育精神和人文精神。因此要给学生更多的耐心和时间,让他们慢慢从足球运动中去体会、体验足球的独特魅力,尤其在中小学阶段,更是需要教练员合理的引导,让他们真正地从内心深处去喜欢足球,进而主动追求技战术水平上的更高发展。

曾经执教过杭州绿城的日本教练冈田武史,在自己的一个专栏中写过对中国职业球员的一些看法,其中就说道,日本球员会早在教练安排的训练时间之前出现在场地上,踢着球、慢跑、拉伸运动,各自做着热身,这么主动就是因为他们真心喜欢足球,只要场地上有球,就会不由自主地去触碰它们。而中国的选手则不是,即使早早来到训练场,不到开始训练的哨声响起,他们的屁股不会离开板凳,大家缺乏"今天也让我们大家一起加油"的气氛,只是单纯地因为训练才聚集到一起,训练中被要求做的练习虽然一定都会完成,但是只要训练一结束,大家都准时离场,完全没有感觉他们"踢足球是快乐"。这样的现象在校园足球训练中也存在,确实需要我们深刻思考。

(3) 加大科研强化宣传,提升女子足球训练的科学化水平

从2009年全国青少年校园足球活动正式启动以来,校园足球的热度就开始逐渐提升,尤其是2014年底教育部开始主管校园足球活动后,校园足球变成了一个社会热点事件,大量的人力、物力、财力投入其中,围绕校园足球开展的理论研究也突增。但当前绝大多数的科研主题都是关于校园足球的宏观发展方向,对于具体的微观问题研究较少,尤其是对校园女子足球竞赛中遇到的现实问题研究就更少。

上海市校园足球联盟构建的"1-2-4-8"体系中,高校具有很强的科研优势,但在当前上海市校园足球活动的发展中并没有被很好地利用,如果能通过联盟高校的科研平台,针对上海校园足球竞赛中遇到的现实突出问题组织专题性研究,必然会在理论层面提出较为科学客观的解决办法,结合实践验证,取其精华,将对校园足球竞赛大有裨益。同时,要借助新闻媒体的力量,对相关的研究

成果大力宣传,一方面可以丰富媒体对校园足球报道,更重要的是可以让社会大众、学校、家长和学生科学客观地深入了解足球运动在促进学生身心发展中的功能和价值,打消一些家长尤其是女生家长对学生参与足球运动的顾虑。另外,由于男女生在身心发展方面存在性别差异,因此针对校园足球训练中如何更科学地开展女生的训练活动以及更加合理有效地安排女子赛事都具有迫切的现实研究需求,且这样的研究成果对家长更有说服力。

综上,尽管上海市校园足球竞赛活动目前还存在一些有待解决和完善的地方,但从纵向发展和横向对比的视角来看,上海市校园足球竞赛活动经过多年的积淀和发展,尤其是在校园联盟成立后,在市教委、市体育局等相关部门的指导下,有了长足的进步,也领先于全国其他省市校园足球竞赛活动的发展。当前确立的"四横四纵"校园足球竞赛体系已成为上海市校园足球竞赛活动的保障体系,让上海市校园足球竞赛能够稳定、有序、健康地发展,未来"四横四纵"竞赛体系还会在现有基础上更加完善更加科学。

6. 上海市校园足球竞赛专业人才队伍建设

(1) 上海市校园足球竞赛专业人才队伍的建设与发展

2019年7月23日上午,教育部发布全国青少年校园足球工作报告,体育卫生与艺术教育司王登峰司长对报告进行了解读。报告从校园足球教学体系、竞赛体系、保障体系、体教融合等方面具体总结了五年间校园足球取得的工作进展,并提出到2025年再创建3万所全国青少年校园足球特色学校,校园足球工作迈入2.0时代,打造校园足球的升级版。

2015—2019年是第一阶段,教育部坚守了"实足全真"四字真言,做到普及做实、体系做全、保障做真、融合做足。升级版就是要普及更实、体系更全、保障更真、融合更足。

校园足球经过五年的努力发展,校园足球推进模式、推进方式以及推进效果基本上达到了学校体育应有的目标,校园足球不仅落实了立德树人根本任务,并以此为抓手,带动了整个学校体育的发展,让学生享受到了运动乐趣又能强健体质、健全人格、锤炼意志。对于下一步校园足球工作的提升,教育部提出了"紧密围绕教会运动技能、经常性训练和全员参与"的体育竞赛,落实校园足球"八大体系",着力打造中国特色的足球青训体系。通过像"满天星"这样的训练营,打通中国特色的青训人才通道，并把深化学校体育改革作为中国体育改革发展的支撑体系。做强学校体育的师资队伍和场地设施条件，并从这两个方面实现体教更深入的融合，让体育系统里的优秀人才能够更多地进入到学校体育之中来，也让体育系统的优质场地资源能够更多与学校共享。

自2015年《中国足球改革发展总体方案》颁布以来，校园足球人才培养的顶层设计正日益从场地设施、校园足球赛事、校园足球发展模式探讨、校园足球特色学校数量的扩充等逐步扩大到校园足球科研体系建立、校园足球师资水平和能力的改善等具有质量内涵的要素提升，这无疑把准了未来校园足球高质量发展的脉搏，尤其是校园足球教练员知识与能力提升方面的政策性文件，更是看到了校园足球教练员"上有千根线，下有一根针"的基础地位与作用。

（2）上海市校园足球竞赛专业人才队伍的现状与问题

2015年以来，校园足球发展政策扶持、凝心聚力、区域试点、模式创新、优化突破，在学校体育整体发展中起到了示范作用。当然，在校园足球1.0时代，这个成效大多是以数量来衡量的，针对教练员这个群体，教育部采取了校园足球教师、教练员选拔出国培训、国家教练员C级、D级专项培训等方式提高教练员业务能力，同时各省市教育主管部门也相应开展了校园足球教练员业务培训、交流学习等，旨在提升校园足球师资力量的活动与培训。站在国家层面上，2015年至今基本完成了一轮全国校园足球教练员的培训，实现了足改方案提出的目标与要求。然而进入2.0时代，校园足球教练员能力和水平的提升；不仅要重视校园足球教练员面的扩大，更要重视质的提升；不仅要让校园足球教练员业务能力和水平获得长足的进步，更要通过教练员教育，实现教练员知识体系建设的全方位提升，提高校园足球教练员的职业素养。

由黑马体育团队制作的日本高中足球纪录片《足球少年养成》第一季和第二季已在国内多平台上线播出。纪录片以日本高中足球全国大赛为背景，真实呈现青春洋溢、多彩细腻的日本校园足球文化。并由日本校园足球文化映射出整个日本社会对体育教育的广泛认同。日本高中校园足球教练员仲田和正说："日本社会对于体育教育的认同是非常高的，每个学校的'部活'（俱乐部）都开展得很好，他们认定青少年经过这些体育教育，就一定会在综合品格和成长方面得到真正的提升，成为真正对社会有用的人。"

尽管促进学校体育认同的力量来自各方，毋庸置疑的是，教练员在其中发挥的作用显然是无法替代的。以校园足球为抓手,推动整个学校体育健康发展已成为社会的共识。

有记者在调研日本校园发展时,重点调研了日本校园足球教练员对足球文化的理解,日本校园足球教练员普遍站在合格社会人才培养的视角,解读校园足球在育人方面的地位与作用,如日本青森山田高中主教练黑田刚就认为,校园足球教练员首先是一个教育者,是一名教师,他必须掌握足球在青少年培养中的所有知识,才能推动校园足球文化的形成,因此校园足球教练员知识掌握情况就显得尤其重要。华东师范大学出版社曾经出版了一本书,叫《教师专业成长:刘良华教育讲演录》,该书一经推出,就受到社会广泛的关注,该书作者刘良华博士在谈及教师成长的路径时,首谈教师"专业成长"的内涵,把教师的专业成长看作个人在专业知识、技术能力、思想修养等方面不断改进与拓展的行为过程,也即教师在教学生涯中,为提升自己专业知识、能力、态度、技能和素质,积极主动参与学习、进修等活动,以提高自己的教育知识、教学能力、学科知识和专业态度等方面的能力的成长过程。

可见,校园足球教练员并非只是教足球的人员,而是"教人"去练习踢足球的人员。如果把"教人"放在首位,那么校园足球教练员的身份和地位就会发生彻底改变,因为"教人"蕴含着对教育知识的理解与掌握。为此,校园足球教练员要转变思维方式,变设计式思维为运动式思维,变定式思维为逆向思维,形成校园足球教练员职业化的发展取向。

根据相关文献研究表明,校园足球发展在取得量的积累的同时,围绕"教练员成长"方面质的提升需要引起高度关注。具体到我国校园足球教练员专业知识结构特征的研究方面,有学者从量化的角度对我国校园足球应该掌握的专业知识体系进行了调查研究,认为我国校园足球教练员专业知识结构包括宗旨与道德、安全与损伤预防、体育锻炼、成长与发展、教学与交流、运动技能与战术、组织与管理、评估八个方面的内容,涵盖60个校园足球教练员专业知识指标。而这八个专业知识归纳为四类校园足球教练员专业知识,分别为一般教学法知识、学科知识、课程知识、专业学科教学法知识。一般教学法知识由宗旨与道德、组织与管理、评估组成;学科知识由安全与损伤预防、体育锻炼、运动技能与战术组成;课程知识由成长与发展组成;专业学科教学法由教学与交流组成。60个专业知识指标、8个专业知识结构和4个专业知识方向构成了我国校园足球教练员的三级专业知识结构①。实际上,该作者提出的八个方面专业知识主要参考了美国教练员的职业标准,虽能对我国校园足球教练员知识体系的构成有一定的参考依据,但毕竟很难进行经验照搬。我国校园足球教练员知识和能力的获得还得具有中国特色,要从基层的教练员中来,然后到教练员中去。

(3) 上海市校园足球竞赛专业人才队伍的分析与展望

可以说,我国校园足球教练员知识水平的提高还缺乏统一的知识体系与培训体系,各省市除了组织校园足球教练员参与教育部的相关培训之外,虽也组织零星培训,但缺乏常规性的培训要求与校园足球知识评测。校园足球教练员知识水平提升的可持续性较差,在执教过程中摸索并希冀通过积累的经验去教学依然是大多数校园足球教练员知识转化的主要路径。因而,对青少年校园足球人才培养大多缺乏"立德树人"的知识内涵,导致部分青少年的足球梦想难以为继。

存在这样的问题可能有以下几方面的原因:一是校园足球研究的视角过多聚焦在校园足球的定义、校园足球的顶层设计、校园足球的国际比较、校园足球运动员培养体系、校园足球文化的习得等,而作为校园足球发展关联群体最强的教练员却被忽视了,这可能存在研究者并不清楚教练员这个岗位的知识特征,导致研究失灵,亦可能学者存在从政策、体制等方面研究的惯性,很难具体到教练员这个本不能忽略的研究群体。二是长期以来,教练员群体的研究比较匮乏,尤其是竞技体育全球化背景下,教练员全球流动加速,导致本就研究失灵的领域,更是雪上加霜,尤其是青少年教练员的研究领域几乎空白,绝大多数学者都在追政策热点,一旦政策热点没有涉及,该领域就成为研究沙漠,这也是为什么我国青少年体育教育长期滞后的根本原因。三是体育教师在我国的教育体系中地位较低,科学认识体育教师在教育领域中的重要性不够,尽管德智体美劳全面发展,"体"在 C 位,但谁能够带动强体,实际上研究寥寥。

结合文献梳理、专家访谈、问卷调查和数理统计等方法,围绕校园足球教练员针对校园足球发展理念、价值、关注点、政策了解、教学设计、足球文化与仪式、立德树人、学习路径等方面,对上海市校园足球教练员进行全面调研后得出以下结论及建议:

教练员"知识应用" 教练员除了要掌握高水平的专业知识以外,更要懂得

---

① 曲晨.我国校园足球教练员专业知识结构特征的研究[J].中国学校体育(高等教育),2018,5(8).

如何运用这些专业知识。教练员在教学过程中最为注重对学生球员的各种行为规范教育以及就立德树人方面做深入思考,而对传输各种关联足球的仪式教育的均值最低。仪式教育作为思想政治教育的一种载体,能够对学生球员产生较强的价值导向和体验感受。习总书记指出思想政治教育关键是要突出其时代性和感召力。于洋、徐晓理提出教练员在开展仪式教育时要注意主题鲜明、情景突出、找准重点、优化细节流程等。陈彦伯认为如果教练员懂得将专业知识通过训练体现出来,那么便可以让学员得到标准和安全的训练,否则不仅不会对学员的成长有帮助,还会因错误的训练对学员造成伤害。教练员要根据不同学员的特长和能力制定出更有针对性的培养策略,从失败中吸取教训,从成功中总结经验,以不断提高自己的专业知识应用能力。

教练员"知识关注" 在"知识关注"的各项指标中,教练员对校园足球发展价值的了解情况最好,而对其他国家青少年足球发展状况关注度较低,对校园足球2.0时代的内涵清楚程度的得分最低。或许因为2.0时代的提法本身距离现在时间较短,另一方面针对2.0时代的具体要求并没有落实到校园足球教练员层面上。"知识关注"调查反映了教练员的信息素质水平。王艳琼、石健东在《新世纪教练员素质要求探析》中提出信息素质是指信息思维和信息能力以及对现代信息手段的掌握,是21世纪教练员知识结构的重要组成部分,是教练员在当今信息时代应具有的素质。校园足球教练员应当多观看高水平竞技比赛,了解当代最新的竞技技术、战术、器材等的水平,直接阅读、翻译专业外文文献,掌握最前沿的发展动态,加强与国内外同行、专家的交流,学习先进经验。

教练员"知识素养" 在"知识素养"包含的五项调查指标中,教练员跟学生讲解正规足球场的各线条的功能和尺寸这一指标得分最高,给学生讲解国内外足球明星的成长史这一指标得分最低,且"知识素养"因子得分均值在所有因子中较低,原因可能诸如学者付小梅所认为的"基层教练员大多是体工队出身,专项技能水平高但缺乏扎实的训练理论基础,训练内容和手段都是自身经验总结或者是从上一代的教练员身上传承下来的"。王艳琼、石健东在《新世纪教练员素质要求探析》中指出教练员不仅要有广博的基础知识,还要有精深的专业知识,对所从事的专项运动的发展史、技术特点、战术要求、训练方法、发展趋势等了如指掌。政府、学校应制定并出台相关足球教练员的培训、学习政策和经费保障,全力支持教练员的进修、学习,提高教练员的知识素养和专业能力。

教练员"知识创新" 校园足球教练员在学习过程中会积极去取得各类教

练员等级证书,而教练员培训讲师的水平会直接决定校园足球教练员学习的质量。张翔在《陕西省足球教练员培训现状与发展策略研究》中指出,应加大对足球教练员的培训力度,并且在培训的同时,注重知识的随时更新,只有这样教练员们才能学习到较为先进的足球训练理念,才能提高校园足球教练员的执教能力。何中雷又在《魅力足球惠及师生》一文中指出,在教学过程中校园足球教练员积极撰写教学体会的文章是教练员们深度剖析足球课堂教与学的行为,教练员通过对教学过程的分析,从课堂上教练员的"教"与学生的"学"两方面行为入手,对足球课堂教学行为进行解读,逐渐走向足球教学的"深水区"。因此在"知识创新"层面上应加强教练员科研能力的提高,在思想上重视科学研究对提高训练能力的作用。

教练员"知识评价" 根据调查数据显示,绝大部分校园足球教练员对自己专业知识的掌握和应用情况比较满意,但不能因此放松对自己的专业知识学习的要求。因为一个人知识的广度和宽度决定了他提出问题、分析问题和解决问题的能力。针对校园足球教练员对自身的评价,陈尧在《武汉地区高校足球教练员知识结构调查分析与研究》中指出,教练员仅满足于现有成绩和个人经验是远远不够的,教练员必须有丰富的专项基础知识和与专项相关的其他学科知识,并通过各种途径不断学习和了解当今足球发展的新趋势,探索新的教学训练方法和手段,为学生提供科学系统的训练。

教练员"历史知识" "历史知识"因子包含的四个指标中,95%的校园足球教练员对"历史知识"都有较为清晰的了解,基本符合上海市校园足球教练员学习的现状。尽管如此,教练员也应该在全球体育的大环境下及时更新自己的专业知识,了解当今足球相关领域的新信息,预测今后足球发展的新走势。对于如何提高教练员主动学习足球最新信息,丁炜认为要运用切实可行的手段提高教练员的积极性,例如定期在教练员当中举行全球足球知识竞赛,并设置奖励机制,以此激励教练员不断学习,不断完善,不断提高。

教练员要从上述六个方面全面提升专业能力,尤其重视提高知识素养水平和知识创新能力。教练员要与时俱进,不断丰富自身的知识体系,结合最新的教学理念和思维模式,敢于突破旧框的束缚,不断地进行体育教学事业的创新改革,并在训练中予以验证。政府相关部门要搭建一定数量的校园足球平台,学校要邀请校园足球相关领域的专家来给教练员进行系统学习,同时教练员也要投入更多的时间来进行校园足球知识学习。

教 练 员 篇

"上有千根线,下有一根针。"综观足球发达国家青少年足球培养,无论给予足球什么样的发展道理,最终都得依靠教练员进行教育,播撒足球发展希望。因此教练员的作用与地位不可替代。学者在总结冰岛足球成功的奥秘时,无一例外提到了冰岛足球成功的基础就是教练。冰岛所遵循的发展道路与德国、西班牙、意大利和荷兰一样,都非常重视对教练的教育和资格的认证。由此,研究上海市校园足球教练员知识学习现状、问题与提升途径就有了依据可循。本篇通过对上海市校园足球教练员知识学习的调研,发现了上海市校园足球发展从1.0时代到2.0时代升级过程中教练员知识学习存在的问题,提出了"立德树人"目标视角下教练员知识学习提升的相关路径。

一、前言

2019年7月23日上午,教育部发布全国青少年校园足球工作报告,体育卫生与艺术教育司王登峰司长对报告进行了解读。报告从校园足球教学体系、竞赛体系、保障体系、体教融合等方面具体总结了五年间校园足球取得的工作进展,并提出到2025年再创建3万所全国青少年校园足球特色学校,校园足球工作迈入2.0时代,打造校园足球的升级版。从2015年到2019年,五年的时间是第一阶段,教育部坚守了"实足全真"四字真言,做到普及做实、体系做全、保障做真、融合做足。升级版就是要普及更实、体系更全、保障更真、融合更足。

经过五年校园足球发展的努力,校园足球推进模式、推进方式以及推进效果基本上达到了学校体育应有的目标,校园足球不仅落实了立德树人根本任务,并以此为抓手,带动了整个学校体育的发展,让学生享受到了运动乐趣,又能强健体质、健全人格、锤炼意志。对于下一步校园足球工作的提升,教育部提出了紧密围绕着教会运动技能、经常性训练和全员参与的体育竞赛,落实校园足球"八大体系",着力打造中国特色的足球青训体系。通过像"满天星"这样的训练营,打通中国特色的青训人才通道,并把深化学校体育改革作为中国体育改革发展的支撑体系。做强学校体育的师资队伍和场地设施条件,并从这两个方面实现体教更深入的融合,让体育系统里的优秀人才能够更多地进入到学校体育中来,也让学校能够更多地共享体育系统的优质场地资源。

自2015年《中国足球改革发展总体方案》颁布以来,校园足球人才培养的顶层设计正日益从场地设施、校园足球赛事、校园足球发展模式探讨、校园足球特色学校数量的扩充等逐步扩大到校园足球科研体系建立、校园足球师资水平和能力的改善等具有质量内涵的要素提升,这无疑把准了未来校园足球高质量发展的脉搏,尤其在校园足球教练员知识与能力提升方面的政策性文件中,更是看到了校园足球教练员"上有千根线,下有一根针"的基础地位与作用。

二、校园足球教练员知识学习的重要性

早在春秋时期,著名乐师师旷曾劝学晋平公:"少而好学,如日出之阳;壮而好学,如日中之光;老而好学,如秉烛之明。秉烛之明,孰与昧行乎?"学习就如太阳、如烛火,如大海中的灯塔,让我们在黑暗中看清方向、找到道路。学习不但意味着接受新知识,同时还要修正错误乃至对错误的认识。毛主席说过:"情况是在不断地变化,要使自己的思想适应新的情况,就得学习。"进学致和,行方思远,学习归根结底是通向真理、通向知识、通向光明的抉择。只有学习,才能避免陷入少知而迷、不知而盲、无知而乱的困境,才能克服本领不足、本领恐慌、本领落后的问题。否则,"盲人骑瞎马,夜半临深池",虽勇气可嘉,却是鲁莽和不可取的,不仅不能打开一番新局面,而且有迷失方向的危险。著名作家王蒙说:一个人的实力绝大部分来自学习。本领需要学习,机智与灵活反应也需要学习,健康的身心同样是学习的结果,学习可以增智,可以解惑,可以辨是非。

2015年以来,校园足球发展政策扶持、凝心聚力、区域试点、模式创新、优化突破,在学校体育整体发展中起到了示范作用。当然,在校园足球1.0时代,这个成效大多是以数量来衡量的,放在教练员这个群体中,教育部采取了校园足球教师、教练员选拔出国培训,国家教练员C级、D级专项培训等方式提高教练员业务能力,同时各省市教育主管部门也相应开展了校园足球教练员业务培训、交流学习等旨在提升校园足球师资力量的活动与培训。站在国家层面上,2015年至今基本完成了一轮全国校园足球教练员的培训,实现了足改方案提出的目标与要求。然而进入2.0时代,校园足球教练员能力和水平的提升,不仅要重视校园足球教练员面的扩大,更要重视质的提升;不仅要让校园足球教练员业务能力和水平获得长足的进步,更要通过教练员教育,实现教练员知识体系建设的全方位提升,提高校园足球教练员的职业素养。

由黑马体育团队制作的日本高中足球纪录片《足球少年养成》第一季和第二季已经在国内多平台上线播出。纪录片以日本高中足球全国大赛为背景,真

实呈现青春洋溢、多彩细腻的日本校园足球文化。并由日本校园足球文化映射出整个日本社会对体育教育的广泛认同。日本高中校园足球教练员仲田和正说:"日本社会对于体育教育的认同是非常高的,每个学校的'部活'(俱乐部)都开展得很好,也就是各种足球部、棒球部、柔道部、篮球部的活动组织,他们认定青少年经受了这些体育教育,就一定会在综合品格和成长方面得到真正的提升,成为真正对社会有用的人。"

尽管促进学校体育认同的力量来自各方,毋庸置疑的是,教练员在其中发挥的作用显然是无法替代的。以校园足球为抓手,推动整个学校体育健康发展也已成为社会的共识。有记者在调研日本校园发展时,重点调研了日本校园足球教练员对足球文化的理解,日本校园足球教练员普遍站在合格社会人才培养的视角,解读校园足球在育人方面的地位与作用,如日本青森山田高中主教练黑田刚就认为,校园足球教练员首先是一个教育者,是一名教师,他必须掌握足球在青少年培养中的所有知识,才能推动校园足球文化的形成,因此校园足球教练员知识掌握情况就显得尤其重要。华东师范大学出版社曾经出版了一本书,叫《教师专业成长:刘良华教育讲演录》,该书一经推出,就受到社会广泛的关注,该书作者刘良华博士在谈及教师成长的路径时,首谈教师"专业成长"的内涵,把教师的专业成长看作个人在专业知识、技术能力、思想修养等方面不断改进与拓展的行为过程,也即教师在教学生涯中,积极主动参与学习、进修等活动,以提高自己的教育知识、教学能力、学科知识和专业态度等方面的能力的成长过程。可见,校园足球教练员并非只是教足球的人员,而是"教人"去练习踢足球的人员。如果把"教人"放在首位,那么校园足球教练员的身份和地位就会发生彻底改变,因为"教人"蕴含着对教育知识的理解与掌握。为此,校园足球教练员要转变思维方式,变设计式思维为运动式思维、变定势思维为逆向思维,形成校园足球教练员职业化的发展取向。

那么什么是知识?校园足球教练员应当掌握的知识是什么?他们探寻知识的路径又在哪里?这是本研究重点关注的内容。关于知识的概念,有一个经典的定义来自于柏拉图:一条陈述能称得上是知识必须满足三个条件,它一定是被验证过的,正确的,而且是被人们相信的,这也是科学与非科学的区分标准。由此看来,知识属于文化,而文化是感性与知识上的升华,这就是知识与文化之间的关系。日本校园足球教练员对教育的理解和足球文化的认知,确实值得我们教练员去思考。

三、校园足球教练员知识学习相关文献及其综述

通过"中国知网"检索平台,截止到 2020 年 8 月,以"校园足球"为主题词进行搜索,可以搜得文献总量为 7433 篇,其中期刊文献为 5475 篇;如果以"校园足球教练员"为主题词,搜得文献总量为 406 篇,其中硕博士论文 213 篇,期刊文献总量 181 篇,核心期刊 11 篇;最后以"校园足球教练员 + 知识"为主题词进行文献搜索,可以搜到的总文献为 132 篇,其中硕博士论文为 117 篇,会议论文 3 篇,期刊文献总共为 12 篇,核心期刊文献 3 篇。不同主题词文献量上的差别,可以反映出校园足球教练员相关研究十分缺乏,特别是关于"教练员知识"方面具有代表性的期刊文献仅有 12 篇,而且高质量的文献仅有 3 篇。或许这可以说明,校园足球发展在取得量的积累同时,围绕"教练员成长"方面的质的提升需要引起高度关注。

在 12 篇关于校园足球教练员知识学习的文献中,其中有学者认为校园足球教练员知识体系的改善要从学校教育目标、教师评价体系、体育教育内生目标冲突及校园体育文化失衡四个方面去思考,主要围绕校园足球教练员知识提升的困境与矛盾去进行分析,该作者提出要从加强校园足球关系网络建设、强化职业俱乐部校园责任、加快非营利组织足球志愿者队伍培养、打破"体教"之间教练员流动障碍、提升校园中非体育教师的足球文化五个方面去解决校园足球教练员的知识提升问题(刘兵,2016);有学者从比较校园足球的视角,对日本、英国校园足球教练员知识学习的特点与要求进行了分析。如有学者在梳理日本足球项目发展的历史脉络后,从多视角分析日本校园足球项目发展路径,特别指出了日本校园足球重视足球教练员的育人体系,要求教练员能够将日本的民族传统文化融入体育文化教育中,强化教练员在足球教育中的体育诚信监管与体育诚信教育,提出要用多种措施完善中国足球教练员培养与管理体系,加强教练员的足球文化建设等(宁聪,黄竹杭等,2020)。

还有学者论及英国校园足球教练员培养时,提到英国的青少年运动员年龄

达到16岁,便可以有在足球训练的同时学习英足总为球员提供教练员课程学习的机会,这为球员未来有可能成为教练员提早奠定知识基础;同时,英国社区的青少年教练员均由社区俱乐部指派,所有教练员必须具备英国足球总会教练资质。该学者还认为英国的校园足球和社区教练员培养路径大多来自校园足球系统输出人才,这部分运动员考取英国足球总会教练员资质后,便可以执教英国校园足球或者更高水平的足球队。作者提到我国校园足球教练员大多来源于体育院校毕业大学生,对专业足球知识的理解缺乏,靠几次培训很难对足球文化做到较好地理解,没有理解好专业与职业的差别(谭淼,2016)。

具体到我国校园足球教练员专业知识结构特征的研究方面,有学者从量化的角度对我国校园足球应该掌握的专业知识体系进行了调查研究,认为我国校园足球教练员专业知识结构包括宗旨与道德、安全与损伤预防、体育锻炼、成长与发展、教学与交流、运动技能与战术、组织与管理、评估八个方面的内容,涵盖60个校园足球教练员专业知识指标。而这八个专业知识归纳为四类校园足球教练员专业知识,分别为一般教学法知识、学科知识、课程知识、专业学科教学法知识。一般教学法知识由宗旨与道德、组织与管理、评估组成;学科知识由安全与损伤预防、体育锻炼、运动技能与战术组成;课程知识由成长与发展组成;专业学科教学法由教学与交流组成。60个专业知识指标、八个专业知识结构和四个专业知识方向构成了我国校园足球教练员的三级专业知识结构(曲晨,2018)。实际上,该作者提出的八个方面专业知识主要参考了美国教练员的职业标准,虽能够对我国校园足球教练员知识体系的构成提供一定的参考依据,但毕竟很难进行经验照搬,我国校园足球教练员知识和能力的获得还得具有中国特色,调研内容要从基层的教练员中来,然后到教练员中去。

总体来说,我国校园足球教练员知识水平的提高还缺乏统一的知识体系与培训体系,各省市除了组织校园足球教练员参与教育部的相关培训之外,虽也组织零星培训,但缺乏常规性的培训要求与校园足球知识评测,校园足球教练员知识水平提升的可持续性较差,在执教过程中摸索并希冀通过积累的经验去教学依然是大多数校园足球教练员知识转化的主要路径,因而,对校园足球人才培养大多缺乏"立德树人"的知识内涵,导致部分青少年的足球梦想难以为继。

因此,通过上述文献,我们依然能够发现,我国校园足球教练员需要掌握什么样的知识;通过什么样的路径去掌握;校园足球教练员在掌握足球知识过程中存在的问题在哪里,我们又该如何去提升。这些问题在现有文献中,几乎没有学者研究,出现研究失灵的原因,或多或少存在以下几方面问题:一是校园足球研究的视角过多聚焦在校园足球的定义、校园足球的顶层设计、校园足球的国际比较、校园足球运动员培养体系、校园足球文化的习得等,而作为校园足球发展关联群体最强的教练员却被忽视了。这可能存在研究者并不清楚教练员这个岗位的知识特征,导致研究失灵;亦可能存在学者从政策、体制等方面的研究惯性,很难具体到教练员这个本不能忽略的研究群体,最终却被有意忽略了。二是长期以来,教练员群体的研究比较匮乏,尤其是竞技体育全球化背景下,教练员全球流动加速,导致本就研究失灵的领域,更是雪上加霜,尤其是青少年教练员的研究领域几乎空白。绝大多数学者都在追政策热点,一旦政策热点没有涉及,或对政策理解不充分,该领域就成为研究沙漠,这也是为什么我国青少年体育教育长期滞后的根本原因。三是体育教师在我国的教育体系中地位较低,科学认识体育教师在教育领域中的重要性不够,尽管德智体美劳全面发展,"体"在C位,但谁能够带动强体,实际上研究寥寥。

四、研究对象与方法

1. 研究对象

本研究以上海市校园足球教练员为调查对象,主要围绕校园足球教练员针对校园足球发展理念、价值、关注点、政策了解、教学设计、足球文化与仪式、立德树人、学习路径等方面展开调查,意在了解校园足球教练员的知识掌握现状。

2. 研究方法

一是相关文献梳理。本研究主要通过中国知网平台,通过查阅"校园足球""校园足球教练员""校园足球教练员+知识"等主题词收集校园足球教练员知识学习现状,在文献综述中,已经表明相关文献较少,以"校园足球教练员+知识"为主题词,仅能搜到12篇期刊论文,且核心期刊仅有3篇。尽管文献较少,但对本文研究也提供了较好的文献参考依据。

二是专家访谈。由于本研究涉及校园足球教练员知识认知等方面调查,专业性相对较强,需要专家对校园足球教练员群体有较为深刻的了解。因此,本研究除访谈了上海体育学院足球专业相关教师,也访谈了东华大学、同济大学、上海财经大学、上海理工大学等高等院校校园足球相关教师,同时对杨浦区、普陀区、长宁区、黄浦区、宝山区等相关区的校园足球分管领导和调研员进行了问卷内容的相关论证。96.7%的专家总体认为问卷能够较好地检测出校园足球教练员知识认知的相关情况,对校园足球教练员掌握和了解校园足球发展具有较好的引领作用,也能够反映出校园足球教练员知识学习存在的相关问题。

三是问卷调查。本研究面向校园足球教练员,设计校园足球教练员知识掌握相关情况调查问卷一套。问卷包含校园足球教练员的人口统计学特征、校园足球发展的基础认知、教练员个人知识掌握情况、教练员知识学习路径等,总共38 题,除掉人口统计学题目 5 题,正文调查问卷内容为 33 题,其中 31 题为完全封闭题,需要校园足球教练员依据程度打分,这 31 题最后纳入因子分析;最后 2 题为多选题,属于半开放题。为充分考虑校园足球教练员问卷的可读性,研究首先对杨浦区 41 名校园足球教练员进行了问卷测试,也咨询了测试教练员对问卷的可读与可填性,通过两周后的重测法,相同群体教练员问卷填写重测结果达到 91.9%,说明问卷能够较好地进行大面积填写。问卷通过"问卷星"设计成电子问卷进行发放,调查时间在 2020 年 6 月 12 日 - 15 日之间,通过上海市各个区教育局校园足球办公室工作人员发放下去,共收到校园足球教练员填写问卷 537 份,剔除在 120 秒内完成的问卷,共获得有效问卷 483 份,有效率占 89.9%。在对有效问卷进行克伦巴赫 a 信度检测后,问卷总体信度达到 0.96,同时对问卷进行 KMO 和巴特莱特球形检验,KMO 值为 0.95,P 值小于 0.05,说明问卷适合进行因子分析。

四是数理统计。为简洁明了分析上海市校园足球教练员知识学习情况,通过问卷星平台的后台对各题项进行百分比和交叉数据统计,并在 SPSS 上进行了因子分析,依据统计结果对各题项做相应分析。

五、研究结果与分析

1. 上海市校园足球教练员调研对象的人口统计分析

在删除了54份120秒内完成的问卷后,得到有效问卷483份,其中男性教练员436人,女性教练员47人。总体符合上海市校园足球教练员性别比例的基本情况,男女比例大致在9∶1(表5-1-1)。

表5-1-1 调研的校园足球教练员性别比例

选项	小计(人)	比例(%)
男	436	90.27
女	47	9.73
本题有效填写人次	483	100

由上海市各区校园足球调研员下发的电子问卷,基本反映了上海市校园足球各年龄段的人数,目前大多数校园足球教练员的年龄均在45岁以下,尤以35岁以下居多,说明当前上海市校园足球教练员的年龄情况较为年轻,整体年龄分布也较为合理(表5-1-2)。

表5-1-2 调研的校园足球教练员男女年龄分布情况

X\Y	18-25岁	26-30岁	31-35岁	36-40岁	41-45岁	46-50岁	51-55岁	56-60岁	60岁以上	小计
男	34 (7.80%)	67 (15.37%)	106 (24.31%)	82 (18.81%)	61 (13.99%)	57 (13.07%)	17 (3.90%)	11 (2.52%)	1 (0.23%)	436
女	8 (17.02%)	17 (36.17%)	8 (17.02%)	5 (10.64%)	6 (12.77%)	1 (2.13%)	2 (4.26%)	0 (0.00%)	0 (0.00%)	47

调研的上海市校园足球436名教练员中,25岁以下男性占7.8%,女性占17.02%;26—30岁教练员中,男性占15.37%,女性占36.17%。由此可以看出,30岁以下教练员中,女性教练员占了53.19%,超过所有女教练员的一半,而此

年龄段的男性教练员仅占 23.17%。可见,女性校园足球教练员受到年龄的限制是比较大的,45 岁以下女性教练员占到了 93.61%,而男性教练员占到 80.28%(图 5-1-1)。

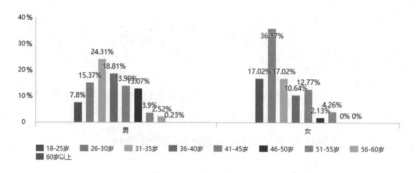

图 5-1-1 调研的上海市校园足球教练员性别年龄构成的交叉分析

从调查结果来看,绝大部分的校园足球教练员分布在校园足球特色学校,以调研人数最多的 31—35 岁年龄组来看,绝大多数都在特色校工作,比例占到了 73%,其他非特色校仅占 27%(图 5-1-2)。由此可以看出,校园足球特色学校比较重视专业的足球师资引进与培养,这对于促进特色学校校园足球开展带来较大的帮助。

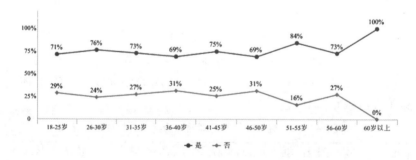

图 5-1-2 调研的上海市校园足球教练员年龄与是否在特色学校的交叉分析

表 5-1-3 校园足球教练员固定编制数量反映(%)

选项	小计(人)	比例(%)
学校固定编制教练员	262	54.24
外聘校园足球教练员	163	33.75
其他	58	12.01
本题有效填写人次	483	100

被调研校园足球教练员编制状况统计结果(表5-1-3)反映出,目前上海市校园足球教练员拥有学校编制和非学校编制人数大体相当,40岁以上的校园足球教练员大多拥有学校的正式编制,而40岁以下的校园足球教练员正式编制和非正式编制人数趋于平衡(图5-1-3),这也说明了自校园足球蓬勃开展以来,社会上的校园足球教练员开始逐步走入校园,弥补了校园足球教练员人数的不足,同时也打通了校园与社会的教练员流通通道,丰富了校园足球教练员的人才资源来源渠道,对我国校园足球发展提供了积极性发展思路。

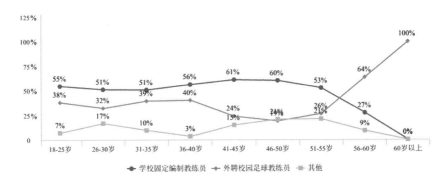

图5-1-3 不同年龄段校园足球教练员编制情况分布

当前校园足球教练员承担的校园足球工作有超过一半的调研对象既承担校园足球教学,同时也要承担校园足球代表队的教练工作;但也有21.4%的教练员只承担校园足球代表队工作,在经过走访时也了解到,这部分教练员大多是通过购买服务的方式进入校园执教的(表5-1-4)。不同年龄段的教练员也大体反映了总体趋势,偏向足球课程教学与运动队训练的相互兼顾(图5-1-4)。

表5-1-4 调研的上海市校园足球教练员承担的校园足球工作

选项	小计(人)	比例(%)
足球课程教学	48	9.94
校园足球代表队	105	21.74
上述两方面兼而有之	282	58.39
其他工作	48	9.94
本题有效填写人次	483	100

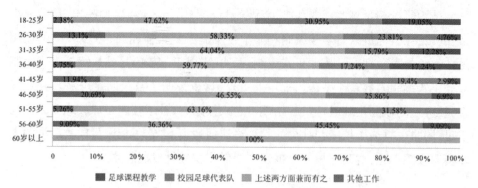

图 5-1-4 不同年龄段校园足球教练员承担的校园足球工作

2. 校园足球教练员知识学习的具体条目调查

（1）校园足球教练员各调查指标的均值与标准差（表 5-2-1）

表 5-2-1 调查指标的均值与标准差

指　　标	均值	标准偏差	N
您平时关注教育部校园足球新闻发布会吗	3.80	.831	483
您平时阅读校园足球发展相关文件吗	3.73	.739	483
您会跟踪中国以外其他国家青少年校园足球发展状况吗	3.47	.898	483
您对校园足球发展理念清晰吗	3.95	.733	483
您对校园足球发展价值清晰吗	3.99	.768	483
您经常关注其他省市校园足球发展动态吗	3.56	.891	483
您清楚校园足球进入 2.0 时代的内涵吗	3.12	1.030	483
您在教学过程中会经常给学生讲解国内外足球明星的成长史吗	3.47	.802	483
您在教学过程中会经常跟学生讲解国外高水平职业足球联赛吗	3.56	.798	483
您在教学过程中会经常跟学生讲解足球发展的新思想吗	3.60	.765	483
您在教学过程中会跟学生讲解正规足球场的各条线条的功能和尺寸吗	3.75	.758	483
您在教学过程中会追踪职业教练员的职业素养构成吗	3.48	.954	483
您在教学过程中注重传输各种关联足球的仪式教育吗	3.89	.770	483
您在教学过程中注重学生球员的各种行为规范教育吗	4.39	.671	483
您在教学过程中注重与其他学校校园足球教练员沟通交流吗	4.12	.723	483
您在教学过程中积极申请参加各种层级的足球教练员学习和培训吗	4.14	.754	483

(续表)

指　　标	均值	标准偏差	N
您在教学过程中积极撰写各种教学体会的文章吗	3.28	.846	483
您在教学过程中会根据学生特点经常变换教学方法吗	4.16	.620	483
您在教学过程中会主动进行一些足球教学的课题研究吗	3.62	.857	483
您在教学过程中会主动向上级主管部门提出足球发展的建设性意见吗	3.50	.896	483
您会经常关注各类媒体上足球的相关新闻与报道吗	4.11	.753	483
您会经常阅读足球相关的体育类报纸吗	4.08	.811	483
您在教学过程会经常和学生探讨未来从事足球事业的理想和愿望吗	3.85	.811	483
您会有意识地去记住所教学生的各种训练生活背景资料吗	3.89	.719	483
您在教学过程中会积极去取得各类教练员等级证书的资质吗	4.06	.959	483
您对中国足球发展史有清晰了解吗	4.07	.739	483
您对世界足球发达国家足球发展史有清晰了解吗	3.97	.752	483
您在校园足球教学过程中就立德树人方面做过深入思考吗	4.34	.705	483
您在校园足球教学过程中探索过立德树人的教育路径与方法吗	4.16	.732	483
您可以对您目前的足球专业知识掌握与积累情况做一个自我评价吗	3.60	.866	483
您可以对您目前足球专业知识能力应用情况做一个自我评价吗	3.59	.851	483

在调研的各项具体指标中,总体来说,上海市校园足球教练员每题的均值得分较高,所有程度调查指标项得分均超过3分(5分满分),且标准差值大多在1以内,说明被调研的校园足球教练员总体判断趋向一致。其中"校园足球教练员队教学过程中立德树人方面做出的深入思考"这个指标,既能够反映上海市对校园足球立德树人方面的较高要求,也能反映出校园足球教练员履行立德树人方面的知识追求。得分最低的是对"校园足球2.0时代内涵"的理解,原因或许是2.0时代的提法本身距离现在时间较短,另一方面针对2.0时代的具体要求并没有落实到校园足球教练员这个层面上。从标准差来看,教练员群体之间对校园足球2.0时代的内涵理解存在一定的差距,这是所有调查指标中,标准差唯一大于1的指标,也就是说,关注政策热点的教练员已经开始认识到校园足球2.0时代的精神内涵,同时也让校园足球的管理者充分认识,尚有一定数量的校园足球教练员对校园足球2.0时代的工作内容和精神实质存有模糊,要加大配套政策和教练员培训。

(2) 校园足球教练员调研指标的因子分析(表5-2-2)

表5-2-2 调研指标的公因子方差

调研指标	初始	提取
您平时关注教育部校园足球新闻发布会吗	1.000	.708
您平时阅读校园足球发展相关文件吗	1.000	.729
您会跟踪中国以外其他国家青少年校园足球发展状况吗	1.000	.660
您对校园足球发展理念清晰吗	1.000	.734
您对校园足球发展价值清晰吗	1.000	.700
您经常关注其他省市校园足球发展动态吗	1.000	.664
您清楚校园足球进入2.0时代的内涵吗	1.000	.666
您在教学过程中会经常给学生讲解国内外足球明星的成长史吗	1.000	.754
您在教学过程中会经常跟学生讲解国外高水平职业足球联赛吗	1.000	.791
您在教学过程中会经常跟学生讲解足球发展的新思想吗	1.000	.709
您在教学过程中会跟学生讲解正规足球场的各条线条的功能和尺寸吗	1.000	.611
您在教学过程中会追踪职业教练员的职业素养构成吗	1.000	.667
您在教学过程中注重传输各种关联足球的仪式教育吗	1.000	.606
您在教学过程中注重学生球员的各种行为规范教育吗	1.000	.750
您在教学过程中注重与其他学校校园足球教练员沟通交流吗	1.000	.646
您在教学过程中积极申请参加各种层级的足球教练员学习和培训吗	1.000	.595
您在教学过程中积极撰写各种教学体会的文章吗	1.000	.587
您在教学过程中会根据学生特点经常变换教学方法吗	1.000	.474
您在教学过程中会主动进行一些足球教学的课题研究吗	1.000	.635
您在教学过程中会主动向上级主管部门提出足球发展的建设性意见吗	1.000	.467
您会经常关注各类媒体上足球的相关新闻与报道吗	1.000	.700
您会经常阅读足球相关的体育类报纸吗	1.000	.744
您在教学过程会经常和学生探讨未来从事足球事业的理想和愿望吗	1.000	.627
您会有意识地去记住所教学生的各种训练生活背景资料吗	1.000	.651
您在教学过程中会积极去取得各类教练员等级证书的资质吗	1.000	.639
您对中国足球发展史有清晰了解吗	1.000	.673
您对世界足球发达国家足球发展史有清晰了解吗	1.000	.714
您在校园足球教学过程中就立德树人方面做过深入思考吗	1.000	.699
您在校园足球教学过程中探索过立德树人的教育路径与方法吗	1.000	.691
您可以对您目前的足球专业知识掌握与积累情况做一个自我评价吗	1.000	.790
您可以对您目前足球专业知识能力应用情况做一个自我评价吗	1.000	.800

提取方法:主成分分析。

在所有程度调研的 31 个指标中,除了 2 个指标的公因子方差提取值在 0.4—0.5 之间,其他指标提取的公因子方差均大于 0.5,说明公因子对本研究调研的解释率可以接受,符合统计学的要求。

通过因子分析,提取 6 个公因子解释的总方差达到 67.353%,说明所有指标形成 6 个因子具有较好的合理性(表 5-2-3)。

表 5-2-3 提取公因子解释的总方差

成分	初始特征值			提取平方和载入			旋转平方和载入		
	合计	方差的%	累积%	合计	方差的%	累积%	合计	方差的%	累积%
1	14.399	46.450	46.450	14.399	46.450	46.450	4.487	14.475	14.475
2	1.827	5.894	52.344	1.827	5.894	52.344	4.415	14.243	28.718
3	1.412	4.554	56.898	1.412	4.554	56.898	3.434	11.077	39.796
4	1.194	3.853	60.751	1.194	3.853	60.751	3.245	10.468	50.264
5	1.047	3.376	64.127	1.047	3.376	64.127	2.814	9.078	59.342
6	1.000	3.226	67.353	1.000	3.226	67.353	2.483	8.011	67.353

提取方法:主成分分析。

依据调研指标的因子分析,最终 31 个调研指标被分配到 6 个因子中,依据因子构成指标的内涵,本研究分别以"知识应用""知识关注""知识素养""知识创新""知识评价"和"历史知识"进行命名(表 5-2-4)。

表 5-2-4 校园足球教练员知识学习调研指标旋转成分矩阵

调研指标	成分					
	知识应用	知识关注	知识素养	知识创新	知识评价	历史知识
您在教学过程中注重学生球员的各种行为规范教育吗	.823					
您在校园足球教学过程中就立德树人方面做过深入思考吗	.719					
您在教学过程中注重与其他学校校园足球教练员沟通交流吗	.634					
您在校园足球教学过程中探索过立德树人的教育路径与方法吗	.633					
您在教学过程中会根据学生特点经常变换教学方法吗	.573					
您在教学过程中积极申请参加各种层级的足球教练员学习和培训吗	.553					
您在教学过程中注重传输各种关联足球的仪式教育吗	.533					
您平时阅读校园足球发展相关文件吗		.730				

(续表)

调研指标	成分					
	知识应用	知识关注	知识素养	知识创新	知识评价	历史知识
您平时关注教育部校园足球新闻发布		.700				
您对校园足球发展理念清晰吗		.682				
您清楚校园足球进入 2.0 时代的内涵吗		.673				
您对校园足球发展价值清晰吗		.657				
您经常关注其他省市校园足球发展吗		.637				
您会跟踪中国以外其他国家青少年校园足球发展状况吗		.626				
您在教学过程中会经常跟学生讲解国外高水平职业足球联赛吗			.748			
您在教学过程中会经常给学生讲解国内外足球明星的成长史吗			.688			
您在教学过程中会经常跟学生讲解足球发展的新思想吗			.654			
您在教学过程中会追踪职业教练员的职业素养构成吗			.571			
您在教学过程中会跟学生讲解正规足球场的各条线条的功能和尺寸吗			.551			
您在教学过程中积极撰写各种教学体会的文章吗				.680		
您在教学过程中会主动进行一些足球教学的课题研究吗				.653		
您在教学过程中会积极去取得各类教练员等级证书的资质吗				.529		
您在教学过程中会主动向上级主管部门提出足球发展的建设性意见吗				.518		
您会有意识地去记住所教学生的各种训练生活背景资料吗				.497		
您在教学过程会经常和学生探讨未来从事足球事业的理想和愿望吗				.461		
您可以对您目前足球专业知识能力应用情况做一个自我评价吗					.784	
您可以对您目前的足球专业知识掌握与积累情况做一个自我评价吗					.781	
您对世界足球发达国家足球发展史有清晰了解吗						.455
您会经常阅读足球相关的体育类报纸吗						.774
您会经常关注各类媒体上足球的相关新闻与报道吗						.628
您对中国足球发展史有清晰了解吗						.484

提取方法:主成分分析。旋转法:具有 Kaiser 标准化的正交旋转法,a. 旋转在 8 次迭代后收敛。

(3) 调研校园足球教练员"知识应用"因子的分析

由因子分析获得的"知识应用"因子包含 7 个指标,分别是"您在教学过程中注重学生球员的各种行为规范教育吗"(表 5-2-5)、"您在校园足球教学过程中就立德树人方面做过深入思考吗"(表 5-2-6)、"您在教学过程中注重与其他学校校园足球教练员沟通交流吗"(表 5-2-7)、"您在校园足球教学过程中探索过立德树人的教育路径与方法吗"(表 5-2-8)、"您在教学过程中会根据学生特点经常变换教学方法吗"(表 5-2-9)、"您在教学过程中积极申请参加各种层级的足球教练员学习和培训吗"(表 5-2-10)、"您在教学过程中注重传输各种关联足球的仪式教育吗"(表 5-2-11)。

表 5-2-5　您在教学过程中注重学生球员的各种行为规范教育吗

选项	小计(人)	比例(%)
从不注重	0	0
不太注重	6	1.24
偶尔	33	6.83
比较注重	210	43.48
非常注重	234	48.45
本题有效填写人次	483	100

绝大多数的校园足球教练员比较或非常注重学生球员的各种行为规范教育,只有 8% 的教练员对此较为忽视。良好的行为规范可以使运动员在公平、公正的环境中,更好地发挥技术水平,保证比赛顺利进行,因此行为规范教育是足球教学的重要一环。

表 5-2-6　您在校园足球教学过程中就立德树人方面做过深入思考吗

选项	小计(人)	比例(%)
完全没有思考	0	0
思考很少	7	1.45
偶尔	45	9.32
有点思考	210	43.48
经常思考	221	45.76
本题有效填写人次	483	100

习近平总书记多次强调立德树人的重要性,立德树人是我国教育的根本任务。由表 5-2-6 可知仅约半数(45.76%)的校园足球教练员在教学过程中经

常做立德树人方面的思考。在足球的运动训练中教练员也应注重提高学生运动员的思想政治水平,引导学生自尊自信、自立自强,全方位育人(图5-2-1)。

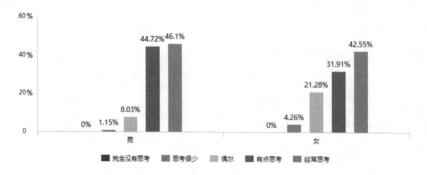

图5-2-1 不同性别教练员在校园足球教学过程中就立德树人方面做的思考

表5-2-7 您在教学过程中注重与其他学校校园足球教练员沟通交流吗

选项	小计(人)	比例(%)
从不注重	0	0
不太注重	11	2.28
偶尔	67	13.87
比较注重	257	53.21
非常注重	148	30.64
本题有效填写人次	483	100

比较注重与其他学校校园足球教练员沟通交流的教练员所占比例最高为53.21%,非常注重沟通的教练员占30.64%。在我国校园足球这个初步发展阶段,不同学校的教练员之间更应多沟通交流、相互学习经验,有利于提高各学校的发展教练员的知识技能应用水平(图5-2-2)。

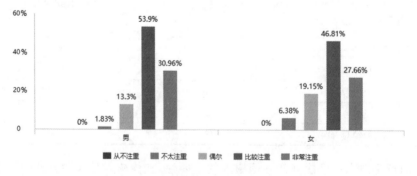

图5-2-2 不同性别教练员在教学过程中与其他学校校园足球教练员的沟通交流

表5-2-8 您在校园足球教学过程中探索过立德树人的教育路径与方法吗

选项	小计(人)	比例(%)
完全不探索	0	0
不太探索	10	2.07
偶尔	66	13.66
会有探索	242	50.1
积极探索	165	34.16
本题有效填写人次	483	100

目前仅有34.16%的校园足球教练员会积极探索立德树人教育路径与方法,半数教练员会有所探索。立德树人是教育的中心环节,教练员要发挥积极性和创造性,明确"立什么德""树什么人",以德立学、寓教于乐(图5-2-3)。

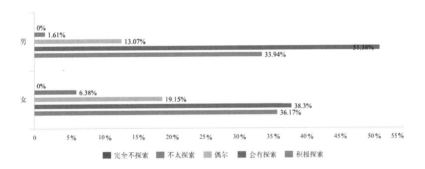

图5-2-3 不同性别教练员在校园足球教学过程中探索立德树人的教育路径与方法

表5-2-9 您在教学过程中会根据学生特点经常变换教学方法吗

选项	小计(人)	比例(%)
从不变换	1	0.21
不太变换	1	0.21
偶尔	52	10.77
会变换	297	61.49
经常变换	132	27.33
本题有效填写人次	483	100

由表5-2-9可知在教学过程中,大多数校园足球教练员会根据学生特点变换教学方法(88.82%),经常变化的占27.33%。适应学生个人特点的教学方

法事半功倍,而学生的个性特点千差万别,这要求教练员掌握扎实、多样的运动技能和教学方法。

表5-2-10 您在教学过程中会积极申请参加各种层级的足球教练员学习和培训吗

选项	小计(人)	比例(%)
从不申请	0	0
不申请	12	2.48
偶尔	71	14.7
会申请	235	48.65
经常申请	165	34.16
本题有效填写人次	483	100

大多数教练员会申请参加各种层级的足球教练员学习和培训(82.81%),其中34.16%会经常申请参加各种学习培训。足球运动以及社会时代需求的变化发展,要求教练员不断提升自己的知识技能和教学水平。

表5-2-11 您在教学过程中会注重传输各种关联足球的仪式教育吗

选项	小计(人)	比例(%)
从不注重	0	0
不太注重	16	3.31
偶尔	123	25.47
经常进行	240	49.69
频繁进行	104	21.53
本题有效填写人次	483	100

在教学过程中,经常或频繁向学生传输各种关联足球的仪式教育的教练员占71.22%。仪式教育是德育的重要部分,是一种新的载体。各种关联足球的仪式活动有它特定的程序、特定的服装,可以更好地激发学生对足球运动的热情,思想得到启发,增强学生的情感体验和自豪感。

(4) 校园足球教练员"知识关注"相关构成指标分析

由因子分析获得的"知识关注"因子包含7个指标,分别是"您平时阅读校园足球发展相关文件吗"(表5-2-12)、"您平时关注教育部校园足球新闻发布吗"(表5-2-13)、"您对校园足球发展理念清晰吗"(表5-2-14)、"您清楚校园足球进入2.0时代的内涵吗"(表5-2-15)、"您对校园足球发展价值清晰吗"(表5-2-16)、"您经常关注其他省市校园足球发展吗"(表5-2-17)、"您会跟踪中国以外其他国家青少年校园足球发展状况"(表5-2-18)。

表5-2-12 您平时阅读校园足球发展相关文件吗

选项	小计(人)	比例(%)
从不阅读	2	0.41
不太阅读	16	3.31
偶尔有时	154	31.88
经常阅读	249	51.55
频繁阅读	62	12.84
本题有效填写人次	483	100

64.39%的校园足球教练员经常或频繁阅读校园足球发展相关文件,其中46—50岁的教练员经常或频繁阅读所占的比例最高为68.97%,不过各年龄比例相差不大(表5-2-4)。

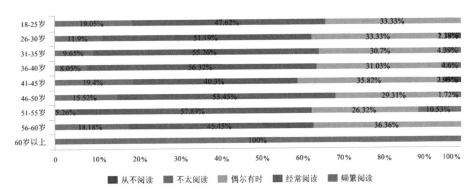

图5-2-4 不同年龄段教练员平时阅读校园足球发展相关文件的情况

表5-2-13 您平时关注教育部校园足球新闻发布会吗

选项	小计(人)	比例(%)
从未关注	2	0.41
不太关注	26	5.38
偶尔有时	136	28.16
经常关注	224	46.38
非常关注	95	19.67
本题有效填写人次	483	100

当前至少66%的校园足球教练经常关注教育部发布的足球新闻,表明大部分教练员非常关心我国校园足球的动态和发展趋势,而不是只是自己埋头工作;在各年龄层中,18—25岁的年轻教练员对教育部发布的新闻关注度最高,可能是由于年轻教练的授课经验有限,更愿意从新发布的政策、规定中获得一些工作指导,来改进自己的教学方向或方式(图5-2-5)。

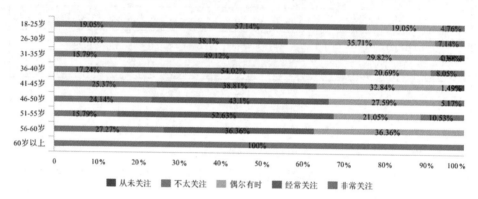

图5-2-5 不同年龄段教练员平时关注教育部校园足球新闻发布会的情况

表5-2-14 您对校园足球发展理念清晰吗

选项	小计(人)	比例(%)
完全不清楚	1	0.21
不太清楚	17	3.52
有点知道	85	17.6
比较清楚	282	58.39
非常清楚	98	20.29
本题有效填写人次	483	100

非学校固定编制教练员较为熟悉或清楚了解该理念的比例最低,比学校固定编制教练员低23个百分点,表明更多的校内教师通过相关培训提升了自身业务能力和教育水平,对发展理念有更深入的理解(图5-2-6)。只有20.29%的教练员非常清楚校园足球的发展理念。各年龄层中非常清楚该理念所占比例最高的为41—45岁的教练员,占26.78%(图5-2-7)。

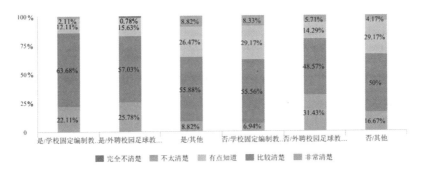

图 5-2-6 不同编制教练员对校园足球发展理念的清晰程度

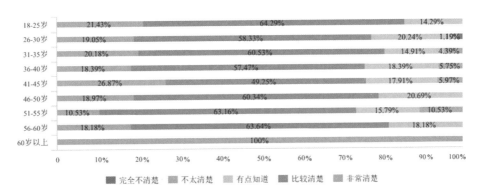

图 5-2-7 不同年龄段教练员对校园足球发展理念的清晰程度

表 5-2-15 您清楚校园足球进入 2.0 时代的内涵吗

选项	小计(人)	比例(%)
完全不清楚	15	3.11
不太清楚	136	28.16
有点知道	156	32.3
比较清楚	127	26.29
非常清楚	49	10.14
本题有效填写人次	483	100

我国校园足球取得阶段性进展和显著成效,并已步入2.0时代,即打造校园足球的升级版。然而63.57%的教练员对校园足球2.0时代的内涵一知半解甚至完全不清楚;18—25岁的教练员中,有59.53%的人对这一内涵比较清楚或非常清楚,与其他年龄段相比占比最高,可见年轻教练员是推动校园足球发展的积极代表(图5-2-8)。

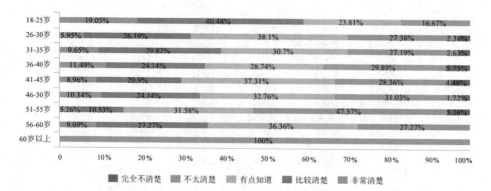

图 5-2-8　不同年龄段教练员对校园足球进入 2.0 时代的内涵的了解情况

表 5-2-16　您对校园足球发展价值清晰吗

选项	小计(人)	比例(%)
完全不清楚	3	0.62
不太清楚	15	3.11
有点知道	82	16.98
比较清楚	268	55.49
非常清楚	115	23.81
本题有效填写人次	483	100

当前教练员非常清楚校园足球发展价值的只占 23.81%。正因为足球有综合性价值才能成为世界第一运动,要先有清晰的认识才能更好地发挥其多种价值,使活动开展更有成效(图 5-2-9)。

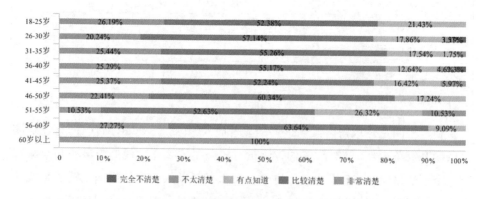

图 5-2-9　不同年龄段教练员对校园足球发展价值的了解情况

表5-2-17 您经常关注其他省市校园足球发展动态吗

选项	小计(人)	比例(%)
从未关注	7	1.45
不太关注	37	7.66
偶尔有时	192	39.75
经常关注	173	35.82
非常关注	74	15.32
本题有效填写人次	483	100

该题与之前第8题"是否会跟踪中国以外其他国家青少年校园足球发展状况"各选项人数比例相近,然而我们更应加强国内各省市之间足改工作的交流互动,展示各自校园足球的建设情况,分享经验与遇到的问题,共同建设具有中国特色的校园足球环境,在继续推进校园足球普及的同时逐步提升竞技水平。

表5-2-18 您会跟踪中国以外其他国家青少年校园足球发展状况吗

选项	小计(人)	比例(%)
从不跟踪	9	1.86
不太跟踪	50	10.35
偶尔跟踪	185	38.3
经常跟踪	182	37.68
频繁跟踪	57	11.8
本题有效填写人次	483	100

绝大多数(87.78%)的教练员都会跟踪其他国家的校园足球发展状况,且近乎半数(49.48%)的教练员非常关注外国校园足球。中国足球较低的发展水平,要求我国的教练员必须具有国际视野和意识,主动了解学习国外的足球发展动态和经验,打好青少年足球基础。

(5) 调研校园足球教练员"知识素养"因子的分析

由因子分析获得的"知识素养"因子包含5个指标,分别是"您在教学过程中会经常跟学生讲解国外高水平职业足球联赛吗"(表5-2-19)、"您在教学过程中会经常给学生讲解国内外足球明星的成长史吗"(图5-2-20)、"您在教学过程中会经常跟学生讲解足球发展的新思想吗"(表5-2-21)、"您在教学过程中会追踪职业教练员的职业素养吗"(表5-2-22)、"您在教学过程中会跟学生讲解正规足球场的各条线条的功能和尺寸吗"(表5-2-23)。

表5-2-19 您在教学过程中会经常跟学生讲解国外高水平职业足球联赛吗

选项	小计(人)	比例(%)
完全不讲	6	1.24
很少去讲	30	6.21
偶尔讲	179	37.06
经常去讲	222	45.96
频繁去讲	46	9.52
本题有效填写人次	483	100

55.48%的教练员会常和学生讲解国外高水平职业足球联赛。观看国外西甲、英超等精彩激烈的足球体育赛事,可以让青少年直接感受到足球这项世界最具影响力的体育运动的魅力,更易于培养青少年对足球运动、足球文化的兴趣并养成长期坚持的习惯。

表5-2-20 您在教学过程中会经常给学生讲解国内外足球明星的成长史吗

选项	小计(人)	比例(%)
完全不讲	6	1.24
很少去讲	37	7.66
偶尔讲	206	42.65
经常去讲	194	40.17
频繁去讲	40	8.28
本题有效填写人次	483	100

约半数(48.45%)的教练员会经常给学生讲解国内外足球明星的成长史。长期坚持枯燥的体能、运动技能训练需要源源不断的精神动力,青少年都会选择一个明星运动员作为自己的运动样板和学习偶像,明星运动员的精彩表现和艰苦卓绝的奋斗历程,可以激发青少年持续训练的激情。

表5-2-21 您在教学过程中会经常跟学生讲解足球发展的新思想吗

选项	小计(人)	比例(%)
完全不讲	3	0.62
很少去讲	31	6.42
偶尔讲	167	34.58
经常去讲	239	49.48
频繁去讲	43	8.9
本题有效填写人次	483	100

接近六成(58.38%)的教练员会经常甚至频繁去和学生讲解足球发展的新思想。发展的新时代催生新思想,而思想决定高度,让学生了解足球运动的变革与创新甚至亲身参与其中,成为推动我国足球发展的一分子,进一步激发足球发展活力。

表5-2-22 您在教学过程中会追踪职业教练员的职业素养构成吗

选项	小计(人)	比例(%)
从不跟踪	11	2.28
不太跟踪	63	13.04
偶尔跟踪	153	31.68
经常跟踪	193	39.96
频繁跟踪	63	13.04
本题有效填写人次	483	100

由表5-2-22中可以看出这一趋势随年龄的增长而减弱,相比于年龄较大的教练员,青年教练员更注重追踪教学过程中的职业素养构成。通过分析追踪记录,教练员可以发现自己教学过程中专业知识、专业技能、教学方法等各方面存在的问题和可能改进的地方,是提升教学水平的重要手段之一。随着教龄增长,教练员也应坚持做好追踪记录(图5-2-10)。

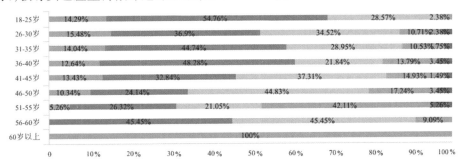

图5-2-10 不同年龄段教练员在教学过程中追踪职业教练员的职业素养构成

表5-2-23 您在教学过程中会跟学生讲解正规足球场的各条线条的功能和尺寸吗

选项	小计(人)	比例(%)
完全不讲	1	0.21
很少去讲	22	4.55
偶尔讲	143	29.61
经常去讲	249	51.55
频繁去讲	68	14.08
本题有效填写人次	483	100

65.63%的教练员会常常和学生讲解正规足球场的场地设置和尺寸。熟识正规足球场地的设置是进行正规足球比赛培训的首要条件,非正规的场地条件会改变训练强度和效果。许多学校也许还没有条件设置正规尺寸的足球场,学生可通过教练员的讲解预先了解,为以后的训练做好准备。

(6)调研校园足球教练员"知识创新"因子的分析

由因子分析获得的"知识创新"因子包含6个指标,分别是"您在教学过程中会积极撰写各种教学体会的文章吗"(表5-2-24)、"您在教学过程中会主动进行一些足球教学的课题研究吗"(表5-2-25)、"您在教学过程中会积极去取得各类教练员等级证书的资质吗"(表5-2-26)、"您在教学过程中会主动向上级主管部门提出足球发展的建设性意见吗"(表5-2-27)、"您会有意识地去记住所教学生的各种训练生活背景资料吗"(表5-2-28)、"您在教学过程会经常和学生探讨未来从事足球事业的理想和愿望吗"(表5-2-29)。

表5-2-24 您在教学过程中会积极撰写各种教学体会的文章吗

选项	小计(人)	比例(%)
从不撰写	9	1.86
不太撰写	71	14.7
偶尔撰写	206	42.65
会撰写	171	35.4
经常撰写	26	5.38
本题有效填写人次	483	100

调查结果显示,在教学过程中偶尔撰写和会撰写教学体会的校园足球教练员比重较高,占到了总体的78.05%,而经常撰写的校园足球教练员仅占总体的5.38%,说明绝大部分校园足球教练员在教学过程中深入思考,将自身的教学体会问题化,不断创新教学过程,具备与时俱进的思维,但是仅有极少数的校园足球教练员会持之以恒,将问题一直研究下去。

表5-2-25 您在教学过程中会主动进行一些足球教学的课题研究吗

选项	小计(人)	比例(%)
从不研究	5	1.04
不研究	37	7.66
偶尔研究	164	33.95
会有研究	209	43.27
经常研究	68	14.08
本题有效填写人次	483	100

从调研的比例分布可以看出,从不研究和不研究的比例占到了总体的8.7%,不到总体的十分之一,说明绝大部分校园足球教练员对足球有着浓厚的兴趣,会主动去寻找问题,具备良好的创新科研能力,有利于校园足球的不断完善和发展。

表 5-2-26 您在教学过程中会积极去取得各类教练员等级证书的资质吗

选项	小计(人)	比例(%)
完全不积极	5	1.04
不太积极	33	6.83
偶尔积极	78	16.15
有点积极	177	36.65
非常积极	190	39.34
本题有效填写人次	483	100

根据调查的数据结果显示,在教学过程中有点积极和非常积极去取得各类教练员等级证书的校园足球教练员比例相近,分别为 36.65% 和 39.34%,可以看出在从教过程中大部分校园足球教练员对自己的资质并不自信,并且决心在该领域从事长久的教学过程,从而选择继续备考各类教练员等级证书,这种现象对上海市校园足球教练员综合素质的提高有极大的推进作用。

表 5-2-27 您在教学过程中会主动向上级主管部门提出足球发展的建设性意见吗

选项	小计(人)	比例(%)
从未提过	17	3.52
几乎不提	30	6.21
偶尔提	181	37.47
有提过	203	42.03
经常提出	52	10.77
本题有效填写人次	483	100

在调研的上海市校园足球 483 名教练员中,有近十分之一的校园足球教练员从未提过或几乎不提问题,该人数在合理范围内;而偶尔提过、有提过和经常提出的人数占比高达 90.27%,反映出上海市校园足球教练员与上级主管部门及时沟通,并提出建设性意见,有助于上级主管部门及时了解校园足球的开展状况,并针对此意见进行政策的调整与帮助,推动校园足球在上海市的发展。

表 5-2-28　您会有意识地去记住所教学生的各种训练生活背景资料吗

选项	小计(人)	比例(%)
完全没有意识	1	0.21
没有意识	14	2.9
偶尔有意识	106	21.95
会有意识	278	57.56
有强烈意识	84	17.39
本题有效填写人次	483	100

在填写问卷的483名校园足球教练员中,几乎所有的教练员都会有意识地去记住所教学生的训练生活背景资料,其中偶尔有意识的人数为106人,占比21.95%;会与意识的人数为278人,占比57.56%;有强烈意识的人数为84人,占比17.39%;只有仅仅15人完全没有意识或没有意识去记住所教学生的各种训练生活背景资料。这也说明了上海市校园足球教练员对学生以往训练经历的重视,希望通过了解不同学生的训练背景来制定不同的训练方案,达到因材施教的目的,对上海市校园足球运动员水平的提高有重要作用。

表 5-2-29　您在教学过程会经常和学生探讨未来从事足球事业的理想和愿望吗

选项	小计(人)	比例(%)
从不探讨	2	0.41
不探讨	20	4.14
偶尔探讨	128	26.5
会有探讨	231	47.83
经常探讨	102	21.12
本题有效填写人次	483	100

从调研结果来看,近95%的校园足球教练会和学生对未来是否从事足球事业进行探讨,反映出教练员不仅注重学生运动成绩的提高,还时刻关注学生的心理状况,通过了解学生对未来从事工作的需求,从而解答学生的疑惑,无处不体现着教练员对学生的关爱与关怀。

(7) 调研校园足球教练员"知识评价"因子的分析

由因子分析获得的"知识创新"因子包含2个指标,分别是"您可以对您目前足球专业知识能力应用情况做一个自我评价吗"(表5-2-30)、"您可以对您目前的足球专业知识掌握与积累情况做一个自我评价吗"(表5-2-31)。

表 5-2-30　您可以对您目前足球专业知识能力应用情况做一个自我评价吗

选项	小计(人)	比例(%)
非常不足	4	0.83
比较不足	43	8.9
还可以	163	33.75
比较好	212	43.89
非常好	61	12.63
本题有效填写人次	483	100

根据调查的数据结果显示,上海市绝大部分校园足球教练员可以将自己所学的足球专业知识应用到课堂的实践当中,说明绝大部分校园足球教练员不是纸上谈兵,而是将理论与实践相结合,用实践来检验理论的可行性。

并且在调查结果中发现,有四分之一左右的女足球教练员不会把足球专业知识应用到课堂的实践当中,说明女足球教练员的应用能力还是有大的进步空间的(图 5-2-11)。

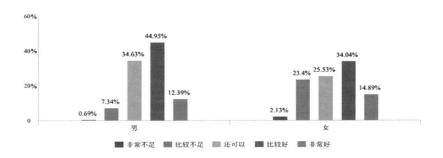

图 5-2-11　不同性别校园足球教练员对自己目前足球专业知识能力应用情况的评价

表 5-2-31　您可以对您目前的足球专业知识掌握与积累情况做一个自我评价吗

选项	小计(人)	比例(%)
非常不足	7	1.45
比较不足	36	7.45
还可以	165	34.16
比较好	209	43.27
非常好	66	13.66
本题有效填写人次	483	100

在调查的483名校园足球教练员中,90%以上的教练员认为自己对足球专业知识的掌握较好,在这其中有13.66%的教练员对自己足球专业知识的掌握非常有信心(图5-2-12),这也反映出上海市足球教练员对专业知识掌握的牢靠,在给学生进行训练的过程中有足够的理论基础来支撑学生们的科学训练,这有助于学生们运动成绩的提高和预防运动损伤的发生。

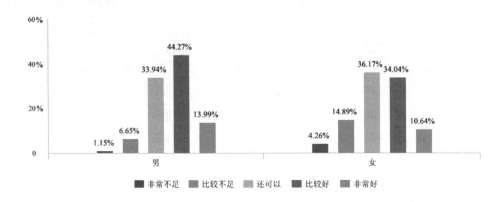

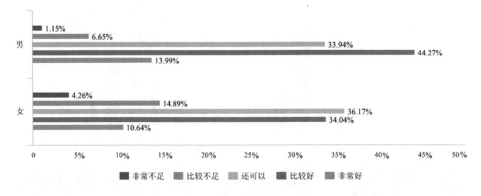

图5-2-12 不同性别校园足球教练员对自己目前足球专业知识掌握与积累情况的评价

(8) 调研校园足球教练员"历史知识"因子的分析

由因子分析获得的"知识创新"因子包含4个指标,分别是"您对世界足球发达国家足球发展史有清晰了解吗"(表5-2-32)、"您会经常阅读足球相关的体育类报纸"(表5-2-33)、"您会经常关注各类媒体上足球的相关新闻与报道吗"(表5-2-34)、"您对中国足球发展史有清晰了解吗"(表5-2-35)。

表 5-2-32　您对世界足球发达国家足球发展史有清晰了解吗

选项	小计(人)	比例(%)
完全不了解	1	0.21
不太了解	20	4.14
偶尔了解	77	15.94
有点了解	278	57.56
完全了解	107	22.15
本题有效填写人次	483	100

有一半以上的校园足球教练员对世界足球发达国家的足球发展史有点了解,说明大部分教练员对世界足球发达国家的足球发展史有一个较为清晰的框架,可能出于个人对足球史的兴趣及其他方面因素,这部分教练员并没有对其进行深入的研究。而有近四分之一的教练员有着丰富的足球发展史的知识,这部分教练员可以在训练中适当给学生进行讲解,从而提高学生对足球运动的兴趣和拓展学生的世界足球视野。

表 5-2-33　您会经常阅读足球相关的体育类报纸吗

选项	小计(人)	比例(%)
从不阅读	3	0.62
不阅读	8	1.66
偶尔阅读	98	20.29
会有阅读	211	43.69
经常阅读	163	33.75
本题有效填写人次	483	100

被调研校园足球教练员是否会经常阅读足球相关体育类报纸的结果反映出,目前上海市校园足球教练员会有阅读和经常阅读占得比重较大,分别占比43.69%和33.75%,这也说明绝大部分校园足球教练员有良好的阅读习惯,并时刻了解着足球运动的开展现状与发展趋势,具备终身学习的理念。

表 5-2-34　您会经常关注各类媒体上足球的相关新闻与报道吗

选项	小计(人)	比例(%)
从未关注	1	0.21
不太关注	8	1.66
偶尔关注	83	17.18
经常关注	236	48.86
非常关注	155	32.09
本题有效填写人次	483	100

在互联网和小视频时代,足球的相关新闻与报道会被及时地推送,教练员由之前的主动关注学习向现在的被动关注学习转变,因此在调研结果中,仅有9人从不关注或不太关注,而剩下的474人都或多或少地关注足球的相关新闻与报道,体育新闻借助科技的力量将信息传达到大众中来,这有助于我们校园足球教练员及时了解国内外的各种足球的相关新闻与报道。

表5-2-35 您对中国足球发展史有清晰了解吗

选项	小计(人)	比例(%)
完全不了解	1	0.21
不太了解	16	3.31
偶尔了解	61	12.63
有点了解	273	56.52
完全了解	132	27.33
本题有效填写人次	483	100

在调查的483名校园足球教练员中,仅有15%左右的教练员对中国足球发展史还处于模糊阶段,这部分教练员在平时应当加强对中国足球史的学习。而超过80%的教练员对中国足球的发展史有着清晰的了解,说明大部分教练员在教学过程中可以结合相关知识对学生进行教学,有利于提高学生对足球的兴趣,以此来提高训练成绩。

表5-2-36 您目前在足球知识学习方面存在哪些客观性制约(可多选)

选项	小计(人)	比例(%)
缺少足球知识的综合性学习平台	209	43.27
足球知识学习的客观动力缺乏	142	29.4
缺少知识学习常规性的培训机会	208	43.06
顶层设计缺乏校园足球知识学习的目标约定	237	49.07
缺乏足球知识学习的整体性设计	222	45.96
缺乏足球知识学习的制度约束和客观评价	150	31.06
其他	20	4.14
本题有效填写人次	483	100

表格中数据显示,除足球知识学习的客观动力缺乏和其他条件,其余条件占比均超过30%,甚至有部分条件占比超过40%,说明客观性条件目前影响着大部分校园足球教练员学习足球知识,客观性条件制约着教练员的主观能动性的发挥。

表 5-2-37　您目前在足球专业知识应用到课堂的实践当中
学习方面存在哪些主观性制约(可多选)

选项	小计(人)	比例(%)
忙于具体事务缺乏相应时间	307	63.56
足球知识学习的主动性不够	131	27.12
足球知识学习的重要性考虑不足	110	22.77
校园足球知识学习的认知缺乏	140	28.99
如何进行足球知识学习缺乏相应的思考	166	34.37
其他	28	5.8
本题有效填写人次	483	100

由表 5-2-37 的数据得出教练员在学习如何把足球专业知识应用到课堂的实践当中,忙于具体事务缺乏相应的时间是制约大部分足球教练员的第一主观性制约因素,除此之外的其他因素对教练员的学习影响相近,可能原因是教练员在白天需要教学,晚上还需要参与社会活动,没有多余的时间拿来学习(图 5-2-13)。

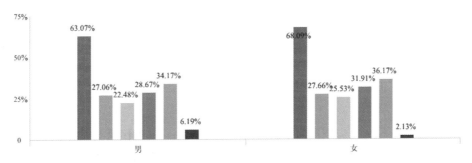

图 5-2-13　不同性别教练员目前在足球专业知识应用到课堂的实践当中
学习方面存在哪些主观性制约(可多选)

3. 研究分析

(1) 调查教练员"知识应用"分析

教练员除了要掌握高水平的专业知识以外,更要懂得如何运用这些专业知识。由"知识应用"7 项调查指标的均值显示可知,教练员在教学过程中最为注重对学生球员的各种行为规范教育以及就立德树人方面做深入思考,而对传输各种关联足球的仪式教育的均值最低为3.89。仪式教育作为思想政治教育的一种载体,能够对学生球员产生较强的价值导向和体验感受。习近平总书记指出思想政治教育关键是要突出其时代性和感召力。于洋、徐晓理提出教练员在开展仪式教育时要注意主题鲜明、情景突出、找准重点、优化细节流程等①。

陈彦伯认为如果教练员懂得将专业知识通过训练体现出来,那么便可以让学员得到标准和安全的训练,否则不仅不会对学员成长有帮助,还会因错误的训练对学员造成伤害。教练员要根据不同学员的特长和能力制定出更有针对性的培养策略,从失败中吸取教训,成功中总结经验,以不断提高自己的专业知识应用能力。

(2) 调查教练员"知识关注"分析

在"知识关注"的各项指标中,教练员对校园足球发展价值的了解情况最好,而对其他国家青少年足球发展状况关注度较低,并且在所有指标中,教练员对校园足球2.0时代的内涵清楚程度的得分最低,或许是因为2.0时代的提法本身距离现在时间较短,另一方面针对2.0时代的具体要求并没有落实到校园足球教练员这个层面上。

"知识关注"调查反映了教练员的信息素质水平。王艳琼、石健东在《新世纪教练员素质要求探析》中提出信息素质是指信息思维和信息能力以及对现代信息手段的掌握,是21世纪教练员知识结构的重要组成部分,是教练员在当今信息时代应具有的素质。

校园足球教练员应当多观看高水平竞技比赛,了解当代最高最新的竞技技术、战术、器材等的水平,直接阅读、翻译专业外文文献,掌握最前沿的发展动态,加强与国内外同行、专家的交流,不断学习先进经验。

(3) 调查教练员"知识素养"分析

在"知识素养"包含的5项调查指标中,教练员跟学生讲解正规足球场的各条线条的功能和尺寸这一指标得分最高,给学生讲解国内外足球明星的成长史这一指标得分最低,且"知识素养"因子得分均值在所有因子中较低,原因可能诸如学者付小梅所认为的"基层教练员大多是体工队出身,专项技能水平高但缺乏扎实的训练理论基础,训练内容和手段都是自身经验总结或者是从上一代

---

① 于洋,徐晓理. 关于提升仪式教育质效的几点思考[J]. 政工学刊,2020(9).

的教练员身上传承下来的"。

王艳琼、石健东在《新世纪教练员素质要求探析》中指出教练员不仅要有广博的基础知识,还要有精深的专业知识,对所从事的专项运动的发展史、技术特点、战术要求、训练方法、发展趋势等了如指掌。政府、学校应制定并出台相关足球教练员的培训、学习政策和经费保障,全力支持教练员的进修、学习,提高教练员的知识素养和专业能力。

(4) 调查教练员"知识创新"分析

校园足球教练员在学习过程中会积极去取得各类教练员等级证书,而教练员培训讲师的水平会直接决定校园足球教练员学习的质量,张翔在《陕西省足球教练员培训现状与发展策略研究》中指出应加大对足球教练员的培训力度,并且在培训的同时,要注重知识的随时更新,只有这样教练员们才能学习到较为先进的足球训练理念,才能提高校园足球教练员的执教能力。何中雷又在《魅力足球惠及师生》一文中提到,在教学过程中,校园足球教练员积极撰写教学体会的文章是教练员们深度剖析足球课堂教与学的行为,教练员通过对教学过程的分析,从课堂上教练员的"教"与学生的"学"两方面行为入手,对足球课堂教学行为进行解读,逐渐走向足球教学的"深水区"。因此在"知识创新"层面上应加强教练员科研能力的提高,在思想上重视科学研究对提高训练能力的作用。

(5) 调查教练员"知识评价"分析

根据调查的数据显示,绝大部分校园足球教练员对自己专业知识的掌握和应用情况比较满意,但不能因此放松对自己的专业知识学习的要求,因为一个人知识的广度和宽度决定了他提出问题、分析问题和解决问题的能力。针对校园足球教练员对自身的评价,陈尧在《武汉地区高校足球教练员知识结构调查分析与研究》中指出,教练员仅满足于现有成绩和个人经验是远远不够的,教练员必须有丰富的专项基础知识和与专项相关的其他学科知识,并通过各种途径不断学习和了解当今足球发展的新趋势,探索新的教学训练方法和手段,为学生提供科学系统的训练。

(6) 调查教练员"历史知识"分析

"历史知识"因子包含的4个指标中,95%的校园足球教练员对"历史知识"都有较为清晰的了解,基本符合上海市校园足球教练员学习的现状。尽管如此,教练员们也应该在全球体育的大环境下及时更新自己的专业知识,了解当今足球相关领域的新信息,预测今后足球发展的新走势。对于如何提高教练员主动学习足球最新信息的意识,丁炜认为要运用切实可行的手段提高教练员的积极性,例如定期在教练员当中举行全球足球知识竞赛,并设置奖励机制,以此激励教练员不断学习,不断完善,不断提高。

六、结论与建议

1. 结论

校园足球进入2.0时代,校园足球教练员能力和水平的提升,不仅要重视校园足球教练员面的扩大,更要重视质的提升;不仅要让校园足球教练员业务能力和水平获得长足的进步,更要通过对教练员的教育,实现教练员知识体系建设的全方位提升,提高校园足球教练员的职业素养。

通过对校园足球教练员知识学习的调查,教练员校园足球知识学习主要包含知识应用、知识关注、知识素养、知识创新、知识评价、历史知识等六个方面的知识学习点。

分析上述6个因子及其各项指标得分情况,校园足球教练员知识现状的问题为知识素养水平不够高和知识创新能力较低,主要表现在撰写教学体会文章不够积极、难以主动向上级提出建设性意见、教学过程中较少给学生讲解国内外足球明星的成长史等方面。

教练员在自我评价方面,足球知识学习的客观性制约主要表现在顶层设计缺乏校园足球知识学习的目标约定、缺乏足球知识学习的整体性设计和缺少足球知识的综合性学习平台;在足球专业知识应用到课堂的实践当中学习方面的主观性制约主要表现在忙于具体事务缺乏相应时间、对如何进行足球知识学习缺乏相应的思考和校园足球知识学习的认知缺乏。

2. 建议

教练员要从上述6个方面全面提升专业能力,尤其重视提高知识素养水平和知识创新能力。教练员要与时俱进,不断丰富自身的知识体系,结合最新的教学理念和思维模式,敢于突破旧框的束缚,不断地进行体育教学事业的创新改革,并在训练中予以验证。

政府相关部门要搭建一定数量的校园足球平台,学校里要邀请校园足球相关领域的专家来给教练员进行系统的学习,同时教练员也要投入更多的时间来进行校园足球知识的学习。

参考文献

[1] 刘兵.校园足球教练员发展面临的现实矛盾与推进策略[J].中国体育教练员,2019,27(2):16-19.

[2] 刘兵.论教练员战略管理的组织使命与环境识别[J].中国体育教练员,2018,26(4):3-5.

[3] 尹军,赵军,何仲凯.教练员素质结构的研究现状与分析[J].北京体育大学学报,2001(3):397-399.

[4] 李强,韩玉,李文柱.青少年足球教练员训练模式和执教方式研究[J].体育科学,2018,38(2):45-54.

[5] 刘兵.论教练员在集体运动项目团队建设中的作用[J].中国体育教练员,2018,26(1):3-4,7.

[6] 陈志辉.新环境下大学校园足球教学现状和改善对策[J].当代体育科技,2018,8(1):101,103.

[7] 丁炜,王峥峥.杭州市中学校园足球教练员现状与提升对策[J].湖州师范学院学报,2018,40(2):109-112.

[8] 孟青,吴桂宁,刘鎏.高校校园足球队管理的困境与出路——基于福建省高校足球队发展与现状剖析[J].体育科学研究,2018,22(4):74-82.

[9] 刘兵.校园足球教练员知识提升矛盾与解决路径[J].中国体育教练员,2016,24(3):3-5.

[10] 王建鹏.校园足球教练员执教能力培养的研究[J].中学课程辅导(教师教育),2019(4):14.

[11] 刘兵.竞技体育快速发展背景下教练员的科学决策过程与制约因素——2018年雅加达亚运会观感[J].中国体育教练员,2018,26(3):3-5.

[12] 王晖,高栋,张联昌.新形势下高校足球教练员能力培养研究[J].大众标准化,2020(16).

[13] 刘明刚.探究适合校园足球基层教练员的训练课模式[J].课程教育研究:外语学法教法研究,2019(19):179-180.

[14] 毛敏.江西省足协对于基层教练员岗位培训的现状及对策研究[J].青春岁月,2019(22):242.

[15] 林建.我国青少年教练员知识体系研究[J].文体用品与科技,2020,443(10):43-44.

[16] 张光哲.浅析校园足球教练员执教能力的培养[J].传播力研究,2019,3(6):178.

[17] 彭习涛,李志清,韩骥磊,等.西安市校园足球特色学校教练员现状分析及策略探析[J].当代体育科技,2019,9(15):166-167.

[18] 解超,金成吉.校园足球教练员领导行为对运动员团队效能的影响:团队心理授权的中介效应[J].中国学校体育(高等教育),2018,5(5):68-73,85.

[19] 曲飞飞.青少年足球队教练员的执教行为分析[J].当代体育科技,2018,8(3):190-191.

[20] 韩存德.基于校园足球视角的基层足球教练员培养分析——以宁夏基层足球教练员培养为例[J].当代体育科技,2018,8(28):220-221.

[21] 刘兵.教练员在体教深度结合中的价值思考[J].中国体育教练员,2015,23(4):3-5.

[22] 王艳琼,石健东.新世纪教练员素质要求探析[J].湖北体育科技,2007(5):522-524.

[23] 仇飞云,刘兵.高水平教练员组织支持研究:基于实然与应然的二维视角[J].成都体育学院学报,2018,44(3):102-107.

[24] 暴丽霞,刘兵.谈校园足球现代化推广的路径构建[J].体育研究与教育,2018,33(1):57-60.

[25] 刘兵.论运动员职业发展与教练员职业成长[J].中国体育教练员,2017,25(1):3-4,11.

[26] 陈彦伯.探究教练员自身素质对运动队管理效果的影响[J].当代体育科技,2019,9(6):240-241.

[27] 张翔.陕西省足球教练员培训现状与发展策略研究[J].教育教学论坛,2019(48):68-70.

[28] 何中雷.魅力足球惠及师生——江苏省教研室重大项目课题"基于学生核心素养的校园足球教学的理论与实践研究"成果介绍[J].校园足球,2018(8):55-57.

[29] 陈尧.武汉地区高校足球教练员知识结构调查分析与研究[J].衡阳师范学院学报,2011,32(3):119-122.

[30] 刘兵.论教练员科学发展观[J].中国体育教练员,2015,23(3):3-5.

[31] 刘兵.中国足球改革与发展:教练员培养的紧迫性[J].中国体育教练员,2015(2):3-5.

[32] 聂柏其.论我国校园足球教练员的现状与培养[J].农村经济与科技,2018,29(18):228-229.

[33] 韩英珍.校园足球教练员执教能力培养的思考与发展策论[J].传播力研究,2019,3(3):187.

[34] 傅鸿浩,张延安.我国校园足球骨干师资国家级专项培训实践反思与发展策论[J].北京体育大学学报,2015(11):80-86.

[35] 段炼,张守伟.我国青少年足球教练员执教能力培养研究[J].沈阳体育学院学报,2019,38(2):92-97,121.

展 望 篇

到2025年,上海市力争基本形成"全面普及、层层衔接、重点推进、社会参与"的具有上海城市发展特征的校园足球发展体系。这一宏伟目标的实现必然需要决策部门对上海市校园足球发展政策制定的精准性、对上海市校园足球未来发展蓝图规划的科学性以及社会对上海市校园足球广泛深刻的认知,而政策的精准性、规划的科学性和广泛深刻的认知都离不开对上海市校园足球发展趋势的准确研判。

一、上海市校园足球发展趋势

通过对上海市校园足球相关各方展开充分的调查研究,我们得出了上海市校园足球在最近一年时间跨度中发展变化的年度趋势,这将为上海市校园足球政策制定部门、组织管理机构、校园足球特色校和传统项目学校以及参与上海市校园足球发展的社会力量等相关各方提供决策信息,同时扩大和提升上海校园足球的社会影响力,提升社会对上海校园足球的认知水平,营造更加浓厚的上海校园足球发展的社会氛围。

该调查于2020年9月1日至30日进行,共设置30个年度趋势待选项,由上海市校园足球相关参与方进行了评选。不同人群共同关注内容排名前三的分别是:青少年校园足球的课外训练质量、青少年校园足球活动开展中的医疗保险以及青少年校园足球的课外训练时长问题(表1-1)。

表1-1 不同类型调查人群关注度排名前五的内容

调查人群	内容关注度排名
各区校园足球精英训练营办公室负责人	(1)青少年校园足球队的球队内部氛围 (2)青少年校园足球的课外训练时长 (3)青少年校园足球的课外训练质量 (4)青少年校园足球专业活动开展之余的文化教育 (5)学生参与校园足球的升学前景
全国校园足球特色校足球教练员	(1)青少年校园足球的课外训练质量 (2)青少年校园足球活动开展中的医疗保险 (3)青少年校园足球的足球活动中的人身安全问题 (4)青少年校园足球队的球队内部氛围 (5)青少年校园足球活动开展中提供的医疗器材
全国校园足球特色校男、女足校代表队球员家长	(1)青少年校园足球的课外训练质量 (2)青少年校园足球的足球活动中的人身安全问题 (3)青少年校园足球活动开展中的医疗保险 (4)青少年校园足球队的球队内部氛围 (5)青少年校园足球专业活动开展之余的文化教育

(续表)

调查人群	内容关注度排名
大学生校园联赛超级组、校园组男、女足校代表队队员	(1) 青少年校园足球活动开展中的医疗保险 (2) 青少年校园足球的课外训练质量 (3) 学生参与校园足球的荣誉奖励 (4) 青少年校园足球的教学时长 (5) 青少年校园足球的课外训练时长

调查结束后对每一项待选趋势的评分进行平均值计算,排名前20的待选趋势被确定为2020年上海市校园足球发展趋势(表1-2)。

表1-2 2020年上海市校园足球发展趋势 Top 20

排名	上海市校园足球发展趋势内容
1	青少年校园足球的足球活动中的人身安全问题
2	青少年校园足球队的球队内部氛围:球队是否团结、和谐、友善、互助
3	青少年校园足球的足球活动中的学生心理健康问题
4	学生参与校园足球的升学前景:校园足球球员在中考、高考等升学考试中的优惠政策
5	青少年校园足球专业活动开展之余的德育教育
6	青少年校园足球专业活动开展之余的文化教育
7	青少年校园足球的教学质量
8	青少年校园足球的课外训练质量
9	青少年校园足球活动开展中的医疗保险:日常训练及比赛是否有保险,投保的公司及保险合同
10	青少年校园足球活动开展中提供的医疗器材(绷带、医疗喷雾等)
11	学生参与校园足球的荣誉奖励:取得优异成绩后,是否有荣誉称号、表彰奖励等
12	青少年校园足球开展的社会环境:足球发展的社会环境是否有假、赌、黑等丑恶现象
13	青少年校园足球的课外训练时长
14	学生参与校园足球的发展前景:球员成为职业球员、进入高校等上升通道情况
15	青少年校园足球活动开展中提供的运动装备质量(球衣、足球、训练器材)
16	青少年校园足球的教学时长
17	服务于青少年校园足球活动开展的场地质量(草皮、大小)
18	青少年校园足球教练员的专业培训情况
19	服务于青少年校园足球活动开展的场地数量
20	市教委关于2020年体育运动开展的疫情防控政策

青少年校园足球的足球活动中的人身安全问题。指运动员在日常训练或比赛过程中受到人为或非人为伤害的可能。该问题在调查者为家长的人群中关注程度最高，排名第二。可以预见的是，踢球时是否会造成学生受伤将会成为家长对足球运动支持度的重要影响因素。

青少年校园足球队的球队内部氛围：球队是否团结、和谐、友善、互助。一个足球队的长期稳定发展与内部浓厚的体育氛围是分不开的。团结、和谐、友善、互助的队内氛围是吸引更多学生参与足球运动的必要前提，也是学生在成长道路中不可或缺的内部环境。

青少年校园足球的足球活动中的学生心理健康问题。青少年是祖国的未来，担负着建设祖国的重任，青少年的身心健康关系祖国未来的发展。足球作为一种广受欢迎的体育运动，深受国民包括青少年的喜爱，足球运动对青少年心理健康的维护和发展有着积极的促进作用。

学生参与校园足球的升学前景：校园足球球员在中考、高考等升学考试中的优惠政策。近些年，教育部不断出台有关校园足球升学扶持的重大政策，该类政策以对参与校园足球竞赛的学生运动员进行等级评定的方式，给予优秀等级获得者"非常重要和直接"的升学扶持。此举将校园足球竞赛与运动员等级评定挂钩，一定程度上提高了足球运动的参与程度，减轻了优秀足球运动员的升学压力。

青少年校园足球专业活动开展之余的德育教育。德育教育是对学生进行思想、政治、道德、法律和心理健康的教育，它是学校教育工作的重要组成部分，与智育、体育、美育等相互联系，彼此渗透，密切协调。青少年足球运动员正处于人生发展初期，德育工作不容忽视。

青少年校园足球专业活动开展之余的文化教育。文化教育泛指一切有目的地影响人的身心发展的知识传播过程。青少年足球运动员在训练之余应及时开展文化教育活动，以社会实践、在线课堂等多样化方式提升球员文化水平与知识储备，为今后的职业生涯打下良好的基础。

青少年校园足球的教学质量。足球教学质量是指专职足球教练或老师水平高低和效果优劣的程度。最终体现在青少年运动员的技能表现上。衡量的标准是教学目的和各级各类校园足球学校的培养目标。

青少年校园足球的课外训练质量。课外训练活动是相对于专业训练而言的，它是指学生利用课余时间参与的，以锻炼身体、强化技能为目的的足球活动。

课外训练活动作为体育课的补充、学校体育组成部分和教育的手段,对提高青少年足球运动员的技能巩固和实战水平均有帮助。

青少年校园足球活动开展中的医疗保险:日常训练及比赛是否有保险,投保的公司及保险合同。医疗保险一般指基本医疗保险,是为了补偿运动员因伤病风险造成的经济损失而建立的一项保险制度。在青少年校园足球活动中,医疗保险的落实程度受到了教练员及家长的高度关注。

青少年校园足球活动开展中提供的医疗器材(绷带、医疗喷雾等)。医疗器材是对运动员进行诊断、监护、治疗、缓解或者功能补偿的重要工具,它可以对损伤的生理结构或者生理过程给予检验、调节或者支持。常见的适用于足球活动的医疗器材包括医用绷带、担架、止痛喷雾和医用碘酒等。

学生参与校园足球的荣誉奖励:取得优异成绩后,是否有荣誉称号、表彰奖励等。荣誉奖励以授予名誉的方式对运动员的工作表现和成绩给予肯定、鼓励和宣扬的奖励措施,具体包括口头表扬、书面嘉奖、授予荣誉称号和开展表彰会等形式。

青少年校园足球开展的社会环境:足球发展的社会环境是否有假、赌、黑等丑恶现象。社会环境是指组织生存和发展的具体环境,具体而言就是组织与各种公众的关系网络,它们与组织的发展也是息息相关的。在我国,足球运动开展的社会环境组织对组织生存、足球发展的大环境和小环境都有积极的建设意义,也是学生参与积极性、家长支持程度的重要参考。

青少年校园足球的课外训练时长。课外训练是指学生利用课余时间参与的,以锻炼身体、强化技能为目的的足球活动。课外训练活动作为体育课的补充、学校体育组成部分和教育的手段,对提高青少年足球运动员的技能巩固和实战水平均有帮助。

学生参与校园足球的发展前景:球员成为职业球员、进入高校等上升通道情况。学生参与校园足球的发展前景是青少年球员及家长考虑上升通道的外在驱动力,随着教育部关于校园足球政策的不断完善与落实,球员在今后成长为职业球员的概率不断提高,通过优秀运动员考试(体育单招、高水平运动员测试等)进入高校的人次也将大幅增长。

青少年校园足球活动开展中提供的运动装备质量(球衣、足球、训练器材)。运动装备质量是指装备的固有特性满足要求的程度。这些固有特性需要满足足球基本动作要求的程度,包括平时训练和比赛时的对抗强度,使用和维修保障的要求程度,防护和生存的要求程度等。

青少年校园足球的教学时长。青少年校园足球的教学时长是指接受校内专职足球教练或足球老师训练的时间,训练一般安排在下午放学后或足球专项课上。

服务于青少年校园足球活动开展的场地质量(草皮、大小)。高质量的足球训练场地是开展青少年校园足球活动的必要前提,而球场草皮的质量、软硬程度以及球场的大小直接左右了足球教学的训练内容和学生参与足球活动的积极性。

青少年校园足球教练员的专业培训情况。足球教练员的专业培训是指按不同等级和要求对各类足球教练员进行专业教育培训的过程。教练员根据自身水平考取相应岗位证书,从而进行足球教学与训练工作。

服务于青少年校园足球活动开展的场地数量。拥有一定数量足球活动场地是开展校园足球运动的必要条件。青少年参与足球运动的人数正在逐年扩增,不断增加,而足球场地数量不足将制约足球运动的发展。

市教委关于2020年体育运动开展的疫情防控政策。2020年新冠疫情以来,上海市体育局联合市教委印发了《常态化疫情防控期间体育赛事举办指引》,这对加强疫情防控科普宣传、落实疫情防控工作以及保证疫情期间人民群众体育运动的安全开展提供了有力支持与政策保障。

二、上海市校园足球特色学校经验总结及展望

从娃娃抓起,从基层抓起,从基础抓起,从群众性参与抓起,夯实人才根基,这是习近平总书记指出的振兴中国足球的治本之举。

由教育部主导的全国青少年校园足球,自2014年底在全国全面启动以来,在推进足球普及、扩大足球人口、完善体制机制、优化发展环境等方面取得了跨越式发展。

上海市作为推进校园足球的排头兵,在各界的共同支持和努力下,提出了"育人为先、尊重规律、知行合一"的先进理念,探索出较为成熟的管理体制和运行机制,在全国青少年校园足球特色学校建设方面取得了一大批丰硕的成果。

为了深度挖掘学校在校园足球方面的做法、经验、特色,我们梳理了若干校园足球特色校案例,并对案例的经验进行了提炼总结,希望能为今后全国校园足球工作的开展发挥示范和引领作用。

1. 因"校"制宜,以最优解完善配套设施

目前,上海市每一所全国校园足球特色学校均建有一块以上足球场地,并配备较为完善的训练竞赛器材。但每所学校都有各自的发展条件,需要因"校"制宜,提高资源利用效率,以科学合理的最优方案建设具有学校特色的配套设施环境。

场地狭小如徐汇区向阳小学,占地不足6亩,操场面积只有两个篮球场大,学生却有1800多人。针对小场地的特性,学校首创设计了三人制小足球活动,区别于传统意义上的十一人制、七人制和五人制,大大降低了对场地的依赖性,而且规则简单,易于普及,为更多面临类似困境的学校提供了可推广的经验。

精心布局如上海市大同中学,作为一所位于内环线内的学校,打造了独一无二的十一人制标准足球场,且是珍贵的自然草坪,每年进行两次定期维护,以优良的条件助力学生足球兴趣发展。

创新设计如杨浦区五角场小学,除了两片标准七人制足球场以外,还创设了"足球+"未来教室,融合了3D打印、足球学习APP、足球机器人、动作捕捉监测等新兴科技,颠覆了传统的足球教学模式,让学生真正成为学习的主人。

2. 整合资源,建设专业化足球师资队伍

上海市全国校园足球特色校通过整合多方资源,配齐补足校园足球师资队伍,提供强有力的师资保障。一般以学校现有的经过市统一培训、具备足球相关资质证书的体育教师为基础,辅之以学校外聘的专业教练,并吸收市区少体校、青少年校园足球精英训练营等单位的专职教练,形成优质的队伍结构,共同参与校园足球人才的培养。

足球特色校也非常注重培养教师的综合能力,制定了一系列的校园足球教师培训计划,开发相关培训资源,组织开展足球教师教学竞赛、经验交流和教研活动,旨在建设专业化、创新型的足球教育体系。

3. 夯实基础,创新校本特色足球课程

上海市校园足球工作坚持"教学是基础、竞赛是关键、体制机制是保障、育人是根本"的发展思路,特色校在课程体系建设方面也下足功夫,创新设计具有校本特色的足球课程。

除了根据不同年龄段学生的身心特点,自主研发阶梯式的基础型、拓展型和探究型足球课程,还配套编写了系列足球教材,让学生能够逐步进入深度的足球知识学习与训练,稳步提升核心素养。

此外,学校还会进行有机的学科渗透,如上海戏剧学院闵行附属学校以自身的戏剧特色为基础,贯彻实践"戏衍教育",设计开发"戏衍课程",并积极探索"戏剧渗透体育学科",从身体机能、心灵滋养等方面带给学生综合性成长。

4. 严格管理,健全课余训练、竞赛体系

上海市持续深化建设"校内竞赛—校际联赛—选拔性竞赛—出国交流比赛"为一体的校园足球竞赛体系,广泛开展小学、初中、高中和大学四级联赛并不断完善联赛制度,并督促特色校建立健全足球训练管理制度。

目前上海市所有足球特色校都组建了校足球队,每周定期组织训练,定期开展班级足球比赛,不少学校还形成了"班班有球队,周周有比赛,月月有活动,年年有联赛",使足球教学、足球活动、足球比赛成为常规活动,在各个学校蓬勃开展。

各个学校在训练方面也有各自的特色经验,如上海交通大学附属实验小学注重建设有序且有趣的训练机制,在保证学校足球队有定量训练次数和时间的同时,采用反应游戏等方式让学生更投入地进行足球学习;上海市大同中学修订了《上海市大同中学足球队管理制度》,对运动员的日常训练、比赛纪律、行为规范、文化学习等方面进行约束,还设置了科学的学业管理系统,为参与专业足球训练的学生开展学业指导和学业监督管理,让学生踢球、学业两不误。

5. 以多元活动为抓手,加强校园足球文化建设

校园足球文化作为学校校园文化的重要组成部分,是实现全面育人不可或缺的环节。通过开展多种形式的足球活动,营造优秀的校园足球文化氛围,能够吸引更多学生家长参与体育运动,逐步扩大校园足球影响面和覆盖面。

上海市的足球特色校在结合学校自身特色和资源的基础上,探索了极为丰富的足球活动形式,为学生接触、了解、尝试、练习足球提供了多元的选择。如徐汇区日晖新村小学设计开发了原创的"足球棋",可以在室内进行,让学生、老师、家长都能共同参与,让大家不仅学会踢足球,而且学会看足球、懂足球,提高全员足球素养;上海市闵行区吴泾实验小学将足球与英语学科相结合,通过教室装扮、世界杯知识闯关、世界杯歌曲班班唱、主题演讲、小报设计等一系列活动,让孩子们感受足球魅力;黄浦区蓬莱路第二小学提倡情境教学,将学校特有的"蓬莱小镇"元素融入足球联赛之中,打造"蓬莱小镇足球超级联赛",每年历时9个月,比赛达140场,让每个孩子都能至少踢10场比赛。

6. 家校社合力,推进校园足球一体化

校园足球的发展,离不开家庭、学校、社会的多方合力。上海市在校园足球的建设过程中,注重加强社会资源的对接与共享,构建家庭、学校、社会有序参

与、通力合作、协同推进校园足球健康发展的格局。

  上海市的足球特色校也在家庭、社区资源方面进行了高效共享,如上海大学附属小学不仅组织了"奶爸足球队",还组织"辣妈啦啦队",以及爷爷奶奶、外公外婆的广场舞队伍,让更多家长了解足球,支持孩子的兴趣特长。此外学校作为上海大学基础教育集团的一员,也共享了集团的丰富资源。杨浦区五角场小学定期开展"爸妈讲堂",邀请原中国足球国家队队员曲圣卿等家长志愿者进学校,为孩子上生动有趣的足球课。黄浦区蓬莱路第二小学会积极组织足球小队员参加公益活动,通过无限极活动、大爱无疆公益赛、闵行区蓝丝带行动等,让更多人感受到足球对孩子成长的帮助。

附　录

上海市校园足球特色学校案例

1. 上海市杨浦区五角场小学
2. 上海大学附属小学
3. 上海交通大学附属实验小学
4. 上海市闵行区吴泾实验小学
5. 上海戏剧学院闵行附属学校
6. 上海市徐汇区日晖新村小学
7. 上海市徐汇区向阳小学
8. 上海市黄浦区蓬莱路第二小学
9. 上海市大同中学
10. 同济大学第一附属中学

1. 上海市杨浦区五角场小学

拥有沪上独一无二的"足球+"未来教室
—— 上海市杨浦区五角场小学足球育人探索

每个月都有足球明星进校园,是一种怎样的体验?在沪上独一无二的"足球+"未来教室,体育与人文、科技、信息之间将产生怎样的跨界火花?近期,上海市杨浦区五角场小学举办了主题为"手牵手齐运动"的趣味运动会,除了全校师生之外,还邀请到学生家长和沪上足球明星参与其中,气氛热烈。

这样的足球活动在五角场小学已经成为常态,每个月学校还会邀请各路足球明星大咖进校园,"绿茵创智源——未来教室"也是满满的黑科技,让我们一起来看看吧!

系统的足球课程,发展核心素养

说起五角场大家肯定都很熟悉,毕竟是上海市四大城市副中心之一、沪上有名的商业中心,而五角场小学低调很多,其实它就坐落在五角场,在寸土寸金的地方拥有东、西两部校舍,两个标准七人制足球场。

足球是五角场小学的一大特色,有着深厚的历史积淀。自1979年起,学校就开始开展各种校园足球运动,经过40年的探索,如今已经完成了从足球理念到足球课程的整体建设,获得首批全国青少年校园足球活动布点学校、全国体育工作示范单位、全国青少年校园足球特色学校等荣誉。

　　五角场小学党支部副书记陈德隽是学校足球项目的执行负责人之一，谈到坚持足球项目的意义所在，她强调："我们做教育的，不可能就课程而课程，就活动而活动，课程和活动的最终目的都是为了培养孩子有一个健康的人生观、价值观。"

　　五角场小学将足球课程按梯度分为三大类型，分别是基础型、拓展型和探究型，每周开设一节足球课，覆盖全校各个年级。2004年以来，学校根据每个年龄段孩子们的不同身心特点，自主研发设计了《少儿足球文化》校本课程及系列教材。

　　其中，《少儿足球知识》主要面向一、二年级学生，以普及足球起源、历史、基本规则等基础知识为主；《少儿足球活动》主要面向三、四年级学生，以足球设计、海报、音乐、明星等相关兴趣活动为主；《少儿足球游戏》《足球中的黑科技》主要面向五年级，向专业足球学习更加靠拢，诸如"鹰眼""门线技术""足球医疗""足球脑地图"等。通过系统的足球课程，让孩子们获得阶梯式的知识学习与训练，并在整个过程中使自身的核心素养得到较大的提升。

　　校园足球的建设需要强有力的师资保障。据五角场小学党支部书记、校长宋凤文介绍，学校在上海市教委、杨浦区教育局及市区体育局等单位的大力支持下，构建了一支高素质、专业化、创新型的足球师资队伍。

　　第一批，以学校现有的三位经过市统一培训、具有足球相关资质证书的体育教师为基础；第二批，学校作为体教结合的具体实践单位，融入了上海市杨浦区少体校派来的两位专职教练员;第三批,学校作为上海市杨浦区青少年校园足球精英训练营的营点之一,由所在区足球青训营外派多位教练(含西班牙外教);第四批,学校自身外聘专业教练。通过以上几大师资渠道的整合,五角场小学的足球师资队伍得到了更优质的结构,为学校开展课程教学、足球活动提供了长足的动力。

丰富的足球活动,带来多元体验

中国女足名将孙雯曾说,足球运动所带来的成长和快乐远比竞技本身重要得多。在校长宋凤文看来,亦是如此,她对学生的要求不只是踢好球,而是在踢球的过程中获得全面的发展。

"我们经常问家长,为什么把孩子送来踢球?这里面除了成绩之外,应该包含更重要的四个目标:一是以球健体,锻炼之后,人体内的多巴胺就会释放,正能量的因素会被激发,人的工作效率、学习效率都会得到提高;二是以球会友,在足球这样的团队运动中,孩子们学会合作,和伙伴交往,再从运动场渗透到场外;三是以球润德,运动员每天有大量体能训练,要能吃苦,有规则意识、拼搏精神,孩子的品德在潜移默化中得到提升;四是以球育人,学校通过开展各种足球相关课程和活动,让孩子们以足球为支点,成长为会运动、爱学习、懂礼仪、乐合作、会创造的综合发展的人。"宋凤文说道。

为了达成四大足球育人目标,五角场小学在校园足球文化建设方面作出了多方努力。

五角场小学在每个年级都开设有一个足球班,组成了各年级梯队,每个班级每周都有一节足球课,保障学校所有的孩子都能够有机会接触和参与足球活动,

保障足球班的孩子每一天都进行常规训练活动。

更值得一提的是,学校还开展了非常丰富的各类足球活动,为孩子们带来了多元的足球文化体验。

学校围绕自己的校园卡通形象"乐乐",串联起一系列足球主题活动,如乐乐足球兴趣活动、足球文化主题探究活动、乐乐杯足球赛、卡通足球设计大赛、"阳光体育,快乐足球"上海市青少年校园足球等。

在近期举行的趣味运动会上,"跨栏踢球""障碍下棋"等足球游戏就深深吸引着孩子们参与其中,五年级的张钰豪表示:"这样的比赛方式很棒,所有的同学都能参与,大家一起为班级的荣誉挥洒汗水,这种共同努力的友情,会深深地烙印在我们每个人的心中。"

社会实践活动方面,学校开展"我是光荣的小球童"活动,带领孩子们现场体验观摩大大小小的足球赛事,让足球理念深入人心;举办"我与运动交朋友"上海红领巾小足球竞赛展示活动,还有足球嘉年华科技活动日、耐克活力校园足球欢乐季、杨浦区三五学雷锋纪念日主题活动等。在活动过程中,孩子们将平时课堂上学到的足球理论知识与亲身实践经历相结合,获得更好的体验与成长。

很多小球员的背后都有一个球迷老爸甚至球迷家庭做后盾,家长们对孩子足球上的关注度很高,也成了学校发展中不可或缺的支持力量。五角场小学加强家校联动,专门组建了家长团队,全员参与学校足球文化建设。

学校每年都会举办"大手牵小手"足球嘉年华活动,每个月都会邀请各类足球明星大咖进校园为孩子们开讲座,做国旗下演讲和各类活动。原中国足球国家队队员、现同济大学体育部高水平足球队主教练曲圣卿就是家长志愿者之一,经常来到学校"爸妈讲堂"为孩子们上足球课,深得孩子们喜爱。

秉持着"娃娃梦、足球梦、中国梦"的理念,以足球连接全球,五角场小学开展了广泛的足球文化交流活动。孩子们可以参加沪港小学生中华文化夏令营活动,可以到香港本地的学校进行交流,可以与皇家马德里青训部成员、德国汉堡足球俱乐部参观团等国际友人一起体验足球魅力,还曾代表上海杨浦参加国际

少儿足球邀请赛,开拓国际视野。

"足球+"未来教室,进阶"黑科技"

地板上铺着人工草坪,正对模拟标准足球场的电视屏,脚下是学生自己设计用3D打印出来的创意足球,打开自主研发的足球学习APP跟着C罗学习射门技巧——这曾是五角场小学校长宋凤文期待中的"未来足球课堂",而如今,学校的"足球+"未来教室已经基本完成了当初的设想,满满都是"黑科技"。

这个160多平方米的大教室分为三个区域:"足球文化印象""足球创想制作"和"足球运动探索",每个区域都承担了独特的功能,始终贯彻"互联网+"的理念,为多学科交叉学习、融会贯通的新型课程提供良好的软硬件基础。

在"足球文化印象"区域,除了传统的三大类课程及校园文化活动,学校还研发了足球微课堂APP,不仅将《少儿足球文化》校本课程及系列教材"装"了进去,还加入了许多有关足球俱乐部、足球明星及其技术特点,以及颠球、射门等明星"真人演示"等篇章,学生点开就能跟着专业"老师"学习。

在"足球创想制作"区域,学生可以用3D打印技术进行天马行空的足球创意设计,制作出兼具创意和实用价值的3D足球比赛用品,如口哨、足球、球鞋等。孩子们还可以亲身体验操作足球机器人,在指导老师的带领下,完成对足球机器人的简单操作策略修改,在深入了解足球的同时也培养了孩子对3D打印、AI等高科技的兴趣。

在"足球运动探索"区域,动作捕捉镜头记录了操场上孩子们的各类运动数据,而后量化反映到平板设备上,老师可以根据每个孩子的心肺功能监测"因材施教",为学生提供更有针对性的教学,建立科学合理的综合评价体系。

　　校长宋凤文认为:"未来课堂应该不仅仅是一个创新的教室,学生的学习方式、课堂、教师和教学,也都需要重新定义。"

　　"足球+"未来教室的课堂教学全面融合基础教育、社会实践教育和信息数字教育,颠覆传统的足球教学模式,重构课堂,由三个老师共同完成教学:一位体育老师、一位信息技术老师以及一位负责统筹安排实践的老师。

　　在这个融合了多个学科知识的课堂里,孩子们既能学习到专业足球技能,又能提升足球文化和历史方面的修养,还能在设计队服、奖杯中加强动手和创作能力,成为"足球育人"的生动写照。

　　"未来教室真正贯彻以'学'为中心的教学理念,让学生真正成为学习的主人。"宋凤文表示,学校希望孩子们能够通过足球学习到科技信息、音乐、美术、人格心理等多方面的知识,将一门普通的体育课程转变为一门任何学生都可以参与,任何家长都会喜欢的综合课程,由此培养一群懂足球、热爱足球、关注足球、传播足球文化的校园足球达人,成为推动今后中国足球发展的主力军。

2. 上海大学附属小学

源头活水融合万事,运动魅力形影相随
——上海大学附属小学的足球文化建设经验

12月14日下午,上海大学附属小学的操场上人声鼎沸。学校体育文化节的一项重要内容——足球技能赛正在此间举行。

展示身体协调性的踢跳比赛、一二年级的五米射门赛、三年级的八米射门赛过后,活动迎来了高潮:高年级的绕桩接力计时赛。不难看出,参赛的孩子们都掌握了一定的足球技能,他们知道用正脚背带球,以内外侧交替变向。足球就如同一头温驯的小猫,听话地在孩子们控制范围内环绕障碍物前行。这样综合体现速度、力量、巧劲、协调控制能力的项目,每个班有20个学生参与,女生不少于6名——足球运动在上大附小的普及广度与深度可见一斑。

校队的傲人战绩,普通学生的足球技能,还只是学校全面推进足球文化最显白的一面。校长朱燕认为,在学校整体工作打磨过程中,足球是切入点,是载体,是元素,应当将它升华为能够体现特有品质的文化,与教育教学等方方面面水乳交融——这一点非常重要。

作为上海市校园足球联盟的成员单位,在联盟的支持与帮助下,上大附小成功地推进工作,从课程、训练、比赛等基础活动的扎实开展,到足球丰富意蕴与教育教学的共融,勉力使足球文化建设融入"一轴五环"整体工作。足球已经成为附小"红色律动"环节的重要构成,时时处处体现着"灵动校园,幸福成长"这一办学主旨。

基础培养：脚下功夫,胸中意志

上海的12月中旬,虽说是暖冬,终究有六七分萧瑟之意。多云的午后,风打在裸露的皮肤上已经有了刺骨的感觉。上大附小的小球员们不避寒风,在跑道上做长跑体能训练,在草皮上做技能训练。在操场一隅,守门员教练正指导小门将们做扑救训练。孩子们如同小豹般活泼灵动,毫不瑟缩,把冬日寒意衬得失却了威力。

冬练三九,夏练三伏。据运动项目组组长、足球教练赵蓓老师介绍,暑假夏令营期间,小球员吃住都在学校,上午从9点练到11点,下午从3点练到5点,

孩子们从不叫苦叫累。在足球技能增长的同时,身体素质、团队意识也得到了充分锻炼。"这样的苦都能吃,以后踏入社会遇到生活的难题,他们更会沉下心来,克服艰难险阻。"赵蓓老师说,"他们在比赛时相互鼓励,方方面面都在成长。"

当然足球也并不单属于足球学生,足球资源及其文化是上大附小所有孩子的共同财富。每周一节足球课面向全体学生,兴趣班面向有意向进一步学习的进阶学生,专门训练面向球员——仅仅在"足球作为一项运动"这一层面,学校已经搭建了完整的培养架构,使每个学生都能亲近足球,有热情与特长的学生拥抱足球。每个班约有三四个学生加入校队,班级足球队则是自建的,通常包括10名男生、10名女生,队员的覆盖面是比较广的。

在上大附小,足球训练与足球课程也不存在性别偏向,男孩与女孩一道遨游在足球世界中。2017年,U11女队夺得了上海市亚军;2018年,U9、U11女队双双拿到市亚军;男足女足参加上海市足球技能赛,齐心协力赢回了一等奖。

朱燕校长将足球体现的意识总结为四种"力":积极力、合作力、竞争力、耐挫力。比起比赛中的攻城略地,学校更注重四个意识的培养。"教育更重要的还是思想品德、意志品质的培育。这方面的培育不是通过灌输就能达成的。通过课程、活动、训练、比赛,孩子们将点滴感悟日月积累,就能自己有所体会,养成习惯。"赵蓓老师说,"足球不仅带给孩子们一技之长,我们也希望,当他们未来回望小学生活,能体会到更多、更丰富的内涵。"

学科交融：口中锦绣，笔底乾坤

在上大附小，足球从各种意义上来说都是丰富的，它作为一种文化无所不在，与学校整体工作如影随形。

学校对于足球文化建设的看法，经历了一段"看山是山""看山不是山""景我交融"的变化过程。"我们刚开始说'挖掘'，随后又修改成'渗透'，最后说'融合'。"朱燕校长说，"挖掘是在原来的基础上，此前没有见到的将它放置在显眼处；渗透是原来没有的，现在加入；融合则是没有谁重谁轻。"融合就意味着足球不是一个客体，而是作为主体的一员，与教育教学的各方各面合流交汇。

在课堂内，足球文化与"三化"工作紧密结合，"三化"就是基础课程本土化、拓展课程校本化、研究课程特色化。例如语文、英语学科举办演讲比赛，让孩子们谈一谈自己心目中的足球英雄；举办配音比赛，让孩子们成为小小解说员，通过讲解足球赛事，在语言运用、足球文化理解方面更上一层楼；举办手抄报活动，让孩子们以图文并茂的方式呈现自己心中的足球世界。例如美术课上，老师带着孩子完成足球帽、环保袋等物品的设计，在其中加入足球元素，既能使学生体会运动的魅力与美感，同时也是色彩、造型等方面的美学训练。在社团中，学生组织足球兴趣活动。而特色化的研究课程，是由老师带着小朋友进行深入的探究性学习。例如学校以"绿茵足球"活动课堂为切入点，开展《足球游戏提升小学生复原力的实践研究》课题探索，寻找足球游戏与积极心理之间的关联。

课内活动也延续到了课堂外。课外主题活动既包括校级活动，也包括年段

活动、学科活动。5月是足球文化月,学校开展班级联赛等活动。11月的科技文化节,以"让科技插上运动的翅膀"为主题,令科技更有活力。12月的体育文化节,就更是以足球文化为重要组成部分的运动元素的集中展示期。体育文化节闭幕式是一个大型嘉年华,孩子们戴着自己设计的足球帽完成T台秀,呈现运动风采;在英语演讲技能赛中摘得桂冠的小朋友将登上大舞台,与全校师生分享自己敬仰的足球英雄的故事,带领大家一同参与猜奖等互动环节。

"不是每个小朋友都擅长踢球,但所有人都可以融入文化,发挥各自的特长。他们可以当小裁判,可以唱,可以画,可以跳舞。"赵蓓说,"足球对孩子全面发展是非常有好处的。"

多方联合:墙外开花,共建共享

12月14日当天的活动也有不少家长志愿者参与,以计时员、计数员等身份走入技能赛现场。足球文化不仅融入课堂教学、课外活动,也融入了校内外的联建联动。

上大附小的足球活动不少是联合家委会一道开展的,也成了家校互动的有效管道。尤其有意思的是,父亲们组建了一支"奶爸足球队",每周五接受一个半小时训练,由专门的教练提供指导。有时奶爸队还会与萌娃队打上几场友谊赛。2017年足球月,奶爸队跳着舞进场,赢取了一片欢笑声。为了防止严重冲撞孩子,爸爸们穿上了充气服装。尽管入场舞博得了大家眼球,在比赛时成人队就没有那么好的运气了,最终输给了娃娃们。失掉了比赛,赢得了良好的亲子互动,爸爸们内心充满了喜悦。

在上大附小五年规划中,足球文化建设在家庭联动方面,除了要把爸爸"拉进来",还要组织"辣妈啦啦队",以及爷爷奶奶、外公外婆的广场舞队伍。"把家长请入这项运动,就能让他们更了解足球,更支持孩子们的活动,让足球进入家庭。"正如朱燕校长所说。

此外,周边社区会邀请学校参与纳凉晚会等活动,部分企业则会发来慈善活动的邀请函。孩子们会在活动中表演足球操等节目,企业也会给予爱好运动的小朋友一定的帮助和奖励。

同时,作为上大基础教育集团的一员,附小也享有集团的丰富资源。上海大学是上海市校园足球联盟主席单位,附小及集团两所中学都是联盟校,拥有共同的目标,常常一同组织活动。市校园足球联盟体系化的发展方案与推进措施、集

团内开展的联动联建,使附小在资源高效共享、教学训练管理模式创新、平台获取等方面获益良多,从集体组织中汲取丰富的养料,取得了不俗的成效。

3. 上海交通大学附属实验小学

青青草皮，悠悠我心
——上海交通大学附属实验小学的足球育人之道

高子瞻小朋友和他的校队队友正面临更高强度训练的考验，比如说"要把高球停得更精准，停在自己的控制范围之内"，这样的考验对他而言倒更像是一种助推力。从一年级到五年级，在高子瞻的学习生活中，足球如影随形。这位来自上交实小的年轻"老球员"谈起踢球总是兴致勃勃，足球带来的乐趣及其内藏的丰沛意蕴令他心折不已。"足球可以强身健体，也使我们认识到团队的重要性。"他说，"校队是个大家庭，我们结识了许多朋友，对于友谊也有了更深的理解。"这样的心得体会让老师们颇感欣慰。

上海交通大学附属实验小学在办学之初便将健康定位为学生身心发展的首要目标，而校园足球项目正是健康育人的重要篇目，同时也与德育、智育、美育等互有关联、相辅相成。为了做好这项兼具深度与广度、体现办学宗旨的重要工作，上交实小在学校发展规划层面作顶层设计，由姚捷校长牵头担任工作领导小组组长，项目组负责具体落实，形成了分工明确，阶段发展目标清晰，教学、训练等各项制度完备的项目推进体系。

以组织领导保障为纲，上交实小在条件保障、教育教学、训练竞赛、后备人才培养等方面同时发力，收获了"全国青少年足球特色学校"称号等诸多荣誉，在短时间内育成了骁勇善战的球队,同时也使足球文化浸润每一颗童心,使孩子们在亲近这项运动的过程中汲取了丰盈的正向能量。

炼成狮心:以训练育人

上交实小自 2016 年 3 月组建足球提高班以来,逐步建立了 U8、U9、U11 完整的梯队。

"我们要让孩子们意识到足球水平的提升是没有尽头的,要持续不断地努力。"项目执行负责人贺可晓老师说。尽管学校足球建设起步相对较晚,但凭着这一股勇猛精进的劲头,上交实小 U9、U11 两支队伍在经历了闵行区入门组别的循环征战后,迅速成功突围,现已稳居区最高水平组别联盟组前八名。就在上学期,U9 还争得了联盟组第五名的好成绩。

训练是有序的。校队的训练次数与时间有定量:每周一、三、五下午放学之后以及周六上午训练,每周累计训练 7 个小时。学校与社会优质资源合作,引入英超俱乐部的外籍青训教练,教练组配员采取外教与校内助教联合执教的方式,将平等、融洽的训练氛围与严格的技战术指导结合起来。"外教的授课不是按部就班规规整整的,他们用一种开放的姿态来训练,对学生积极性的调动相当明显。"贺可晓说,"学生产生了学习激情,专注度比较高,反而不会影响秩序。我们的训练是开放而又有序的。"

训练也是有趣的。例如做反应游戏,教练手举不同颜色的标识物,要求孩子做相应动作,锻炼小球员视觉信号接收、快速反应的能力,以视觉刺激提高信息的传达反馈速度。也比如"摆阵形"游戏,热身环节将全队分为四组,分着红、黄、蓝、绿不同颜色的背心,哪一队先摆好指定的阵形就是赢家。游戏还有一个

进阶版本：在自己排好兵、布好阵的同时，干扰、破坏对手的阵型。这是融合了热身与阵型指导的训练方式，孩子们玩得不亦乐乎。

在校园足球建设的征途上，校内的老师也与小球员们一道成长着。他们从做外教翻译、跟岗学习开始，在课堂中学，在区、全市、全国各级培训中学，在交流反馈中学。项目执行组每学期末都要面向学校全体教职员工汇报情况，总结经验的过程同样也是再学习的过程。"一开始我们跟着外教学，确实意义很大，颠覆了传统足球教学认知。同时外部的培训也带来了很大启发。我们将各种经验内化，落实为教师自己的实践。教学实践是最终的落实途径。"姚捷校长说。

而"足球教学本土化"也正是学校的目标。姚捷校长说："我们引入外教，是要将他们的经验慢慢地与本土经验融合，提升本地教练水平，为真正实现本土化足球教学奠定基础。"

织就锦心：以教学育人

上交实小每个班级每周都有一节足球课，一年级、四年级由外籍教练任教，二年级、三年级、五年级由中方校内教师任教。开设校园足球普及课程，为课内教学育人提供了支撑，学校现已形成了普及班级按照教学内容架构每周定点、定人、定时授课的稳定教学图谱，实现了校园足球课堂的基本功能。一年级的足球课是按照"无性别差异"原则授课的，鼓励所有孩子依照同一个标准参与，没有硬性动作技术要求，只有基本规则要求和活动参与要求，通过"体验式"课堂将所有孩子"领进门"。

当被问及足球的魅力时，与高子瞻一样，校队队员、来自四年级的赵宇宸小朋友的第一反应是"强身健体"。"我们常常会看录像回放，自己查、自己改正问题。"他还说，"足球也让我们知道了团结的重要，要一起争取胜利。"

足球能健体，能提升团队意识和自主性，这是孩子们最直接的体验。他们或许还不完全了解，老师们以足球运动为载体，精心设计了身体发展、技能发展、心理发展、社会适应能力四个模块内容，开辟了一条通过足球运动"全方位育人"的路径。在这条路径上，除了健康的体魄、团队适应性、自主能动性，孩子们还能拾取运动技能、积极进取的态度、求胜意志、抗压抗挫能力、沟通能力、团队影响力等宝贵的人生礼物。这些足球项目带来的赠礼，将令他们受用一生。

足球的影响力还跃出体育课程，辐射至其他多个学科。体育组老师会在一年级学生入学前或入学初提供一张英文足球词汇表，交给英语组的老师。表格汇总了"背心""排成一条线""给我球"等简单术语与短句，用作外语教学参考材料。学校安排外教为一年级孩子作足球开蒙，也有植入英语教学的考虑。孩子

年纪小,语言适应能力较强,此时活学活用外语,能为今后相关科目的学习打下坚实的基础。有时外教也会参与口语课教学,告诉孩子"身体哪些部位可以用来踢球""比赛时应该穿什么样的鞋子",扩充学生的单词量,提升他们的口语能力。通常一个学期后,孩子们与外教基本上就能沟通无碍了。

校园足球建设也与美育紧密联结。一年级孩子还无法参加足球文化季的比赛,但有机会在美术老师的指导下设计班级队伍的队徽、队名、海报、队服。遴选出的专属球队标识在此后数年中将伴同班队队员东征西战。全员参与的过程与具象化的成果将全班同学的心凝聚在一起,给孩子们上了足球启蒙的重要一课。

培育兰心:以活动育人

每学年第一个学期,上交实小都会举办足球文化季,前后持续大约一到两周时间。每个班级的足球队都会参加年级组的足球联赛,每个年级设立最佳球员、最佳射手、最佳守门员、最佳阵容评选奖项,以此满足孩子的个性表现与发展需求。有能力的班队小球员获评个人奖项,获得奖状和奖杯,既能持续激发他们对于足球的激情,也能使他们产生更强的集体归属感与荣誉感,责任意识随之在他们心田中生根发芽、开枝散叶。

到2019年,上交实小的足球文化季就举办了三届了。除了足球赛事,文化季还容纳了游园、巡演、团体操等大量多彩的活动,分班级、年级、学校三个层级开展。

孩子们手拿表单,参加游园活动中猜谜、竞答、连连看等项目,每参与一个活动就能收集一个小图样。集满图样的表单就是一份个性化的游园日记,成为孩子们校园足球回忆的一瓣。

在巡演活动中,学生以年级为单位组成方阵,在校园跑道上演绎世界足球风情。孩子们有的身着豪门球队的服装,仿佛刚从万人助阵的赛场上凯旋;有的身着南美足球国家的民族服装,展现足球风靡之国洒落不羁、尽情展示自我的风仪;有的还佩戴了头饰和面罩,脸上抹有油彩,使观众仿佛身临"世界杯"狂欢现场。

而"舞向未来"团体操则更是一个自有源流的项目。将国外公益舞蹈活动内容引入形体与舞蹈课程之后,上交实小并未满足于"拿来"这一步,又开展了"在地化"实践,进行了一次次自主开发、研究、推进。加入足球元素就是自主实践内容之一。"舞向未来"项目的原旨是将艺术与体育结为一体,通过"我先你们后"的肢体动作教授,使孩子们进入自我展示的状态,以舞姿实现更深层、更开放的个性表达。老师对动作形态进行设计,艺术化地模仿学生日常生活的所见所闻,舞蹈源于生活而高于生活。"足球小子"主题就是依据上述原则设计的

一套运动风格与舞蹈美学融合的肢体动作。在文化季的大舞台上,孩子们倾情表演,充分展示了足球运动健康、阳光而又富有美感的一面。

"足球文化季就好比一个大型派对。"姚捷校长说。浸润式文化活动的开展,收获了一种"无远弗届"的效果。学生们参与游戏,投入项目策划与排演,展示才华,充分感受足球作为一项运动与一种文化的魅力。全员深受感染,形成了足球文化辐射下多元立体、动静结合的校园氛围和育人环境。

4. 上海市闵行区吴泾实验小学

校内甲 A 联赛，世界杯主题英语节
——上海市闵行区吴泾实验小学足球文化建设

如何将足球与英语节做更好地融合？

一所国家级校园足球特色校，如何将足球这项运动在每个孩子心中种下一颗小种子？

近日，上海市闵行区吴泾实验小学持续了一个多月的英语节活动正式落下帷幕。英语节以"OurWorldCup！——我们的世界杯"为主题，孩子们在一个月的时间，通过教室装扮、世界杯知识闯关、世界杯歌曲班班唱、主题演讲、小报设计等一系列丰富多彩的活动，拥有了一场别样的"世界杯"狂欢。

一场独属于孩子们自己的"世界杯"

11 月开始到 12 月，这场主题活动持续了一个多月。

校长金彩莲介绍道，本届英语节活动主题策划之初，学校老师们就如何能将足球文化更好地融入进英语节做了很多设想。最后老师们一致决定，既然今夏的世界杯刚过，不妨就趁着大家热情还没完全退却的时候，来办一场属于孩子们自己的"世界杯"吧。

一班一国，展十六强风采

在这里，世界杯十六强国家由十六个班级分别"认领"。每一个班级的学生们分头行动，用英语进行呈现，通过别出心裁的设计来呈现出各自"国家"衣食住行、风土人情以及足球的历史和特色等。

值得一提的是，学校还为同学们设计了特别的"任务卡"——各国足球名将的资料、足球比赛的一些专业术语、足球的起源和发展等信息，都是任务。带着任务卡，孩子们需要走进不同楼层的"十六强"国家，或通过阅读班级墙上的小报，或通过班级某处装饰上的小卡片，找到解谜答题卡的线索。

世界杯歌曲班班唱

活动期间，校园里每天都会播放世界杯经典曲目。作为活动一开场的部分，学校还组织同学学唱，并以班级为单位，举办了各个年级组的世界杯歌曲班班唱比赛。据英语节负责人之一的束建萍老师介绍，依据各个年级的年龄特点，每个

年级会有专属这个年级的一首表演曲目。

但即便是同一首歌,加上了班级和学生个人的特点之后,在比赛当天的现场,仍然呈现出了各有千秋的表演风格。

我心中的足球英雄原来就在我身边

如果你问吴泾实小的孩子们:谁是你心目中的足球英雄?他们的回答肯定会令你意外。

原来,"我心中的足球英雄"主题演讲也是英语节活动的一部分。让很多老师都意外的是,孩子们选择的足球英雄除了罗纳尔多、梅西等国际上的知名球星外,还出现了许多老师们都未曾想到的"足球英雄"——身边踢球的同学们,这样的例子还不少!

学校校长金彩莲看来,孩子们的眼界远比想象中更加开阔,他们借助"球星"的外壳,发现了身边每一个不易发觉的平凡人身上的闪光点。"学生们已经透过足球文化,吸收到了更多成长的养料。"

实际上,这一个月里,学校还举办了许许多多与足球相关的课外活动。比如,学校特地请来了几位足球明星,开展别开生面的趣味足球赛。而接下来学校一个环保主题活动,也正在设计如何融入足球元素。此外,学校还在不断尝试足球和更多学科多角度的融合,不断挖掘更多的可能性。

"4+2"模式上体育课,足球100%参与

在吴泾实小,有一项活动学校里每一位小朋友都特别熟悉——"小小甲A联赛"。

"小小甲A联赛"是学校每年都会举行的比赛。每次这个时候,全校所有学生一起参与,以班级为单位组建球队,在年级中开展循环争霸赛。

比赛队伍没有固定队员,只要你愿意,你就可以上球场比赛,学生参与率达到了100%。整整一个半月,操场成了全校学生欢乐的海洋。

实际上,从活动到课程,吴泾实小在校园足球的普及率上下了很大的功夫。

学校每周的体育课采取"4+2"和"3+2"模式,一至三年级4节体育课、2节活动课;四、五年级3节体育课、2节活动课。而其中每周一节活动课肯定会是足球课。学校体育老师,也是学校足球运动的指导老师李新分享道,学校每周开展1节足球课,一年就是32节,小学五年下来,比起其他学校的孩子,吴泾实验的每个孩子多上了160节足球课。

甚至可以毫不夸张地说,全校上上下下,每个孩子都可以踢上两脚。

校长金彩莲认为,若要让金字塔的塔顶延伸到更高的高度,教师作为金字塔的底座一定要够大够稳。因为,每一节足球课的专业性,离不开懂教球的老师。

一直以来,学校非常关注体育教师的专业成长,不断推荐老师参加各级各类的专业培训,提升教师综合体育素养。目前学校6名体育老师中,有3位教师具有足球教练D级证书,5位教师具有足球裁判证书。同时,学校还另外外聘了两位外籍教练和一位足球专业教练,常年带教运动队并且参与体育教师日常训练培训指导,助推教师队伍专业发展。

值得一提的是,学校还另外开发了具有校本特色的足球读本,读本不仅介绍了足球的知识,还对每个年级的足球教学目标、教学内容、教学方法做了非常详实的要求。

每天下午，足球场上的那群女将

如果你在下午走进吴泾实验小学，肯定会被足球场上英姿飒爽的踢球的女孩子们所吸引。

"我今年五年级，从一年级加入到足球队以来，已经踢了五年的球。"这个瘦瘦小小的女生叫赖旖，如果不是她亲口所说，别人或许很难会把她和"足球队"这三个字联系到一起。

比赖旖大两岁的姐姐也曾经是足球队的一员，在姐姐的影响之下，小赖旖也渐渐爱上了足球。进入足球队的这五年来，在学校的每一天，赖旖都会坚持花上一两个小时的时间来练习足球，每周下来就是至少10小时的训练时长，五年下来，她已经在这块绿草皮上奔跑了超过2000个小时。

令人意外的是，她的学习成绩在班里也是名列前茅。当问到这么辛苦的训练是否会影响到她的学习时，赖旖用一种超出自身年龄的成熟口吻回答道："当我运动完再看书，我会更能静下心来，会更有效率。"

据悉,学校是2002年开始组建学校女子足球队的,当初女足这个项目在区里还没有一所小学开展过。

足球队每年9月份从一年级入学的新生中挑选,首先通过足球课程普及,让上课教师进行推荐,这些推荐的学生在专业足球教练的训练中进行选拔,选拔结束就举行新球队成立仪式,开始正常的足球训练。

现在,学校的足球队已经从当初的一支校队渐渐发展成为现在每个年级都有足球校队。

近年来,学校U8、U9、U11队伍建设日益完善,2006年被评为上海市女子足球特色学校,2015年被教育部命名为全国首批青少年校园足球特色学校,2017年被评为上海市精英训练营女子U11营地校。

2019年,学校又获闵行区校园足球联盟杯赛女子U9组第一名、女子U11组第一名;上海市青少年校园足球精英赛女子U11组第四名;上海市青少年足球锦标赛女子丁组第七名;上海市第十六届运动会青少年足球比赛女子D组第六名的佳绩。

女足小队员赖旖明年就要毕业了,她表示自己很喜欢足球,到了初中也会一直把球踢下去。对于赖旖来说,足球的意义已经不仅仅是人生某个阶段的限定陪伴,而是一种愿意终身都持之以恒去热爱的美好。

校内校外,每一场比赛,他们是学校校园足球的记录者、传播者

闭幕式当天的现场,有一群小朋友一直吸引着众人的目光。他们穿着统一的服装,手持专业的拍摄设备,驾轻就熟地记录着这场闭幕式的精彩瞬间。

事实上,不仅是这次英语节,吴泾实验小学作为足球特色校,参加的活动和比赛不胜枚举。而几乎每一次的活动和比赛现场,都能看到这群熟悉的身影。他们"奋斗"在前线,第一时间采访赛事,制作新闻报道,分享队员们赛场的精彩瞬间,扩大家长、社会对学校足球项目开展的知晓度。

这群小小媒体人就是学校"飞扬电视台"小记者们。

飞扬电视台是学校的另一项办学特色,现在拥有20多位"媒体人"。从记者、摄影到编辑、后台,板块多元,职位分工明确。飞扬电视台更是获"全国百佳校园电视台""上海市优秀校园电视台"的荣誉称号,也是上海唯一被命名的"上海市学生影视创客基地"。

不仅是活动的记录,飞扬电视台还参与足球项目的微课录制任务,使学校的年级足球课程得到更好的推广。足球队员们可以通过反复观摩全程录制的日常

训练和教师培训的视频,促进自己足球技术的提高。同时,通过电视台访谈、校园直播、微信直播等方式,飞扬电视台也为普及足球知识,推广足球项目做出了不可磨灭的贡献。

从拍照、摄像,到撰稿、记录,这群孩子跟随着吴泾实小足球队员的每一个脚步。

他们把一次次比赛的精彩,通过校园广播进行传播;

把一次次活动的过程,通过校园电视台进行记录和分享;

他们用孩子们更能接受的语言,把学校的足球特色"讲"给校内校外的人听。

校长金彩莲说:"足球,不仅仅是一项运动,更多的是一种文化。我们通过这样的方式,将足球与日常校园活动、办学特色相结合,将足球文化根植孩子内心,让校园充满足球的气息。"

5. 上海戏剧学院闵行附属学校

浸润式足球戏剧，一起奔跑吧少年
——上海戏剧学院闵行附属学校足球文化发展之路

当足球和戏剧相遇，会擦出怎样的火花？在一场浸润式的足球戏剧里，收获的体验会有哪些特别之处？1月21日，上海戏剧学院闵行附属学校在校园里举办了一场别开生面的浸润式足球戏剧活动，师生、家长们纷纷化身为球员、教练员、新闻记者、主持人、啦啦队等角色，共同体验了一次特别的"足球戏剧+"盛会。让我们一起来看看都有哪些亮点吧！

浸润式足球戏剧，人人可以是主角

此次举办的浸润式足球戏剧活动是上戏星工场的"足球戏剧+"教育展示活动，同时也是上海市"全国校园足球特色校"建设展示的组成部分。上海市校园足球办公室宣传部主任卢高峰、浦江镇副镇长蒋如林、闵行区教育局普教一科科长谢凯丽、浦江镇社事办主任郁梅、闵行区教育局普教一科王琼等领导嘉宾出席了本次活动。

活动充分贯彻了上戏附校"学戏化人，以美衍生"的办学理念，以精彩纷呈的浸润式足球戏剧"体验场"为载体，共分为新闻发布会、精彩德比战、足球嘉年华三大部分，球场内外都是师生、家长们的表演舞台。

学校足球老师火一君介绍："我们的足球戏剧既有预设情境，又有创生情

境,加入了浸润式戏剧元素,有脚本,但还是以现场为主,参与体验的人们都会抽签确定角色,即兴演出感受角色,还有专业老师辅助塑造角色,是非常开放性的、融合性的。"

在足球比赛开始前,上戏附校举行了简短而隆重的新闻发布会。发布会上,足球队的队员们纷纷入戏,化身为主持人、新闻记者、教练员、球员代表等角色,为莅临的领导嘉宾展现了学校的足球发展历程和队伍特色,并进行了生动有趣的答记者问环节,现场甚至还有学生扮演的小保安配合维护秩序,活灵活现。

发布会后,精彩的足球赛就正式吹响了号角,此次对战的是学校的"上戏逐星队"和"上戏逐梦队"。绿茵场上,小教练员、足球小运动员们积极商讨、排兵布阵。在较量中,小队员们以昂扬的斗志、团结向上的精神投入比赛,在赛场上尽情奔跑,一次次将足球踢向球门。

绿茵场边,则是认真观看比赛、为喜欢的球队呐喊助威的小球迷、大球迷们,他们头上绑着必胜的头带,手里挥舞着五颜六色的加油棒,成为校园里一道亮丽的风景线,将球赛的气氛推向了高潮。

除了激动人心的足球赛,足球嘉年华也堪称一个丰富的足球"主题乐园",校园里设置了多种多样的足球游戏,如趣味性超大足球、天才射手、单骑闯关、合力运球、大力水手、运球大作战、足球保龄球等,让师生、家长们体验到前所未有的"足球+"玩法,每一个人都能够参与其中,每一个人都是最生动的角色演绎。

足球课程+戏剧元素,个个都能"衍彩"

浸润式的足球戏剧活动充分彰显了上戏附校足球课程文化,学校以自身的戏剧特色为基础,贯彻实践"戏衍教育",设计开发"戏衍课程",并积极探索"戏剧渗透体育学科",戏剧渗透的核心点就在于"角色、体验、合作、创生"。

学校校长杨慧琳对四个核心点作了具体阐释:"所谓的'足球戏剧+角色',就是通过让孩子们模仿一场正规足球赛的各种角色,加强对足球知识的了解,提升对足球的兴趣;'足球戏剧+体验'注重的是孩子们在体验活动中的经历,而非成绩;'足球戏剧+合作',指的是让孩子们在过程中感受互相合作的力量;'足球戏剧+创生',是指这样一场活动在身体机能、心灵滋养等方面能带给孩子们的综合性的成长。"

围绕"足球戏剧+"的四个核心点,围绕"人人可以是角,个个都能衍彩"的学校教育理念,学校着力打造了"3+1+2"的体育课程结构设置,开展校本化、个性化的实施。

"3"是基础型体育与健身课程,学校会在其中渗透足球元素。

"1"是定制型体育特色课程,是学校开展定制型特色足球课程的普及教学的主阵地。通过足球体育知识、技能、比赛、观赛等学习,更加深入地激发学生学习足球的兴趣,使其掌握初步技能,并促进合作、竞争、奋进的足球精神。

"2"是拓展型健身活动,其中1节为各年级多样化的阳光体育活动,足球是目前二年级的特色健身活动,以此促进学生身心素养及耐挫、合作等能力的发展。

值得一提的是,作为"浦江戏剧教育园区"核心学校、"闵行区戏剧美育联盟"盟主学校,上戏附校也在拓展型的足球校本课程中开创性地融入了戏剧的元素,并在课题研究引领下,多次开展"以戏促教,以趣激能"的课堂教学主题研讨,形成了良好的学区化体育课堂教学研究氛围,更成为了学区化办学的一大亮点。

班班有球队,一起奔跑吧少年

上戏附校足球队成立于 2010 年,借助于"上海市校园足球一条龙联盟建设"的契机,学校重点发展足球项目,以课堂教学为主渠道,以社团活动为主阵地,整合各项资源,不断激励着学生"逐梦绿茵"。

"在早期,学校足球建设以'激趣'为目标,主要是为了培养学生对足球运动的兴趣与爱好。随着学校的发展,'人人可以是角、个个都能衍彩'的课程理念就逐渐成为了我们的足球育人核心。我们学校希望在打造足球特色项目的过程中,以球育人、以球化人,通过足球培养学生对真善美的追求,养成竞争合作、奋进拼搏的坚强意志,促进身心素养提升。"校长杨慧琳说道。

为保障和引领足球特色项目的开展,上戏附校不断完善硬件设施,着力提升师资队伍水平。目前,学校配有 200 米标准田径场 2 个,八人制足球场地 2 片,室内体育馆 1 个。体育组拥有体育教师 6 人,小学高级教师 2 人,小学一级教师 4 人。足球专业教师 1 名,外聘足球教练 4 名,其中,教师火一君拥有中国足球教练 C 级证书、国际足联初级教练员培训课程证书,教师杨家明拥有亚足联 D 级教练员证书,优秀的教师队伍有效保障了校园足球工作的开展。

除了专门的足球课程之外,学校结合小学体育"兴趣化"导向,将热爱足球运动、有一定足球天赋的学生挑选出来进入海燕足球队,形成初级、高级二维梯队。近十年来,学校的足球队不断发展壮大,从 2010 年的 6 名队员到如今已有近 150 名学生加入这个大家庭,进行周期性的社团训练,积极参加各类比赛活动,得到了学校老师和家长们的大力支持。

通过学校、家庭、社会等各方力量的保驾护航,学校的校园足球氛围日益浓

厚,足球影响力日益提升。据悉,上戏附校经常开展各种类型的单项比赛和班级对抗赛,定期举办足球活动月,"人人有足球,班班有球队,周周有比赛,年年有表彰",这些活动均得到了全体教师的支持,学生之间也会自发探讨球技取长补短。

在大力普及足球运动的基础上,学校又通过冬令营、夏令营、校内班级联赛、市有关比赛等形式,进一步培养和发掘高水平足球人才,学校学生间频繁的足球交流与竞赛,使得一批批足球新星脱颖而出。

段思泽是学校二年级的学生,目前司职左后卫,曾经跟随学校足球队参加了闵行区校园足球联盟联赛、"国王杯"邀请赛等比赛。每次有重大的足球比赛,他都会和爸爸妈妈一起守在电视机前等待。"我是一个地地道道的'足球迷',等我长大了,我要踢进世界杯!请你们为我加油!"段思泽自信满满地说出自己的足球梦想。

"学校聚焦的其实是健康、快乐的足球体育精神,希望孩子们能通过足球、

通过体育、通过戏剧,成就童年的色彩、成长经历的多彩、个性发展的出彩、生命的精彩。未来,我们将继续总结、凝炼、发扬优秀的足球教学经验,深入探索分析可继续提升的空间。"校长杨慧琳表示。

6. 上海市徐汇区日晖新村小学

原创"足球棋",让孩子们会踢足球、更懂足球
—— 上海市徐汇区日晖新村小学足球育人实践

一张不大不小的棋盘,一枚设计成棋子的足球,一颗玲珑的骰子,就将足球场上的多种角色、规则、战术和阵型融入其中,孩子们不仅可以在运动场上踢足球,还可以在教室里、家里玩足球……这就是上海市徐汇区日晖新村小学原创的"足球棋",师生、家长们通过这样一种室内足球游戏形式,既收获了趣味性,又丰富了足球理论知识。

除了"足球棋",日晖新村小学还设计了体系完善的足球课程、跨学科的足球活动,为孩子们营造了一个氛围浓厚、团结友爱的"足球家园"。让我们一起来看看学校是怎么做的吧!

软硬件保障,创新足球课程体系

如何在数十年足球传统的基础上,进行创新实践?如何通过家校的互通联合,构建科学的足球课程体系?日晖新村小学有自己的答案。学校创办于1953年,自上世纪90年代就开始着手创建学校的足球特色,经过几任校长的传承接力,如今已经形成"全面普及、创新实践、特色显著"的校园足球品牌。

学校把校园足球作为增强学生体质健康的重要举措,因此在基础设施和师资方面都做了重要保障。目前,学校有标准七人制人工草坪球场一个,并配齐足

球课教学和课余足球训练的专项器材,还特别为校足球队队员统一购买校园意外伤害事故险种,为孩子们提供更好的安全保障。师资方面,除了已有的两名足球专项教师,学校常年聘请持有 C 级和 D 级教练资格证书的足球教练,并积极组织专项教师参加各级各类培训。

在良好的软硬件保障下,学校致力家校联合,合作共建了体系完善、内容丰富的足球课程。

每天早上,学校都安排了 20 分钟的《阳光少年,快乐活动》足球早活动,全员参与,每个月设定不同的主题,区分不同的年龄段,帮助孩子们做递进式的多项体育技能动作练习。一、二年级可以通过"挖地雷""传送冰激凌""滚小猪"等足球游戏,体验简单的足球基本技术;三、四年级则通过"拍球绕杆接力""春播秋收""快速运球跑"等足球游戏活动,掌握一些足球技术和基本规则;五年级的活动目标则更高一些,通过"远距离传球""带球射门赛""夹球跳接力"等活动,提升速度、灵敏、协调、力量、耐力等多方面素质。

足球早活动还形成了学生自主管理模式,从班级的器材员到校级的器材员,孩子们轮流当"小小足球管理员",井井有条地领取和分发活动器材,布置场地,带领同学做好准备工作和开展游戏,在形成良好纪律的同时,也锻炼了自我品格和管理能力。

在区教育局的关心组织下,日晖新村小学与可可维奇足球训练学校合作,在二年级组 4 个班级和四年级组 4 个班级的学生中开设每周一节足球课程,并与竞达俱乐部合作,在三年级开设每周一节足球课程,目前受益学生每年达到 450 名左右。

2017年,学校还完善了《快乐足球,快乐成长》的三年级足球校本教材。三年级的足球校本课程是在体育4+2课程以外的一项拓展课程,注重从技能、比赛、礼仪等方面对学生进行足球知识的传授,让孩子们能更深入地了解足球、踢好足球。

据日晖新村小学校长郭逸萍介绍,学校也在着手探索创新的"足球Jia"课程,挖掘足球课程的更多内涵。"首先是'足球家',我们希望结合家庭教育,组织足球亲子活动打卡,让家长们进校园一起参与足球游戏、比赛等,形成良性的互动和宣传;其次是'足球嘉',将富有趣味性的活动形成一个系列,以嘉年华的形式让师生、家长能更快乐地参与进来;再次是'足球佳',我们学校有'人人都是前三名'的传统特色,通过评选足球小健将,让孩子们都能获得前三名的自豪感。'足球Jia'的内涵是很丰富的,后期我们会继续去拓展。"郭逸萍说道。

跨学科的足球活动,促进全面发展

让更多的孩子学会踢足球,让踢球的孩子学会享受足球,一直是日晖新村小学足球发展的目标之一。学校群策群力,开展了多姿多彩的足球活动,并且通过跨学科的形式寓教于乐,让孩子们从足球中获得更多衍生知识,足球、学习两不误。

每年5月是学校的"健康月",会定期举办主题为"阳光下,一起来踢球"的班级足球联赛。足球比赛和游戏赛事的设置、男女混搭的设定、全员参与的啦啦队成为了日新校园的亮丽风景线。赛事根据学生年龄段开展;一年级以游戏为主,二、三、四年级开展五人制足球赛,并且根据年龄安排女同学的上场人数,五年级则为八人制足球赛。

为了让更多孩子加入到竞技比赛中来,学校制定了上、下半场人员不能重复的规则,在"足球小达人"定点射门比赛中,学生参与率更是达到了100%。同时,学校还开展了主题为"足球缘"的摄影作品征集活动,请师生家长一起来记录日新孩子们在球场上的精彩瞬间,一起来分享孩子和足球的美丽故事。

除了在室外足球场上挥汗如雨,孩子们也可以选择在室内进行"足球棋"的游戏活动,有两方对阵,有边裁判罚,有观众观战加油,不仅学生可以参与,老师、家长也都可以参与其中。日晖新村小学体育教研组组长徐皓琛表示:"'足球棋'的游戏是学校和足球专业教练一起原创设计的,我们希望孩子们不但会踢足球,而且会看足球,更能懂足球,提高全员的足球素养。"

值得一提的是,日晖新村小学还将足球活动进行了跨学科的实践。

学校结合美术学科,开展了"我心中的足球"长卷绘画活动,"画画心中的队服""我的球队我做主"队标设计活动,鼓励孩子们用笔创造出心中的足球世界。五(4)班学生王宸宜是学校足球队的出色球员,谈到最难忘的校园足球活动时,他表示:"之前学校举办了设计队服、队徽的足球活动,我们可以通过画画来实现自己脑海里的一个个创意,觉得非常有意义。"

结合语文学科,学校开展了"足球运动是否会影响到学习"的辩论赛,正反方通过激烈又精彩的辩论,最后得出的结论是足球运动不会影响学习,学习的关键影响因素在于上课的思想集中度、课后作业的完成度等,足球的训练在一定程度上还能促进大脑高效学习,学校足球队里就有不少优秀的孩子们,不仅成绩出色,还担任了大队长、中队长等职务。另外,还有"我的足球小天地"足球小报活动,以2018年世界杯足球赛为契机开展的"足球知识知多少"知识问答活动,也

都让孩子们受益匪浅。

徐皓琛老师表示:"学校开展校园足球运动,是从孩子的综合发展去考量的。我们把足球作为孩子全方位成长的载体,而不是一定要诉诸今后的职业发展。"

创设"足球家园",浸润足球文化

日晖新村小学是一所带有浓厚足球基因的学校,足球元素渗透在校园每一个不经意的角落,足球文化得到全面普及。日常学习生活中,同学们有非常多的机会走出校园,参加各级各类足球比赛与活动,教师和管理团队也为校园足球工作的开展付出了全身心的热情。

在学校二楼中庭,有一个"足球家园",是专为孩子们创设的足球主题式环境。通过"世界杯之旅的行为规范争先赛""日晖之星""足球明星漫画展""涂鸦墙""展示区"等主题板块,将足球文化与德育工作相结合,让同学们在休息之余能走进足球,亲近足球。在"足球家园"里,可可维奇、菲戈、皇马球队队员、范志毅、成耀东、曼联球队等,都留下了他们对日新足球小将的鼓励和期望。

在上级部门的关心帮助下,学校积极组织学生参加各级各类体育文化交流。在学校的支持下,学生家长们相继参加了"威廉王子访华活动""曼联中国行""皇马球员访沪活动""菲戈访华活动""2014 上海书展暨'书香中国'上海周——'上海足球运动半世纪'签名售书活动"等,感受足球外交的魅力。

此外,学校多次组织学生家长观摩中国足协杯冠亚军决赛、上港队主场比赛,以及和兄弟学校的足球交流活动。2018 年,还组织了"欢乐足球、趣味绿茵"上海市全国青少年校园足球特色校普及推广活动。

在源源不断的浸润和临场体验中,孩子们对足球和足球文化都有了更多体悟。四(3)班学生王家豪从一年级就开始踢足球了,他的足球启蒙就来自于看球:"那时候看到哥哥们在学校里踢足球很羡慕,爸爸就会带着我练足球,也会带着我去现场看球赛。一开始我的颠球很差的,但是经过反思和练习,到二年级的时候就已经能颠很多啦。"

为了更有效地提升孩子们的足球水平,学校成立了以倡导学生自主管理为

模式的区二星级社团"日晖新村小学帅虎足球社团",并且非常注重足球队的梯队建设。学校足球队分5个年龄段,3组梯队,每周训练5次,每次1.5个小时左右,风雨无阻。其中,U11组以对抗性练习为主,U9组以技战术演练为主,U7组以兴趣和行规为主。寒暑假期间,学校会开展集训工作,组织师生参加各级各类的暑期夏令营活动。

学校的足球队也有很好的球队文化建设,每年6月都会为五年级的队员们召开"我爱足球"毕业欢送会,表彰、感谢师生、家长为足球队所付出的努力,赠送"回忆一起走过的路"的纪念册,里面有学校原创的诗歌,有别出心裁的"永远请假"请假条,激励着后来的小队员们团结协作、共同进步。

在家校的共同努力下,日晖新村小学取得了丰硕的足球成果。早在2006年,学校就是全国唯一一个代表中国少年队到德国参加小世界杯比赛的。在

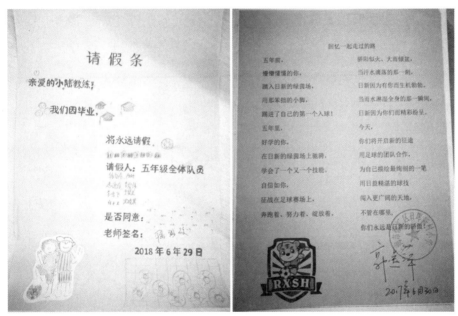

"全国校园阳光体育足球班级联赛城市赛上海站比赛""上海市校园足球联盟杯赛""上海市校园足球联盟联赛""上海市学生运动会足球赛""上海市千校万班足球小达人赛市级总决赛"等赛事中,学校也获得了多项荣誉。

学校还积极向徐汇区足球精英队输送优秀人才,2016年至今已经输送了近25名队员。此外,在上海市的中超队伍中也留下了日晖学子的身影,上港队的吕文君、朱峥嵘、张华晨,申花U17青训梯队的蒋志鑫、祁龙均来自日晖新村小学。

校长郭逸萍在谈到足球的意义所在时说："小足球,大梦想。足球和国家是有着紧密联系的,我们要培养的孩子,是脚下有足球,心里有梦想,身上有健康。希望他们带着家国情怀,带着梦想,带着足球走向世界舞台,努力去攀登,和世界更好地对话。"

7. 上海市徐汇区向阳小学

篮球场上踢足球,首创三人制小足球
——上海市徐汇区向阳小学足球文化之路

一场正式的足球比赛,最少需要几个人才能踢?22个?10个?不,是6个!近期,徐汇区向阳小学举办了一年一度的"向阳杯"三人制小足球对抗赛,面向上海市范围,共有来自徐汇、静安、黄浦、长宁、杨浦、闵行、浦东等十多个区县的32个学校足球队伍参赛,将校园足球开展得红红火火。

坐落在上海市中心寸土寸金的襄阳南路上,占地不足6亩,操场面积只有两个篮球场大,学生却有1800多人,向阳小学作为首批全国校园足球特色学校,是如何在小场地里做出足球大文章的呢?让我们一起来看看吧!

首创三人制小足球,小场地踢出大世界

向阳小学有着悠久的校园足球运动发展历史,早在20世纪90年代,老校长洪雨露就深感于学生对足球运动的喜爱,孩子们即使在水泥地上踢着自制足球都非常快乐,但又无奈于学校是位于市中心地段的弄堂学校,场地十分狭小,无法开展正常的学生足球运动。

作为上海有名的"足球校长",向阳小学的老校长洪雨露对足球文化有着深刻的理解,将校园足球运动开展起来是十分必要的。于是,针对小场地学校的特性,他带领向阳小学的体育教师团队,一起研究设计出了三人制小足球活动,并

设计制定了详细的活动比赛规则。

足球运动原本是一项多人参与的集体运动,传统意义上的足球比赛分为十一人制、七人制和五人制,也就是说一场足球比赛多则22人,少也要10人才能开展,而向阳小学设计的三人制小足球,采用类似篮球比赛三对三的模式,只需要6名孩子就可以正儿八经地打一场正式足球比赛。

三人制小足球的优势,首先就在于它规则简单,更适用于儿童:第一,三人制小足球没有固定的守门员,每个上场的队员都可以成为守门员;第二,三人制小足球没有越位的概念;第三,三人制小足球的球门可以利用篮球架的两根立柱设置球门,也可以按照长1.2米、高0.8米的标准自己设置球门;第四,三人制小足球的用球可以是3号球,也可以是4号球或者5号球。除了以上四点不同以外,其余的足球活动技能技巧、方式方法等都与五人制、七人制和十一人制足球运动无异。

其次，三人制小足球对活动场地的要求不高，可以利用篮球架作为球门，或者地上摆上两个书包中间留个一米的间隔，也可以当做一个球门。再加上单场比赛对参与人数的限制低，活动开展起来非常方便，易于普及，为足球发展为具有广泛群众性的运动提供了可能。

尽管小足球的场地不大，但实际上对参与者的体能、速度、反应等要求丝毫不低，非常有益于对小球员们灵敏度、基本功的培养。据学校足球老师计兴盛介绍："小场地的三人制足球赛，学生在奔跑时看似不需要消耗太多体力，但是强调快速一次出球，需要小球员在短时间内做出正确反应，一场比赛踢下来，对于体能等各方面的要求还是非常高的。"

正是由于以上种种原因，小足球成为了深受学生和家长欢迎的体育运动。中国国家男子足球队老教练、足球界老前辈老专家方纫秋先生也对三人制小足

球大加赞赏:"场地虽小同样可以进行足球活动,场地小,孩子活动时触球的频率更高了,对孩子的技能技巧和脚法训练更加有利。巴西的世界球王贝利,就是从弄堂里踢球踢出来的!"

"向阳杯"遍地开花,小足球融入课程改革

处于市中心、老城区的学校开展阳光体育往往会遇到一个瓶颈,那就是学校的场地狭小,三人制小足球就很好地解决了这一问题。向阳小学的三人制小足球运动如火如荼开展了近30年,在一片篮球场上踢出了徐汇区小学生校园足球的冠军队伍。

为了给同样缺乏场地条件的学校开展足球运动提供更多思路和方法,向阳小学还自掏经费,每年12月面向全市开展"向阳杯"三人制小足球邀请赛,以四年级组、五年级组为主,比赛两天。至今为止,"向阳杯"已连续举办了十八届,累计全市200多所学校近千名师生都曾参与其中,将因地制宜在篮球场上踢足球的校园传统特色推广到更多兄弟学校,有力推进了素质教育,社会影响日益扩大。

除了"向阳杯"的足球校园品牌之外,向阳小学同样注重课程改革创新,将小足球融入到学校的课程建设之中。学校办公室主任徐晶表示,向阳对体育非常重视,很早就提出了"体育成绩第一成绩、第一成绩第一重要"的办学方针,以七个方面为抓手,将校园足球作为课改的重要阵地:

一是抓观念,体育素养是核心素养的基础,学校将体育运动与语数英等传统文化课同等看待,坚持体育三原则:"专时专用,专职教师,专项经费",让体育课成为真正的体育课。

二是抓基础,建章立制,制定并实施了一系列校园足球实施方案和专项计划。

三是抓课堂,学校提倡"四重":课堂教学重"规范",课间两操重"严格",体锻活动重"乐趣",训练比赛重"成效"。

四是抓活动,做到每周都有足球教学,每月都有足球活动,每年都有足球联赛。

五是抓特色,形成文化,如深化"三人制小足球"项目、凝炼"快乐运动"校园文化、打造"向阳教工"品牌球队等。

六是抓队伍,在专业的体育教师队伍之外,学校还打造了班主任、各科教师队伍,家长志愿者队伍,为足球运动的开展提供人才保障。

七是抓联动,学校积极与专业俱乐部合作,将足球专家请进校园,也与各类媒体建立了良好联系,扩大校园足球的影响力。

全员参与校园足球,快乐向阳

如今,向阳小学已经将足球理念和特色从学校层面渗透到教师、学生、家长甚至社会层面,形成了全员参与校园足球、"快乐足球,健康向阳"的良好氛围。

教师层面,足球活动的开展和普及成为向阳小学队伍建设、凝聚力工程的一张"王牌",为学校吸引了大量的男教工,占到了教工总数的近三分之一。目前,学校全体9名体育教师中,有7人具备青少年足球教练员的资质,其中4人是专业足球运动员出身,由他们组成的"三人制小足球"项目发展团队,已成为上海市首批32个中青年骨干教师项目发展团队中唯一一个体育学科团队。此外,学校成立了向阳小学男子教工足球队,曾获得上海市教育系统联赛冠军,还浸润和带动了班主任、各学科老师一起踢足球。

学生层面,普及性的足球课排入课表成为学生的必修课,学校还聘请了外籍足球教师,专门负责一年级学生的足球启蒙课程。学校的拓展型课程《快乐足球》,则已经形成了对学生"三维目标"培养的序列:

一年级,通过游戏的形式,培养学生在比赛中感受足球运动的乐趣;

二年级,采用小组赛的形式和方法,体现足球运动趣味性的特点,让学生在游戏中熟悉球性;

三年级,运用游戏和竞赛的形式,学习足球运动相关的基本技术技能;

四年级,通过正规的有球训练,帮助学生初步掌握足球运动的基本技术技能,促进学生"不怕吃苦、不怕困难"的意志品质的形成;

五年级,以团队合作的形式开展足球的分组对抗和比赛,培养学生的合作意识,激发学生的团队精神,感知足球的美与快乐。

向阳的学生尤其喜爱小足球活动,班级有班队,年级有年队,学校有校队,每学期都会开展一次班级与班级之间对抗的足球联赛,被学生们称之为"我们自己的世界杯"。更值得一提的是,这是真正学生自主的活动,每年班级自己选拔队员,自己聘请"教练",自己训练队伍,自己布置战术,自己组建啦啦队,自己制作宣传标语。在整个过程中,学生既获得了快乐的体验,又锻炼了综合的能力。

家长层面,学校主动和家长联系沟通,宣传科学健康的足球运动理念,赢得信任与理解,共同支持孩子们踢球的兴趣爱好。此外,家校合作打造了含金量满满的家长明星队伍,方韧秋、秦国荣、顾兆年、成耀东、贾春华、刘军、吴兵、毛毅军、奚志康、朱琪、王赟、姜坤、于涛等优秀的足球运动员或是成为了向阳小学的家长,或是成为了向阳小学的校外辅导员。

每个学期的全校运动会上,由他们组成的家长联队和由向阳小学教师组成的教师联队都会为学生们奉献精彩的比赛,成为学校的一道靓丽风景。向阳小学的足球特色吸引了家长,家长反过来又促进了学校足球特色的成长与成熟。

自老校长洪雨露2016年初退休之后,向阳小学在范建军校长的带领下,致力于校园足球特色品牌的发展创新和"快乐足球"课程化的推进实施。学校于2018年迎来国家教育部体卫艺司王登峰司长的调研,对"三人制小足球"和校园足球工作给予高度评价。

范校长表示:"校园足球是我们学校的办学特色品牌,学校将一如既往全方位支持校园足球工作,不但要打造特色项目和品牌文化,还要传播热爱运动、健康生活的积极生活方式。"

8. 上海市黄浦区蓬莱路第二小学

加长赛制的足球超级联赛,让每个孩子都有球踢
—— 上海市黄浦区蓬莱路第二小学足球文化探索

一个学年举办100多场的足球联赛,每个孩子都能至少踢10场左右,在蓬莱路第二小学,这个参与感满满的比赛被亲切地冠名为——"蓬莱小镇足球超级联赛"。

蓬超联赛还特别融入了学校特有的"小镇元素",每一位师生、家长都是蓬莱小镇的镇民,以足球队员、啦啦队、观众、教练员等不同的角色,参与到足球联赛之中,氛围极好。这样的超级比赛是怎么具体开展的呢?让我们一起来看看吧!

加长赛制的蓬超联赛,让每个孩子都有球踢

黄浦区蓬莱路第二小学地处上海老城厢,办学历史悠久,在上世纪八九十年代,学校的足球队更是"称霸"南市区,成为当时最强的队伍。

自2012年以来,蓬莱路第二小学积极响应教育部号召,重新开始建设校园足球项目。为了让更多的学生能够参与到足球运动中,学校克服硬件设施有限、师资力量缺乏的困难,给予了大力支持,组建起一支7人的教练团队,其中有3位在职体育老师、4位具备专业资质的外聘足球教练。场地方面,利用错时的方法,充分保证每支队伍的训练时间。

　　"蓬莱小镇"是蓬莱路第二小学精心打造的校本课程,倡导"学校即社会,课程即生活"的课程理念。在这个小社会中,同学们可以自由选择不同的"社区",进行多彩的活动课程和实践项目。

　　2014年,学校将特有的"蓬莱小镇"元素融入到足球联赛之中,将蓬超正式命名为"蓬莱小镇足球超级联赛",打造成这个小社会中的重要体育娱乐项目。蓬莱路第二小学校长余祯强调:"我们提倡在情境中教学,关注学生的体验与探究,所以蓬莱小镇和足球的结合,可以带给孩子们更强的情境感,从中获得的发现和启示,也不仅仅局限于足球本身,更是育人价值的体现。"

　　现在,足球已经成为全校普及性的体育活动。为了让孩子们都有机会踢球赛,学校将赛制加长,将淘汰赛改为了联赛的形式,从每年9月份开学开始,一直到下半学期的六一儿童节结束,总共历时9个月。每年的比赛达到140场,这样

每个孩子都能至少踢10场比赛,每个班级还有自己的班队和啦啦队,参与热情高涨。

据学校足球项目负责老师邵斌介绍,蓬超联赛设置了积分榜、射手榜、助攻榜,每一轮比赛结束后都会及时更新数据,让孩子们能够看到自己的进步和不足。某些重要场次的比赛,还会进行摄像、剪辑,并在全校进行播放,成为校园里的一大盛事。

足球和学习不冲突,爱踢球的孩子成绩也好

作为学校足球项目的负责人,邵斌始终坚持着两大原则:一是团队所有老师都是义务参与工作,这样一支奉献精神高的团队,耐心、负责、持久,牢牢地构筑了整个足球项目的框架;二是坚持做校园足球,保证学习的前提下,足球也毫不落下。"校园足球和竞技是分不开的,但我们不会过于去追求名次,而是坚持把学习放在第一位。"邵斌说道。

足球和学习并不冲突,喜欢踢球的孩子们成绩都普遍不错,在学校各项活动中也有出色的表现。2018年上半年球队接受市里的调研,专门统计了孩子们的学习、行为表现,二年级到五年级总共4个年段、12门课,球队队员的期末测试成绩平均分有10项是高于学校年级平均分的,球队队员在班级里担任班干部的比例高达52%。

除了学习成绩拔尖之外,球队的孩子们在各大足球赛事中也出类拔萃,连续多年囊括黄浦区足球冠军,近几年连续代表黄浦区教育局、体育局参加上海市、全国的各级小学男子的足球比赛,也取得了突破性的成绩。

在关注孩子们品学兼优的同时,学校还十分注重培养他们的自理能力,特别

设置了"蓬超自理能力小擂台赛",面向一年级到五年级的所有学生,以穿系鞋带和折叠衣物两项考查内容,来提高学生的自我管理能力,引导他们懂得自己的事情自己做。

谢子新的家长有感于校园足球给孩子带来的变化,非常感谢学校和活跃在第一线废寝忘食、乐于奉献的教练组老师:"三年的足球训练,让他原来的瘦弱黄豆芽体型因为在足球运动的冲撞中变得更强壮粗砺,心肺功能和耐力也明显强于同龄同班同学。更难能可贵的是孩子由原来的内向、沉默寡言甚至有点懦弱,变得活泼开朗、坚定,更有自信,足球使他在良好学习习惯的养成上事半功倍。"

以足球为载体,成为给社会带来正能量的人

体育延伸的是育人价值,蓬莱路第二小学的育人目标是"守规则,有个性"。校长余祯认为:"足球作为一项体育运动,给学生带来了健康的体能、热爱运动的良好状态;作为一项集体运动,又能帮助学生养成规则意识,提高自理能力和

耐挫能力,学会与同伴交往,并且提升集体荣誉感,给团队、班级、学校带来强大的凝聚力。"

学校足球队非常重视足球文化的建设,希望队员们不但能学会踢足球,而且能以足球为载体,通过这个平台去经历、去交流、去连接更多的爱。

在每个假期的封闭训练中,足球教练和学生们24小时在一起,引导孩子们做好品德表率,要会自理、懂礼貌、乐于助人。每天上下午训练的间隔,孩子们会写训练日记,有时候是一封写给父母的信,有时候是分享自己训练的收获,从中总结出做人的道理。

积极参与公益活动是蓬莱路第二小学足球队的又一大特色。从2017年的无限极活动,到2018年的大爱无疆公益赛,再到2019年闵行区的蓝丝带行动,孩子们努力地发挥着自己的光和热,让更多人感受足球对孩子们的帮助。

  2013年左右,学校成立了球队家委会,并且慢慢壮大成为一个几百人的团队。家长们和学校之间形成了良性的互动反馈,一起助力蓬莱路第二小学的足球特色文化建设。"我们的球队logo是家委会设计的,包括伞、包、椅子之类的周边都有自己的品牌,这些都是家委会的功劳;我们的足球联赛基本上每周都会举行,班教练也是由老师和家长组成的。"邵斌介绍。

  此外,学校和家委会还合力策划了足球嘉年华、足球10岁生日等大型主题活动,不仅为家校沟通提供了非常好的平台,也让孩子们更有归属感,通过足球、球队汲取更多的正能量。在一年一度的足球总结大会上,孩子们接受表彰,发表感言,毕业的五年级学生会参加最后的退役赛,完成新老成员的交接,也完成小学阶段的成长纪念。

  学校足球队队长胡九灵读五年级,四年多的足球生涯让他成长了很多:"学校组织我们参加各种各样的比赛,去八万人体育场观看比赛,去台湾的学校一起交流踢足球……在这个过程中,我的身体变强壮了,踢球也很开心,最重要的是

明白了踢足球的小朋友不只可以踢足球,还可以照顾别人。"

校长余祯表示:"现在的孩子身体素质和心理素质都比较脆弱,体育是治愈他们的良方之一。足球的特质是集体的、对抗的、户外的,有实际的东西让孩子们去感受,在锻炼的过程中,他们就能逐渐成长为给社会带来正能量的人。"

9. 上海市大同中学

做好人、读好书、踢好球,足球传承60年
——上海市大同中学足球文化实践

踢足球是否会影响到学习?学校、家庭、孩子自身,分别应该怎么做,才能更好地平衡足球与学生学习乃至成长之间的关系?上海市大同中学把足球作为学生成长的平台,在传承足球特色、争创足球佳绩的同时,也为国家输送了几十名"两院院士"、数万名优秀学子,这其中蕴含着怎样的育人秘诀?让我们一起来看看吧!

用心抓管理,让孩子踢球、读书两不误

上海市大同中学创办于1912年,是首批命名的上海市实验性示范性高中,学校足球队的发展可以追溯到20世纪60年代。当时,大同中学足球运动普及就开展得如火如荼,男同学百分之七八十都爱踢足球,全校三四十个班级,班班都有足球队,个别班级还有两个到三个足球队。

《青年报》1964年7月11日刊登的《足球场上炼新人——记足球运动在大同中学》一文生动地描绘了那时候足球场上年轻热血的身影:"每天清晨,当曙光初照大地的时候,或者每天课后,当晚霞刚刚闪射光彩的时候,在大同中学的球场上,到处是生龙活虎般的青少年们在踢足球,球门不够用,就把书包、砖头放在地上当球门,三四十只足球和十几只小橡皮球像流星似的飞来飞去……"

60年前的足球传统被一代代师生薪火相传,大同中学是怎么做到让孩子们踢球、读书两不误的呢?

首要的一点便是建设形成健全的管理制度,在师生心目中树立良好的规则意识。这两年,学校在原有的基础上重新修订形成了《上海市大同中学足球队管理制度》,配合原有的《大同中学体育特长生管理条例》,对运动员的日常训练、比赛纪律、行为规范、文化学习等方面进行约束,并对运动员学业评价管理、奖励和处罚等方面提出要求。

入校后,足球队的队员会进行集体教育,每年7月初举行新老队员交流会,一方面是帮助他们迅速融入集体,另一方面就是从一开始便清楚明确学校足球的相关规章制度。

大同中学提出"做好人、读好书、踢好球"的培养要求,改变以往只要球踢得好就可以加分降分进大学的观念,而是把学习和踢球放在同等重要的位置。学校体艺科中心主任沈彤军介绍,大同中学建设了科学的学业管理系统,为参与专

业足球训练的学生开展学业指导和学业监督管理。

"我们非常关心运动员的文化学习,文化课的老师们利用课余时间,为足球小将们进行每周 2-3 次的学科辅导。每次考试过后,学校会将所有足球特长生的考试成绩发送给教练。一旦学生成绩下降,教练会及时与家长沟通。"沈彤军表示。目前,大同中学足球队员的文化学习成绩合格率达 90% 以上,学生用分数说话,为足球正名,保证兴趣爱好与学习生活之间的平衡。

多个维度,推动足球普及与人才培养

除了几任校长一以贯之地推进校园足球传统特色,并以严格规范的管理制度进行保障之外,大同中学还非常注重从多个维度,进行立体的足球普及和人才培养。

通过足球专项课程的开设,学校把校园足球覆盖到高一、高二年级学生,每个年级四个班,保证热爱足球的学生都能有机会进行专业学习。学生在刚进入高一的时候就可以选择足球作为自己的专项课程,每周保证 200 分钟的课时,需要修满两年。

为了让更多学生能够了解、接触足球,学校还开设有专门的足球社团,并举办了一系列足球活动,如健身节、足球嘉年华、班际交流赛等,已打造成为全校参与的群众性足球特色项目。

在人才培养方面,大同中学积极投入校足球队建设,坚持传统,以良好的硬件维护、稳健的师资队伍、科学的训练模式等,促进足球运动员的全面培养。

作为一所位于内环线内的学校,大同中学拥有独一无二的十一人制标准足球场,且是非常珍贵的自然草坪,学校每年都会进行两次定期维护,毫不吝惜硬

件投入,为爱踢球的孩子营造一片美好的天地。

学校也组建了多元、高质量的足球师资队伍,既聘用经验丰富的足球老教练,同时也坚持体教结合的办训模式,邀请黄浦区少体校的老师作为助理教练,此外还进一步引入西班牙等国的外聘教练团队,以及常年聘请具有国家A级教练资质的专家指导队伍,共同参与校园足球队伍的培养。

科学的训练模式,是大同中学建设校园足球品牌的又一大秘诀。学校足球教练组对训练质量非常看重,不仅形成年度总体训练规划和初步训练方案,还会根据每一位运动员的特点,有针对性地确定每周、每月不同训练目标,制定科学、循序渐进的训练计划。

在训练的过程中,足球队员们通常分成两支队伍,以半个足球场进行激烈的小场对抗,以培养勇猛顽强的战斗作风,通过速度、灵敏、爆发力为主的锻炼,全

面提高队员们的技术和身心素质。一旦发现问题,教练员会立马暂停训练,对走位、出球等动作及时纠正,切实有效地提升训练质量。

不忘初心,校园足球的反思与未来

在中国的青少年足球界,大同中学一直是强劲队伍,披荆斩棘拿下了诸多荣耀。1987年,学校足球队被国家教育部任命为"培养体育后备人才试点学校",之后持续向申花队等职业球队输送了多名职业运动员,向全国各高校高水平运动队输送了几十名运动员。2016年,学校男子足球队成功申报为上海市校办二线运动队,踏实而为,争创佳绩。

学校始终以开放的心态积极参加各级各类赛事,提高足球队的实战经验,曾多次获得上海中学生足球比赛各项赛事的第一名;曾代表上海参加过多届全国中学生运动会足球比赛,并在2014年获得全国中学生运动会第一名;曾代表上海参加中日韩三国青少年足球对抗赛;曾获得上海市青少年锦标赛、上海市学生运动会、上海市校园足球联盟联赛等赛事的冠军。

校园足球在稳步向前发展的同时,也面临一定的挑战,更需要所有校园足球实践者共同反思,建言献策。

上海市大同中学校长郭金华针对学校多年实践下来的经验,提出了自己的看法:"两个方面,一是观念,二是校园足球建设的路径。就中国的校园足球而言,首先需要营造更好的氛围,加强人们的参与感,这是一种深度持久的浸润。其次也需要社会的支持,通过开放场地、专业运动员协作帮带、俱乐部和政府等单位共建机制,形成良性互动。再者,我们在中心城区开展校园足球,后备力量不足是很重要的问题,需要继续壮大底部,推进小初高一体化。"

校园足球的发展需要坚持初心,竞赛成绩不是校园足球的最终目标。沈彤军老师强调:"用利益做驱动是非常不可靠的事情,梅西他们踢得好是因为真的热爱,纯真的东西非常可贵。我们的校园足球,要让孩子们真心喜欢足球,去功利化,不忘初心,让他们会踢球、会读书,身心健康就ok。"

大同中学实践校园足球所坚持的"做好人、读好书、踢好球"理念,也正是对大同本身育人目标的完美诠释。大同中学副校长王菲表示:"'学会做人,学会学习,学会生活,学有特长'是大同一直坚持的,校园足球作为学生提升综合素养的平台,也是建立在全面发展的基础之上的。只要孩子们有需要,对足球有爱好,学校都会不遗余力提供环境,让他们发挥自己的特长,对未来成长有所影响。"

校长郭金华也表示:"大同坚持校园足球,薪火传承,至今已经发展60周年。正如习总书记所强调的,足球是一项团队运动,团结与拼搏是中国足球发展的良方,我们将为学生创造更好的条件,为他们提供成长、成功的机会和平台。"

10. 同济大学第一附属中学

筑厚文化底部，磨锐精英顶部
——同济大学第一附属中学足球建设之路

2018年12月27日，同济大学第一附属中学（以下简称同一附）的"足球嘉年华"活动如期举行。操场中央的天然草皮上，6V6足球赛鏖战正酣。年轻的球员们如小鹿般健壮灵巧，闪转腾挪，往复奔袭，使出浑身解数意图破门。场地周边则聚满了围看比赛的学生，一边为队员呐喊助威，一边津津乐道于激烈的战况。

校长阮为微笑着从旁观察这一切。既有能够摧城拔寨的高水平运动员，也有懂足球、能看"门道"的普通学生——同一附如今的足球文化营建达成了他当初设定的目标。

"学生的健康是第一位的。我们的任务有两个：一是建立体育文化；二是通过文化的建立，让更多学生喜欢运动。"阮为说，"我们把足球作为运动的龙头来抓，通过训练产生更高水平的运动员，同时又要有一定的基础来营造氛围。"

在市教委、杨浦区相关部门与市校园足球联盟的支持与帮助下，作为市校园足球分联盟盟主单位，同一附的足球项目建设有了长足的进步，于2015年摘取上海市校园足球联盟杯高中组桂冠,于2016—2017年赛季夺得上海市青少年校园足球精英赛暨校园足球联盟杯赛冠军,同时以足球为"头部项目",形成了积极进取的体育文化,促进了学生的全面发展。

懂·会·爱:做大底部

同一附的前身是上海市鞍山中学。鞍山中学是传统体育强校,早在40余年前就成立了足球队,是首批全国足球特色学校之一。那时候,足球在鞍山中学拥有深厚的群众基础,每班都有足球队,教师们自己也组建了一支队伍。阮为笑言,20世纪80年代,学校的流行语是"是男人就要会踢球"。球艺好、成绩好、人品好成了班干部的"三合元素",多才多艺的球员是学生心目中的偶像与榜样。

那时旺盛的薪火,如今由同一附接续,将前人的优良传统继续发扬光大。同一附首先自编教材,以"能看懂足球"为基础目标手把手教起,将所有学生引入门。

同时,学校将招录的高水平运动员分入各班,发挥教练员、裁判员的作用,使足球知识、技能及其蕴藏的积极向上、互助友爱的精神感染集体每一位成员。足球学生从集体中汲取认同感、荣誉感,豪情与自信激荡于他们胸中;其他学生通过足球学生了解足球的魅力,学习拼搏进取的精神——这一融合的过程,也是全员走向全面发展的过程,足球文化的全面渗透就成了水到渠成的事。

学校还恢复了班班赛制度。如果一个班有女同学乐于踢球的,可以成立女队或男女联队。女孩子在场上进一个球算两个,女队员因此大受欢迎。如果某班女同学对在赛场上征伐兴趣寥寥,也不必强求,可以通过跳啦啦操等方式亲近足球文化,给予球员鼓励。从2013年开始,同一附班班赛的影响力开始跃出围

墙,辐射周边学校。多校联合举办的"百班百场"足球赛每年组织一次,使足球赛事成为一项常规活动,在区域内蓬勃兴盛地开展起来。

在学校举办的体育健身节上,球赛都是学生做裁判。假如认为裁判有不够公正之处,同学可以向学生仲裁委员会提起申诉。阮为认为这本身也是足球教育的一个方面:什么是公正、诚信、友善?让学生通过赛事来体验,通过这样的平台来接受历练,这实际上也是践行社会主义核心价值观的方式。

随着教学改革的推进,学生的课表上出现了自主学习时间。同一附基于"培育学生身心动态发展和综合能力"这一目标,构建了体系化的自主拓展活动类课程集群,孩子们能在学校推出的琳琅满目的活动课程中选择有兴趣的参与,填补课表"空白处"。有的学生一周可能上七八节体育课,超出了排定课表每周五节的容量。包括足球社在内的体育类社团课程也是自主拓展活动类课程的重要组成部分。灵活课表体现的是个性化培养原则,热爱足球的孩子因此有了更多时间接触足球。

"慢慢地,我们把足球文化的底部做大,让足球成为大家都接受、喜欢的运动项目。"阮为说。让学生懂足球、爱足球、会足球,这就是同一附夯筑的坚实的底部文化平台。

足球作为成功推进的龙头项目,也起到了带动效应。它推动了其他大球项目——同一附每个班不止有足球队,还有篮球队、排球队,班班赛的内容也因此扩容。校篮球队、校排球队都曾夺得市级比赛冠军。小球项目也在龙头效应的牵引下蓬勃发展：板球、羽毛球、乒乓球都具备市内摘金夺银的水准，校板球队曾取得全国第三的佳绩。游泳、健美操等项目也在体育文化的整体浸润中成长起来。多个运动项目齐头并进，形成了百花齐放的喜人局面。

快·高·强：做尖顶部

阮为用"不易"两字形容同一附足球项目建设历程。

这是一段不断摘取成果的奋斗史：校足球队获得2015年上海市校园足球联盟杯高中组冠军、上海市青少年足球锦标赛冠军，代表上海市参加2015年中国（上海）国际邀请赛，获得第五名的佳绩；2015—2017年，连续三年代表上海市参加全国校园足球高中联赛，2016年获第五名（东南赛区），2017年获第六名（东南赛区）；2016年参加上海市学生运动会夺得高中男子组亚军；2016—2017年赛季，夺得上海市青少年校园足球精英赛暨校园足球联盟杯赛冠军……在同一附足球荣誉室，触目可见奖杯、锦旗、签名球衣，记载着每一个高光时刻的照片布满墙体，向来访者诉说着有关荣誉与梦想的故事。

这些有形的"勋章"讲述了呈示在台前的故事，未能言明的是聚光灯背后无形的付出。校队每周训练六次，除了在学校练习，也在战略协议单位少休校接受高水平教练的指导。为了满足训练需要，学校铺设了天然草皮，并增设了照明设施。少年们就在这日复一日艰苦的长程训练中完成自我磨砺，将队伍锻造成一柄锋锐的剑。"学校的高水平足球队伍还不止一支，我们有一队和二队。"阮为带着几分骄傲地说，"二队参加比赛，也是碾压式的。"

为球员们保驾护航的既有学校以强身健体为立德树人基石的前瞻理念，有为球队付出大量心血与时间的优秀体育教师团队，有默默支持的全体教职员工，有鼎力声援的家长,当然也有同一附所有学生作为一个友爱的集体给予的力量。"如果足球学生自成团体,足球是发展不起来的。因为球员还是学生属性,心智还是学生的心智,需要朋友和关注。高水平运动员必须生长在观众中,被观众认同。没有全民运动,高水平运动员也无法真正出类拔萃。"在阮为看来,好苗子必须产自沃土,不能脱离底部谈顶部。汲取了集体的养分舒枝展叶——这或许就是同一附校队所向披靡的秘密。

同一附承认并鼓励孩子的每一个闪光点。体育方面取得的成绩也是奖学金考虑因素。足球学生获得大大小小、林林总总的奖项,学校都会在校内再举办颁奖会,有时还举行庆功会,褒扬他们收获的每一份荣誉。阮为俨然已经成为"颁奖专业户",校内颁奖会往往大排长龙,校长与队伍中每一个孩子分别合影留念。有特长就是优秀,体教应当结合——这就是阮为通过颁奖想要传达的理念:"我们现在的追求是一个学生既要有'分数',更要有精彩的人生故事。"

而分数也就从全员全面发展的过程中"自然地生长出来"。有序地"玩",有序地"赛",向包括足球学生在内所有孩子的体魄与精神源源不绝地注入能量,使他们有精力、动力、强韧的意志向更高的目标攀升。从这一层面而言,"更快,更高,更强"的顶部效应作用于同一附所有学生,他们的学习成绩逐年上升,2018年七门功课中有五门的成绩超过了上位学校。"分数"与"人生故事"形成了相互促进的叠加效能。孩子们在同一附获赠的,是足能受益一生的宝贵人生礼物。

后　　记

上海市校园足球发展凝聚着教育部、上海市教委、上海市足协和各区教委、体育局领导，以及所有从事校园足球工作人员大量的心血，才使得上海市校园足球工作取得了一点点成绩。从2014年开始，上海市校园足球严格按照教育部校园足球发展要求，坚守"实足全真"四字真言，做到普及做实、体系做全、保障做真、融合做足。始终坚持各部门协同联动，多措并举，在创新激活体制机制、深化课程改革、立体推进课余训练、丰富完善竞赛体系和引领示范校园体育改革发展等方面进行了积极的探索和实践，形成了上海市校园足球"六位一体"训练管理体系和"四纵四横"赛事体系，保障了校园足球的有序推进，推动了校园足球工作普及与提高。

《上海市校园足球发展报告（2018—2020）》是我国第一本区域范围内的有关校园足球发展的蓝皮书，是在上海市教委领导下，由上海市校园足球发展中心组织编写，在编写过程中得到了上海市教委体卫艺科处和上海大学的大力支持，使得本书的撰写得以顺利进行，尤其需要感谢的是，教育部体卫艺科司王登峰司长亲临现场参加了蓝皮书的发布并发表重要讲话，这不仅是对蓝皮书撰写的肯定，也是对校园足球发展的美好畅想。

最后要感谢参与蓝皮书撰写和整理工作的下列人员：刘兵、王江宇、卢高峰、颜中杰、土文胜、康健、张大为、刘青凤、严露丹、朱峰等人，是你们辛勤的劳动使得本书付梓出版。

路漫漫且修远兮，上海校园足球发展将在上海教委的英明领导下，校园足球发展中心致力于上下探索，争取更大的进步。

由于编写组成员才疏学浅，蓝皮书不到之处，敬请读者提出宝贵建议。

编写组
2021年4月20日